Gerald Lembke | Ingo Leipner

**Die Lüge der digitalen Bildung**

Gerald Lembke | Ingo Leipner

# Die Lüge
# der digitalen Bildung

Warum unsere Kinder das Lernen verlernen

**REDLINE** | VERLAG

Bibliografische Information der Deutschen Nationalbibliothek:
Die Deutsche Nationalbibliothek verzeichnet diese Publikation in der Deutschen National-
bibliografie; detaillierte bibliografische Daten sind im Internet über http://d-nb.de abrufbar.

Für Fragen und Anregungen:
info@redline-verlag.de

4. Auflage 2020

© 2015 by Redline Verlag, ein Imprint der Münchner Verlagsgruppe GmbH,
Nymphenburger Straße 86
D-80636 München
Tel.: 089 651285-0
Fax: 089 652096

Redaktion: Bärbel Knill, Landsberg am Lech
Umschlaggestaltung: Laura Osswald, München
Umschlagabbildung: Shutterstock / Atomic BHB
Satz: Daniel Förster, Belgern
Druck: GGP Media GmbH, Pößneck
Printed in Germany

ISBN Print 978-3-86881-697-6
ISBN E-Book (PDF) 978-3-96267-006-1
ISBN E-Book (EPUB, Mobi) 978-3-96267-007-8

*Weitere Informationen zum Verlag finden Sie unter*

# www.redline-verlag.de

Beachten Sie auch unsere weiteren Verlage unter www.m-vg.de

# Inhalt

# Vorwort zur vierten Auflage

Im Bundestag beschimpft zu werden … gibt's Schöneres für Buchautoren? Sven Volmering hat zwar seine Wiederwahl ins neue Parlament verpasst, aber im Juli 2015 schlug er für die CDU-Fraktion scharfe Töne an: Er warnte davor, »panikmachenden Leuten hinterherzulaufen, die von der Lüge der digitalen Bildung sprechen«. Damit konnte er nur unser Buch meinen, das Sie gerade in der Hand halten. Die erste Auflage war drei Monate zuvor erschienen und setzt seitdem bewusst einen deutlichen Kontrapunkt zum vorherrschenden Digital-Diskurs.

Unsere Kritik hat weite Kreise gezogen. Wir geben vielen Menschen gute Argumente in die Hand, damit Bildungseinrichtungen nicht »alternativlos« digitalisiert werden müssen. Wie wichtig das ist, zeigt ein beklemmendes Erlebnis, das uns ein Student erzählt hat: Er war an einer norddeutschen Universität eingeschrieben, saß in der Bibliothek und hatte vor sich mehrere Fachbücher ausgebreitet – darunter auch *Die Lüge der digitalen Bildung*. Ein Dozent kam vorbei, warf einen Blick auf die Literatur und kommentierte unser Buch mit den Worten: »So ein Buch würde ich nicht verwenden, sonst könnte das später mit einer Anstellung schwer werden.«

Welch ein Armutszeugnis, wenn Dozenten Denkverbote aussprechen … Außerdem mussten wir die Geschichte verfremden, weil der Student sonst Nachteile im Studium zu befürchten hatte. Ein weiteres Armutszeugnis, diesmal für die akademische Debattenkultur in Deutschland. Hinzu kommt eine ellenlange Liste von Beschimpfungen, die uns an den Kopf geworfen worden sind. Von »selbst ernannten Experten« bis zur »vakuumversiegelten Hohlbirne« war eigentlich alles dabei. Willkürlich wurden unsere Argumente als »unlauter«, »unseriös« oder »indiskutabel« hingestellt. Aber wie lautet eine Redensart? »Der getroffene Hund bellt.«

Warum dieser aggressive Ton? Wer unser Buch bis zum Ende liest, stellt schnell fest: Wir wollen nicht die gute alte »Kreidezeit« verklären, als der Lehrer mit staubigen Händen vor einer Kreidetafel stand. Nein, statt um Verklärung geht es uns um Aufklärung:

**Eine Kindheit ohne Computer ist der beste Start ins digitale Zeitalter,**

lautet unsere erste These. Paradox? Eher eine bewusste Gegenposition zur alternativlosen Digital-Debatte, die seit langer Zeit recht einseitig in der Öffentlichkeit läuft.

Fast einstimmig wird verkündet: Deutschland läge bei der Digitalisierung der Schulen weit zurück, wir würden den Anschluss an globale Entwicklungen verpassen. Unterschwellig klingt mit: Unser Wohlstand ist in Gefahr, wahlweise stehen Koreaner, Chinesen oder Brasilianer vor den Toren Europas. So das fast einhellige Echo auf die ICILS-2013-Studie, die im November 2014 erschienen ist. Sie attestierte deutschen Achtklässlern nur Mittelmaß, wenn es um die Nutzung von Computern geht (Kapitel 8, Medienkompetenz). Doch unsere These ist nicht paradox – und das beweisen wir in diesem Buch. Dabei leitet uns kein Gefühl der Nostalgie, sondern die Entwicklungsbiologie (Kapitel 4, Denken lernen). Unser roter Faden sind die Fragen:

➤ Wie verläuft eigentlich die kognitive Entwicklung von Kindern?
➤ Welche Wirkung entfalten digitale Medien auf diesen unterschiedlichen Stufen der Entwicklung?
➤ Welche pädagogischen Konzepte sind für diese Entwicklungsstufen angemessen?

Um diesen Fragen auf den Grund zu gehen, haben wir intensiv mit vielen Experten diskutiert – unter anderem aus der Psychologie, Pädagogik und Neurobiologie. Die Forschung gibt klare Antworten: Kinder brauchen eine starke Verwurzelung in der Realität, bevor sie sich in virtuelle Abenteuer stürzen. Ihr Gehirn entwickelt sich besser, wenn kein Tablet oder Smartphone reale Welterfahrungen verhindert. Kinder sollten lieber im Matsch spielen als mit Tablets – das ist der beste Weg, um für das digitale Zeitalter fit zu werden. Warum das so ist, schildern wir ausführlich in Teil 1 des Buches. Außerdem konnten wir Prof. Gertraud Teuchert-Noodt für einen Gastbeitrag gewinnen: »Zu Risiken und Chancen fragen Sie das Gehirn«. Die Neurobiologin hat jahrzehntelang das Gehirn erforscht und untermauert viele Aussagen, die wir aus pädagogischer oder psychologischer Sicht treffen. Sie hat auch die Rubrik »Was das Gehirn sagt« gestaltet: kleine neurobiologische Schlaglichter, passend zu den Themen in einzelnen Kapiteln. Vielen Dank für die wissenschaftliche Unterstützung!

Aufklärung ist notwendig: Zu viele moderne Mythen entstehen in der Öffentlichkeit, zu wenig kritische Diskussion findet statt – zum Schaden der Kleinsten, die sich nicht dagegen wehren können. Sie können sich nicht wehren, wenn Tablets in ihren Kindergärten und Grundschulen platziert werden. Nach Jahren der Betrachtung unseres Themas erhärtet sich der Eindruck: In erster Linie geht es nicht um die beste Entwicklung unserer Kinder, sondern um einen Multi-Milliarden-Markt für die IT-Industrie, pädagogische Konzepte dienen vor allem als Deckmäntelchen (Kapitel 10, Profit). Begleitet durch ein Marketing der Angst, verklausuliert mit dem Mantra der »frühen Medienkompetenz«: Eltern sollen fürchten, ihre Kinder gingen im globalen Wettbewerb unter, wenn sie nicht mit drei Jahren ihre erste App programmieren können. Das halten wir für irreführend und gefährlich, deshalb unser provokanter Titel: »Die Lüge der digitalen Bildung«.

Wir wünschen uns mehr Gelassenheit und den Blick auf das Wesentliche, unsere Kinder. Gönnen wir den Kindern doch ihre Kindheit – mit Toben, Purzeln, Malen und Singen. Tablets bringen nichts im Kindergarten. Statt Milliarden in IT-Infrastruktur zu investieren, sollten wir das Geld besser für Erzieherinnen ausgeben. Sie stehen an vorderster Front und haben den größten Einfluss auf unsere Kinder. Ihr Einfühlungsvermögen entscheidet darüber, wie sie sich entwickeln. Da kann es nicht sein, dass wir sie mit rund 2 500 Euro brutto abspeisen – gerade wegen dieser wichtigen Rolle. Unsere Argumentation orientiert sich an der kognitiven Entwicklung der Kinder, entscheidend ist für uns die Erkenntnis: Wenn das Bildungssystem Kinder nicht zu früh mit Digitalität konfrontiert, sind sie ab der Pubertät in der Lage, vernünftig damit umzugehen (Kapitel 8, Medienkompetenz). Eine Frage der Entwicklungsbiologie: Jugendliche entfalten ihr volles kognitives Potenzial, wenn die Reifung des Gehirns in den ersten Lebensjahren ohne Störung verläuft. Digitale Medien können diesen Prozess stören. Für junge Erwachsene können digitale Medien ein Gewinn sein, sobald sie einen kritischen, verantwortungsvollen und gesunden Umgang mit digitalen Medien aufbauen (Kapitel 9, Fit für die Zukunft). Sie ist viel mehr als die Wisch- und Bedienkompetenz vieler »Digital Natives«, denn die Arbeit am Computer erfordert ein hohes Maß an Konzentrations- und Kritikfähigkeit. Diese Themen stehen in Teil 2 im Mittelpunkt. Um sie sollte sich auch der Bildungsauftrag der Schulen im digitalen Zeitalter drehen. Unser Buch wendet sich besonders an alle, die in Erziehungsprozessen stehen: Eltern, Lehrer und Erzieher. Eigentlich aber auch an alle, die sich darüber wundern …

➤ … dass kleine Kinder von Tablets aufgesaugt werden
  (Kapitel 1, Brillante Babys);
➤ … dass digitale Medien helfen, Kinder in einer Werbewelt
  einzusperren (Kapitel 2, Im Kreuzfeuer der Werbung);
➤ … dass bunte Videos Unterricht durch Menschen ersetzen
  sollen (Kapitel 6, Lernen verlernen).

Und vor allem, dass unsere Gesellschaft mehr an Technik glaubt als an Menschen. Ein großer Irrtum, weil es immer auf den Menschen ankommt, und auf den Lehrer, damit Bildung gelingt (Kapitel 9, Fit für die Zukunft). Da ist es gleichgültig, ob hinter ihm ein Smartboard oder eine Kreidetafel hängt. Lassen wir uns vom digitalen Hype also nicht blenden, der Tanz ums goldene Tablet in Kitas und Grundschulen wird ein natürliches Ende finden. Vielleicht sieht dann die Welt ganz anders aus, wie wir es in unserer rabenschwarzen Dystopie ausmalen (Kapitel »Wenn alles schiefgeht«). Digitalität schlägt uns nicht mehr in den Bann, wir schaffen es, den Computer ab und zu auszuschalten. So nehmen wir mit unseren Kindern am wirklichen Leben teil – auf dem Sportplatz, im Wald, im Theater, im Konzert, in der Familie und im sozialen Miteinander.

Gerald Lembke & Ingo Leipner

# TEIL 1

# Kleinkinder, Kindergarten und Grundschule

# 1. Brillante Babys

## Die Sehnsucht nach dem perfekten Kind – oder warum Babys vorm Bildschirm verkümmern

In der ersten Auflage 2015 haben wir über den Atlantik geblickt, um Erkenntnisse US-amerikanischer Kinderärzte auszuwerten. Die American Academy of Pediatrics (AAP) empfiehlt seit Jahren, kleine Kinder von Bildschirmen fernzuhalten. An dieser Aussage ändert sich nichts – deshalb werden Sie in diesem Kapitel wieder auf die AAP stoßen ... Ganz neu ist aber die BLIKK-Studie, deren erste Ergebnisse 2017 veröffentlicht wurden (1). Im Auftrag des Bundesgesundheitsministeriums! Diese Ergebnisse zeigen, wie sehr das Bildschirm-Problem auch bei deutschen Kindern ernst zu nehmen ist.

### Die BLIKK-Studie – machen digitale Medien Kinder krank?

Bei Vorsorgeuntersuchungen von 5 573 Kindern fragten Ärzte nach dem Medienkonsum in den Familien. Auf dieser Basis stellte die Studie Zusammenhänge her – zwischen gesundheitlichen Auffälligkeiten der Kinder und der Nutzung digitaler Medien. Allerdings handelt es sich um eine Querschnittsstudie, die mit Korrelationen arbeitet. Klare kausale Beziehungen lassen sich statistisch nur in Längsschnittstudien über mehrere Jahre nachweisen. Aber: Schon die starken Korrelationen sind ein Alarmsignal!

Eine erste Zahl: »70 Prozent der Kinder im Kita-Alter benutzen das Smartphone ihrer Eltern mehr als eine halbe Stunde täglich.« Das heißt: Digitale Geräte durchdringen immer mehr den Alltag kleiner Kinder. Das muss Folgen haben ...

Hier die ersten Ergebnisse der BLIKK-Studie:

**1 Monat bis 1 Jahr:** Fütter- und Einschlafstörung des Säuglings, wenn Eltern während der Säuglingsbetreuung digitale Medien nutzen (Hinweis auf Bindungsstörung!).

**2 bis 5 Jahre:** Signifikant wurden statistisch erfasst …

➤ … motorische Hyperaktivität/Konzentrationsstörungen in Verbindung mit der Nutzung von digitalen Bildschirmmedien durch Kinder.
➤ … Sprachentwicklungsstörungen in Verbindung mit täglicher digitaler Bildschirmnutzung der Kinder.
➤ … geringere Selbstständigkeit. 69,5 Prozent können sich weniger als zwei Stunden selbstständig beschäftigen – ohne die Nutzung von digitalen Medien.
➤ … Unruhe, Ablenkbarkeit (als wichtiges Kriterium psychischer Auffälligkeit).

**8 bis 13 Jahre:** Auch bei ihnen fanden sich statistisch signifikante Ergebnisse wie …

➤ … motorische Hyperaktivität/Konzentrationsschwäche in Verbindung mit einer erhöhten digitalen Nutzungsdauer von mehr als 60 Minuten pro Tag.
➤ … erhöhter Konsum von Süßgetränken und Süßigkeiten (erhöhter Body-Mass-Index/BMI).
➤ … Unruhe, Ablenkbarkeit (als wichtiges Kriterium psychischer Auffälligkeit).

Schirmherrin der Studie war die Drogenbeauftragte der Bundesregierung, Marlene Mortler (CSU). Sie kommentierte die Untersuchung mit den Worten:

»Wir müssen die gesundheitlichen Risiken der Digitalisierung ernst nehmen! Es ist dringend notwendig, Eltern beim Thema Mediennutzung Orientierung zu geben. Kleinkinder brauchen kein Smartphone. Sie müssen erst einmal lernen, mit beiden Beinen sicher im realen Leben zu stehen.«

Vor diesem Hintergrund springen wir mitten in eine wahnwitzige Szene.

Ein markerschütternder Schrei, das Baby ist da! Ein kurzer Blick aufs Tablet … und das Baby versteht, wie die Nabelschnur durchschnitten wird. Zweimal schnippt das Neugeborene mit den Fingern – und schon wird im Kreißsaal dem Wunderkind eine Schere gereicht. Schnipp, schnapp; endlich frei und bereit fürs erste Selfie: Das Baby angelt sich ein Smartphone, knipst sich und eine Schwester mit roter Haube. Rundum erstaunte Gesichter, der digitale Knirps amüsiert sich prächtig.

## Born for the Internet – der Wahn der Frühförderung

Jetzt kann er schon krabbeln, zielsicher steuert er einen Laptop an. Passwort? Kein Problem – und das Baby ist eingeloggt. Kurz mal die Cam aktiviert, und schon landet das strahlende Kindergesicht im Internet. Weiter geht's: Der Knirps im blauen Strampler marschiert mit dem Smartphone zu einem Arzt, der vor Schreck auf dem Boden gelandet ist. Klick, auch dieses geschockte Gesicht ist im Kasten. Sicheren Schritts verlässt das Wunderkind den Kreißsaal, das Navi zeigt den Weg. Vorbei an einem Pfleger, der auf einen Bildschirm starrt, wo das Video aus dem Kreißsaal läuft … Kurze Einblendung: »Born for the Internet«.

Fötus-Tuning vom Feinsten, allerdings nur in einem Werbevideo, das ein russisch-indisches Telekom-Unternehmen durch soziale Netzwerke jagt. Auf Facebook wurde es über 13 000-mal geteilt, die Kommentare reichen von »soooooooooooooo süß!« bis zu »Das ist doch krank«. Noch ist kein Baby aus dem Kreißsaal marschiert, das ein Navi im Smartphone startet, um die Welt zu erobern. Aber dieses Video spielt gekonnt mit dem Wunsch nach Perfektion, der Sehnsucht, das perfekte Kind in die Welt zu setzen.

Heute hat sich im Kopf vieler Eltern die Redensart eingenistet: »Was Hänschen nicht lernt, lernt Hans nimmermehr.« Was bedeutet: Nichts kann früh genug auf den Nachwuchs einstürzen – und eine »Frühförderindustrie« (Ralph Schumacher) sorgt für Angebote, die Hänschen auf den Kampf ums Überleben vorbereiten. Und dieser Kampf wird immer stärker mit Computern ausgefochten. Daher sticht in der Werbung immer die Bildungskarte, zum Beispiel beim Produkt »Mein erster Laptop«, empfohlen für die Altersgruppe 12 bis 36 Monate.

Diese grellbunte Hässlichkeit aus Plastik »bietet abwechslungsreichen Spiel- und Lernspaß für kleine Entdecker«, so der Hersteller. Dabei drückt das Kleinkind lediglich auf farbige Tasten, und entsprechende Symbole leuchten in einem Display auf. »Zahlreiche Melodien und ein gesungenes Lied sorgen für zusätzliche Unterhaltung«, heißt es weiter in der Werbung. »Mit der beweglichen Kindermaus werden die feinmotorischen Fertigkeiten Ihres Kindes zusätzlich gefördert.«

Wer jetzt noch nicht einknickt und den Kaufen-Button drückt, den sollen noch folgende Argumente überzeugen: Das Produkt sei gut für die »Sprachentwicklung«, die »Sinneswahrnehmung« sowie »Erkundungsdrang und Neugier«. Alles unter der Überschrift »Für die Entwicklung Ihres Kindes«. Wer kann da noch Nein sagen? Wir sagen aber bewusst: Nein. Unsere These lautet:

**Eine Kindheit ohne Computer ist der beste Start ins digitale Zeitalter.**

Paradox? Verwirrend? Ja, aber wir werden im Lauf des Buches zeigen, wie sich diese Aussage erhärten lässt. Wir werden darüber nachdenken, wie sich Hänschen zu einem Hans entwickelt, der souverän mit digitalen Medien umgeht – und die großen Chancen der Digitalität zu nutzen weiß. Denn für uns gilt: »Was Hänschen nicht lernt, kann Hans in aller Ruhe lernen.« Das Modewort der Entschleunigung sollte Einzug in die Bildungsdebatte halten, denn gerade digitale Medien können mit ihrer Geschwindigkeit, Reizüberflutung und Oberflächlichkeit Lernprozesse untergraben.

Und das besonders bei kleinen Kindern: »Wenn Sie ihnen etwas erklären, schlafen sie einfach mal weg«, erläutert die Neurobiologin Prof. Gertraud Teuchert-Noodt, »und dieser Schlaf ist sehr wichtig, weil sich dabei im Gehirn viel abspielt.« Der Erfolg des Lernens sei von einem »inneren Rhythmus« abhängig, Langsamkeit im Lernprozess von Vorteil. Wer diesen Rhythmus durcheinanderbringt, schafft es auch später nicht mehr, »durch eine Stunde Yoga Schulklassen auf das richtige Gleis zu bringen«, so die emeritierte Neurobiologin.

Was geschieht aber, sobald die Kinder auf der Welt sind? Sie werden einem medialen Trommelfeuer ausgesetzt, das wir in unserem Alltag nicht mehr wahrnehmen:

> »Die Mutter stillt beim Fernsehen, der Vater wiegt das Baby in den Schlaf, während er im Internet recherchiert, der große Bruder passt auf das kleine Geschwister auf, während er ein Computerspiel macht …, derartige Situationen sind Familienalltag.«

So beschreiben Helga Theunert und Kathrin Demmler die Situation, in der Kleinkinder heute aufwachsen (2). Klingt harmlos, ist es aber nicht, wie die American Academy of Pediatrics (AAP) feststellt: Laut einer Umfrage versuchen bereits 90 Prozent der amerikanischen Eltern, Kinder unter zwei Jahren bei Laune zu halten, indem sie elektronische Medien einsetzen. Daher hat die AAP frühere Warnungen verschärft und schon 2011 Empfehlungen veröffentlicht, wie Eltern mit elektronischen Medien umgehen sollten, damit Kinder unter zwei

Jahren keinen Schaden nehmen (3). In der AAP haben sich 60 000 amerikanische Kinderärzte und -chirurgen organisiert.

Kurz und knapp schreibt die Ärzteorganisation: »Die AAP rät davon ab, dass Kinder unter zwei Jahren elektronische Medien benutzen.« Dabei stützen sich die Ärzte auf 50 Studien, die seit 1999 untersucht haben, wie Fernsehen und Videos auf unter Zweijährige wirken.

## Die destruktive Wirkung von Background Media

Wie kommt die AAP zu ihren Empfehlungen? Betrachten wir einfach den Alltag von Eltern, die vor dem Fernseher sitzen und ihre Kinder im selben Raum spielen lassen. Die erste Wirkung ist offensichtlich:

> »Kleinkinder werden einem Fernsehprogramm kaum aufmerksam folgen, wenn sie es nicht verstehen. Aber die Eltern sind damit beschäftigt. Der Fernseher mag für das Kind nur ein Hintergrund-Medium sein, doch für die Eltern steht er im Vordergrund. Der Fernseher lenkt die Eltern ab – und verringert die Interaktion zwischen Eltern und Kind. Das Wachstum seines Wortschatzes hängt aber direkt von der ›talk time‹ mit den Eltern ab bzw. von der Zeit, die Vater oder Mutter mit ihm sprechen. Wird in einem Haushalt sehr viel ferngesehen, kann sich das negativ auf die Sprachentwicklung des Kindes auswirken, einfach weil die Eltern wahrscheinlich zu wenig mit ihrem Kind sprechen.«

Das klingt sofort nachvollziehbar, aber wirklich neu dürfte vielen Eltern sein, wie *Background Media* direkt auf Kleinkinder wirken. Die AAP verweist auf ein Experiment, das Marie Evans Schmidt mit ihren Kollegen durchführte (4): 50 Kinder im Alter von 12, 24 und 36 Monaten spielten mit verschiedenen Spielsachen genau eine Stunde lang. 30 Minuten lief im selben Raum eine Spiel-Show im Fernseher, die andere halbe Stunde blieb das TV-Gerät ausgeschaltet. Der Effekt: Background Media reduzieren nicht nur signifikant die Spielzeit der Kleinkinder, sondern auch die Aufmerksamkeit, mit der sie sich dem Spiel widmen. Der Fernseher unterbrach das Spiel der Kinder, auch wenn sie ihre Aufmerksamkeit nicht offensichtlich auf das Gerät gerichtet hatten.

Schmidt und Kollegen schreiben: »Diese Ergebnisse deuten auf spätere Einflüsse hin, die sich bei der kognitiven Entwicklung bemerkbar machen.« Ein erster Hinweis auf die negativen Wechselwirkungen zwischen Medienkonsum und Gehirnentwicklung – Wechselwirkungen, die in unserem Buch noch eine große Rolle spielen werden (siehe auch Gastbeitrag von Prof. Gertraud Teuchert-Noodt: »Zu Chancen und Risiken fragen Sie das Gehirn«).

Auch die amerikanischen Kinderärzte stellen fest: »Das ›unstrukturierte Spielen‹ ist wichtig, um Fähigkeiten zur Lösung von Problemen zu entwickeln. Außerdem fördert es die Kreativität der Kinder.« Und was für die Berieselung aus dem Hintergrund gilt, entfaltet seine destruktive Wirkung erst recht, wenn Kleinkinder unmittelbar elektronische Medien konsumieren: Laut AAP gehen den unter Zweijährigen an Werktagen pro TV-Stunde neun Prozent der Zeit verloren, in der sie sich mit »unstrukturiertem Spielen« beschäftigen. Am Wochenende sind es sogar elf Prozent. Daher machen die Kinderärzte ganz pragmatische Vorschläge: Zum Beispiel soll der Nachwuchs auf dem Küchenboden Becher ineinanderstecken, wenn Eltern eine Mahlzeit zubereiten. Das sei bereits eine »sinnvoll genutzte Zeit des Spielens«, statt dieselbe Zeit einfach vor der Glotze zu sitzen.

Denn: »Das unstrukturierte Spiel ist wertvoller für die Gehirnentwicklung als jede Form der Nutzung elektronischer Medien«, so die AAP. Es sei nicht notwendig, dass sich die Erwachsenen immer aktiv mit den Kindern beschäftigen. Hauptsache, sie können in der Umgebung der Eltern spielen. Auch wenn Kinder erst vier Monate alt sind, hätten sie beim »Allein-Spielen« die Möglichkeit, »kreativ zu denken, Probleme zu lösen und Aufgaben zu bewältigen, ohne dass Eltern eingreifen«.

Außerdem sollten Eltern nicht außer Acht lassen: Unter Zweijährige weisen kurzfristig deutliche Defizite in der Sprachentwicklung auf, wenn sie viele Videos oder Sendungen im Fernsehen sehen. Drastisch sind auch die Folgen für unter Einjährige, die allein viel fernsehen: Für sie besteht eine signifikant höhere Wahrscheinlichkeit, dass es zu einer verzögerten Sprachentwicklung kommt. »Auch wenn die langfristigen Wirkungen unbekannt sind, geben die kurzfristigen Effekte Anlass zur Sorge«, so die Kinderärzte.

## Fernsehen stört Schlaf und Beziehungsfähigkeit

Zwei weitere interessante Punkte stellt die AAP zur Diskussion:

**Schlafverhalten:** In Amerika halten es 19 Prozent der Eltern für sinnvoll, ihren unter einjährigen Kindern ein TV-Gerät ins Schlafzimmer zu stellen. 29 Prozent der Kinder zwischen zwei und drei Jahren haben einen eigenen Fernseher. Und 30 Prozent der Eltern berichten, dass Fernsehen den Kindern beim Einschlafen hilft. Diesen überraschenden Zahlen setzen die Kinderärzte entgegen:

> »Obwohl Eltern das Fernsehprogramm als beruhigende Einschlafhilfe betrachten, haben einige Sendungen tatsächlich negative Folgen: Die Kinder wehren sich mehr gegen das Zubettgehen, der Zeitpunkt des Einschlafens verzögert sich, es entstehen Ängste vor dem Einschlafen und die Schlafdauer geht zurück.«

Besonders bei Kindern unter drei Jahren gerät durch Fernsehen der Schlafrhythmus durcheinander, was sich negativ auf Gemüt, Verhalten und Lernfähigkeit auswirkt. Zwar sei zu dieser Fragestellung noch mehr zu forschen, so die Kinderärzte, aber bereits jetzt gebe es »ausreichend Gründe zur Sorge«.

## Video-Defizit und die gestörte Interaktion mit den Eltern

Kleinkinder sind nicht in der Lage, zwischen einer realen Situation und dem Geschehen auf einem Bildschirm zu unterscheiden (»Video-Defizit«). Sind sie zwischen 12 und 18 Monate alt, fällt es ihnen aber leichter, Informationen einer realen Person zu verarbeiten, als Inhalte aus dem Fernsehen zu verstehen. Die Kinder erinnern sich auch besser, wenn ihre Eltern mit ihnen direkt gesprochen haben.

Das deckt sich mit Erkenntnissen aus der Entwicklungspsychologie: Schon das Neugeborene bringt grundlegende Fähigkeiten zur sozialen Interaktion mit, wie Hellgard Rauh schreibt (5). Dazu zählen: eine Präferenz für die menschliche Stimme, die Vorliebe für das menschliche Gesicht, das Interesse an dynamischen Stimuli sowie auditiven und visuellen Informationen. Das Kind unterscheidet zwischen einer Dingwelt und einer Personenwelt: Es betrachtet Objekte als Informationsquellen, denen es »lange, konzentriert und angespannt« seine Aufmerksamkeit schenkt – und sich dann plötzlich abwendet. Ganz anders ist das Verhalten bei Menschen, die als Interaktionspartner gesehen werden: »Mit ihnen ist es entspannter, zeigt lebhaftere Mimik, Lippen- und Zungenbewegungen ( ... ), positive Laute (Gurren) und Lächeln sowie ein rhythmisches Blick- und Vokalisationsverhalten, sogar Handbewegungen, die wie Vorformen von Geste wirken«, so Rauh.

Doch die AAP stößt bei ihren Schlussfolgerungen auf ein erkenntnistheoretisches Problem, das die Organisation nicht verschweigt: Die Daten zeigen nur eine Korrelation auf, die zwischen Entwicklungsdefiziten und Medienkonsum besteht (wie auch bei der BLIKK-Studie!).

Damit ist aber noch kein Kausalzusammenhang nachgewiesen, etwa nach dem schlichten Motto »Fernsehen macht dumm!«. »Werden Kinder mit Sprachproblemen öfter vor den Fernseher gesetzt?«, fragen die Kinderärzte. Oder: »Fühlen sich Kinder mit Aufmerksamkeitsdefizit stärker vom Bildschirm angezogen?« Aus diesen Fragen ergibt sich die Notwendigkeit für weitere Forschungen.

Ein Aspekt sticht bei den Empfehlungen der AAP besonders ins Auge: Die Frage nach einem kindgerechten Fernsehprogramm tritt in den Hintergrund; die Ärzte diskutieren nicht in erster Linie, welche TV-Inhalte für Kleinkinder geeignet sind. Ihre Kritik setzt viel grundsätzlicher an, weil sie »jede Form der Nutzung elektronischer Medien« für fragwürdig halten – speziell bei unter Zweijährigen.

Das ist ein klares Statement, das wahrscheinlich die Bundeszentrale für politische Bildung (BpB) nicht unterschreiben würde: Unter der Überschrift »Fernsehen schon für Wickelkinder?« greift sie die Diskussion um die Sendung *Teletubbies* auf, die vor ein paar Jahren für Zweijährige im öffentlich-rechtlichen Kinderkanal KiKA lief (6). »An den Befürchtungen vieler Eltern kann man erkennen«, so die BpB, »dass die Wirkung des Fernsehens in der Regel überschätzt und der eigene erzieherische Einfluss häufig unterschätzt wird.« Die Sendung wolle »erste kognitive Fähigkeiten vermitteln«, es gehe um das »Wahrnehmen, Denken und Sprechen« der jungen Zielgruppe.

Viele Eltern würden sich freuen, »dass sie ihren Kleinkindern etwas zeigen können, was garantiert keine Gewalt und keine unverständlichen Szenen enthält«. Die BpB akzeptiert zwar auch als mögliche Position die Forderung »Babys gehören nicht vor die Glotze!«. Aber: Wer eine positive Einstellung zum Fernsehen habe, »werde sicher auch weniger Schwierigkeiten haben, sich auf die Teletubbies einzulassen.« Zusätzlich gibt es noch den Tipp, humorvoll mit der Sendung umzugehen: Zum Abendessen könnte es einen »Tubby-Toast« geben, das »Zubettgeh-Knuddeln« ließe sich auch »Tubbie-Schmusen« nennen.

Eine wachsweiche Position, der wir ein klares Nein entgegensetzen, wie bei unserer ersten These – und zwar ganz im Sinne der amerikanischen Kinderärzte: Je jünger die Kinder sind, desto sinnvoller ist es, sie überhaupt nicht dem Einfluss elektronischer Medien auszusetzen.

Wir sollten nicht diskutieren, ob die Teletubbies mehr oder minder kindgerechte Inhalte transportieren. Vielmehr sollten wir diskutieren, ob unsere Zweijährigen nicht wertvolle Lebenszeit verschwenden, wenn sie vor Tablets und Co. geparkt werden. Eine Zeit, in der sie krabbelnd beginnen, unsere komplexe Welt zu erforschen.

Dazu stellt der amerikanische Psychologe Dr. Jim Taylor fest: »Wir konzentrieren uns auf die Inhalte der Technologie (Videos, Postings, Social Media), unterlassen es aber zu diskutieren, wie uns die intensive Nutzung selbst verändert.« Das habe bereits 1964 Marshall McLuhan gemeint, als er die berühmte Formulierung fand: »The medium is the message« (»Das Medium ist die Botschaft«). Das bedeutet: »Hinter dem vermittelten Inhalt hat das Medium selbst eine Wirkung, weil es einzigartiger Natur ist und mit speziellen Eigenschaften in Erscheinung tritt«, so Dr. Taylor.

## Medien hindern Kinder bei der sensomotorischen Entwicklung

Welche Wirkung haben elektronische Medien auf unter Zweijährige? Jede Minute vor einem Tablet oder Fernseher fehlt dem Kind, um in seiner sensomotorischen Entwicklung voranzukommen. Diesen Begriff hat Jean Piaget (1896–1980) geprägt, der ein Modell der kognitiven Entwicklung entworfen hat, und zwar für Kinder zwischen Geburt und Pubertät. An dieser Stelle zoomen wir die erste Phase heraus, die drei weiteren Phasen werden in Kapitel 4 (Denken lernen) auftauchen. Denn Piagets Überlegungen sind für uns der rote Faden, um die Entwicklung des kindlichen Denkens zu verfolgen. Schließlich gilt der Schweizer Psychologe als »Übervater der Entwicklungspsychologie«, wie 2002 Spektrum der Wissenschaft festgestellt hat.

Zurück zur sensomotorischen Phase: Der Wortteil »senso« steht für Sinneserfahrungen, das heißt, das Kind sammelt seine ersten Erfahrungen in der Welt, indem es sieht, hört, schmeckt, riecht und tastet. Der zweite Wortteil »motorisch« bedeutet, dass unter Zweijährige neben den Sinnen ihren Bewegungsapparat einsetzen, um die nähere Umwelt zu erkunden. Sie krabbeln, greifen oder patschen ins Wasser. »Das Kind baut sich sein Wissen von dieser Welt auf, indem es durch aktives Tun zunächst Erfahrungen an seinem eigenen Körper, später an Gegebenheiten seiner Umgebung sammelt«, fasst Gerd Mietzel diese Vorgänge zusammen (7). Und weiter schreibt er:

> »Die einzige Möglichkeit des Denkens besteht darin, etwas mit den vorgefundenen Dingen zu tun, d. h., sie zu betrachten, zu berühren, in den Mund zu stecken und nach ihnen zu greifen. Während es in seiner Objektwelt hantiert, empfängt es über seine Sinnesorgane Rückmeldungen; es wiederholt diejenigen Aktivitäten, die interessante Effekte auslösen.«

Wer ein kleines Kind in die Badewanne setzt, kann das leicht bestätigen: Es wird vergnügt auf das Wasser einschlagen, mal mit seiner Badeente, mal mit der flachen Hand. Die Spritzwirkungen fallen sehr unterschiedlich aus, und das Kind entdeckt auf diese Weise, wie sich Wasser zum Spielen nutzen lässt. Ein Denken wie bei Erwachsenen findet dabei nicht statt: Das Kind reagiert unmittelbar auf Reize der Umgebung – weit entfernt davon, zu seinen Erfahrungen abstrakte Begriffe zu bilden.

Nun stellen wir uns ein kleines Kind vor einem Tablet vor, auf dem es Teletubbies schaut. Wir können eine erste Beobachtung machen, völlig unabhängig vom Inhalt: Das Geschehen auf dem Bildschirm läuft nur zweidimensional ab, kann also keinen realen Eindruck der Welt vermitteln. Außerdem sind die Inhalte aus dem Kontext gerissen, das bedeutet, sie stehen in keinem unmittelbaren Zusammenhang mit der Umwelt des Kindes. Oder bewegt es sich im normalen Leben durch die bunte Hasenlandschaft der Teletubbies? Eher nicht ...

Im Gegenteil: Vor einem Bildschirm verharrt das Kind in relativer Ruhe, sein Bewegungsdrang wird gedämpft und wesentliche motorische Erfahrungen bleiben aus. Den entscheidenden Punkt nennt aber Prof. Ernst Schuberth, der Mathematik, Physik, Philosophie und Pädagogik studiert hat. Er wurde 1974 Professor an der Pädagogischen Hochschule (Universität Bielefeld), 1978 war er Mitgründer der Akademie für Waldorfpädagogik in Mannheim. Schuberth betont, »dass für das Kind die Sinneserfahrung in den ersten Jahren eine Hauptrolle spielt, und zwar für die Entwicklung von Gehirn und Seele«. Was auf dem Bildschirm erscheint, sei niemals »die Sache selbst«, sondern nur ein Surrogat der Realität.

Welche Konsequenzen hat das für ein Kind? Der Mathematiker erklärt das mit einem einfachen Vergleich: Wer ein Eiscafé besucht, dem gibt die Kellnerin eine Eiskarte – mit bunten Bildern aus dem Angebot, inklusive der Preise. »Wenn Sie in die Karte mit den Bildern reinbeißen«, so Schuberth, »werden Sie nicht das Geschmackserlebnis und alle anderen Wahrnehmungen haben, die sich einstellen, wenn Sie einen echten Eisbecher probieren.« Der reale Cup Denmark bewirke im Gehirn viel mehr als das reine Betrachten einer Eiskarte. So sei das mit allen Sinneswahrnehmungen. Ironisch schlägt er vor: »Beißen Sie einmal in eine Banane, die auf dem Bildschirm gezeigt wird – und schulen Sie dabei Ihren Geschmackssinn. Das hält das iPad nicht lange aus.«

Das große Thema ist der Wirklichkeitsbezug: Das Kind forme in den ersten Jahren die Fähigkeit aus, Sinneswahrnehmungen wirklich aufzunehmen, so Schuberth. Es gehe um »den Klang einer Stimme; wie sich ein Mensch fühlt, der gerade spricht; um eine bestimmte Musik oder den Geschmack des Essens«. Dadurch differenziere sich die gesamte Sinnesorganisation aus, so der Mathematiker. Genau das meinte Piaget, als er die sensomotorische Phase kleiner Kinder beschrieben hat. Auch Herbert Renz-Polster und Gerald Hüther schildern plastisch, worauf es in dieser Phase des Lebens ankommt (8):

> »Der Mensch [bewegt sich] zunächst entlang sinnlicher Spuren – da wird alles gerochen, geschmeckt, in den Mund gesteckt, beäugt und befühlt, ja der ganze Körper kommt zum Einsatz, und wie! Es wird gerobbt, geklettert, gesprungen, gehopst, gepurzelt und auf Zehnspitzen gestanden, jeder Muskel wird gestreckt, gewalkt, geübt, und dabei dieser wunderbare Körpersinn aufgebaut, der unsere Hände, Arme und Beine regelrecht Wurzeln schlagen lässt in der Umwelt.«

Ihr Resümee: Dieses »nach und nach entstehende sinnliche Bewusstsein« sei der erste Schritt zu »unserem Selbstbewusstsein«. »Der Besitz unserer Sinne macht uns unser selbst bewusst«, so Renz-Polster und Hüther.

Sätze, denen Schuberth sicher zustimmen kann. Er zeigt in seiner Wohnung auf eine Mühle, die in der Küche steht – und erzählt eine Geschichte von einer Enkeltochter kurz vor der Schulreife: »Für sie gab es nichts Schöneres, als das Korn mit der Mühle zu mahlen, die Zutaten zu vermischen, den Teig zu kneten … und am Ende stand da das Brot mit Butter und Salz auf dem Tisch – ein volles, sattes, sinnliches Erlebnis.«

Solche Erlebnisse warten für Kinder an jeder Ecke des Lebens: Ob im Wald oder in der Küche – besonders in der sensomotorischen Phase geht es um echte Sinneseindrücke, die entscheidend für die kognitive Entwicklung der Kinder sind (siehe dazu auch den Gastbeitrag »Zu Risiken und Chancen fragen Sie das Gehirn«). Daher hat Brotbacken nichts mit Nostalgie zu tun, sondern kann einer von vielen Schritten sein, damit sich Kinder gesund entwickeln.

Analog zu Piaget sprechen Neurobiologen von der »sensomotorischen Integration«, die während der gesamten Kindheit abläuft: Sie definiert das *Lexikon der Neurowissenschaft* als »Verknüpfung zwischen sensorischen Eingängen und motorischen Ausgängen zur Erzeugung von Verhalten (in biologischen oder künstlichen neuronalen Netzen).« (9) Dieses Zusammenwirken aller Sinne und körperlicher Aktivitäten hat eine hohe Bedeutung für die kindliche Entwicklung: »Wie kann das Gehirn das immense Aufgebot an Muskelzellen so kontrollieren, daß sich der gesamte Körper in die richtige Richtung bewegt? Hierbei handelt es sich wahrscheinlich um das grundlegendste Problem, das ein Nervensystem bei seiner Evolution lösen musste.« (10) Die Lösung dieses »grundlegendsten Problems« ist absolut notwendig, damit sich das menschliche Gehirn gesund ausbilden kann. Dazu bedarf es einer intensiven Auseinandersetzung mit der Umwelt.

Genau um diese Auseinandersetzung werden Kinder betrogen, wenn Eltern glauben, Sendungen wie die Teletubbies würden »erste kognitive Fähigkeiten« vermitteln, wie es die BpB auf ihrer Website schreibt. Das Gegenteil ist der Fall, sobald die Verbindung mit der Realität leidet: »Wenn ein kleines Kind in seinen Bewegungen und Sinneswahrnehmungen zu wenig geschult wurde, kann es später mit dem Willen Denkprozesse weniger steuern«, so Schuberth. »Was ich aber mit der Hand und dem eigenen Körper getan habe, schlägt sich sofort im Gehirn nieder.« Jede Bewegung und jeder Sinneseindruck verändere die Struktur des Gehirns, was genau die kognitive Entwicklung sei, die ein Kind zu leisten hat, so Schuberth (Kapitel 4, Denken lernen).

Diesen Aussagen kann Prof. Thomas Fischer nur zustimmen. Er hat die Welt in vielen Facetten studiert und drei Studienfächer abgeschlossen (Betriebsökonomie, Jura und Psychologie). Seit 2011 ist er Lehrbeauftragter für Führungspsychologie, und zwar an der Hochschule für Wirtschaft der Fachhochschule Nordwestschweiz. Daher hat er einen Überblick, wohin einseitige Entwicklungen in der Kindheit führen.

Fischer: »Meine Sorge ist es, dass die Digitalisierung den Kindern zu wenig Raum gibt, sich wirklich physisch im Leben einzuleben.« Es sei viel einfacher, »ein Kind vor die Flimmerkiste zu setzen, als mit ihm draußen im Wald spazieren zu gehen, wo man einen Tannenzapfen aufheben und fortwerfen kann.« Der Psychologe verweist auf Piaget: »Zu Beginn des Lebens werden motorische Schemata neurophysiologisch aufgebaut, die großen Verbindungen im Gehirn.«

Daraus ergibt sich eine erhebliche Verantwortung für die Eltern: »Ich kann nicht die ganze Zeit vor dem Computer sitzen und erwarten, dass meine Kinder fröhlich ohne Elektronik spielen.« Fischer denkt dabei an die Vorbildfunktion der Eltern: »Die Kinder wollen das, was Papa und Mama machen.« Wenn die Erwachsenen dauernd das iPhone vor der Nase hätten, würde das Kind versuchen, dieses Verhalten einfach nachzuahmen.

## Medienkompetenz im Kindergarten?

Eine Frage, die sich später auch im Kindergarten stellt: Je älter Kinder werden, desto dramatischer macht sich ein Trend bemerkbar, der aus Kindern »kleine Erwachsene« macht. Der scheinbar positive Begriff der »Frühförderung« richtet gravierende Schäden an, gerade im Medienbereich: Antje Bostelmann wollte auf der didacta 2016 dafür werben, früh Medienkompetenz im Kindergarten zu fördern. Sie ist die Gründerin der Klax-Kindergärten und propagiert, die Kleinen auch in Kindergärten mit digitalen Medien zu konfrontieren (11).

Dazu erzählte die Klax-Geschäftsführerin eine Geschichte: Ein Kind war im Garten unterwegs, es zupfte einen Löwenzahn aus dem Rasen. Dann war es der Meinung: »Das ist Löwenzahn, eine Pflanze.« Ein anderes Kind widersprach: »Nein, das ist unser Essen.« Wer hatte recht? Eine Erzieherin setzte sich mit den Kindern vor einen Laptop, gab das Wort »Löwenzahn« bei Google ein und hatte wahrscheinlich 4,6 Millionen Treffer (ja, so viele sind es wirklich!). Darauf erklärte sie den Kindern: Es gibt bei Google so viele Erklä rungen für »Löwenzahn«, was der Beweis dafür ist: Es gibt keine Wahrheit! Alle haben recht.

Prima, Erkenntnistheorie für vierjährige Knirpse! Sollten wir ihnen nicht gleich den Fachbegriff »Epistemologie« vermitteln? Mit der korrekten Etymologie aus dem Griechischen (episteme = Verstehen)?

Klar, das ist überspitzt formuliert, aber diese Form intellektueller Überforderung schleicht sich immer mehr in unserer Gesellschaft ein. Sicher mit besten Absichten, aber in unseren Augen mit gegenteiliger Wirkung. Das macht die Löwenzahn-Geschichte deutlich: Kinder in diesem Alter brauchen Sicherheit und Stabilität, und keine Verunsicherung durch erkenntnistheoretische Probleme. Sie schlagen gerade Wurzeln in der realen Welt, vertrauen ihren Bezugspersonen und entwickeln so ein gesundes Selbstvertrauen: »Ich bin richtig, meine Eltern sind richtig, die Welt ist richtig.« Dieses Einleben in die Realität lässt sich im Ergebnis auch als »Urvertrauen« bezeichnen, das der Kinderpsychologe Erik H. Erikson bereits 1950 als »(basic) trust« in die Diskussion einführte.

Dieser Prozess beginnt im ersten Lebensjahr, wenn das Baby lernt, wem es vertrauen kann. Dieses »Urvertrauen« ist eine wichtige Grundlage, um die Umwelt differenziert wahrzunehmen und später mit einem optimistischen Selbstvertrauen durchs Leben zu gehen. Wer auf dieser Stufe der psychosozialen Reife Defizite erleidet, hat es als Erwachsener oft schwerer im Leben, etwa durch ein hohes Maß an Vertrauensseligkeit, um das mangelnde »Urvertrauen« auszugleichen.

Wir sollten daher Kinder in ihrer Fähigkeit stark machen, der eigenen Wahrnehmung der Welt zu trauen, auch wenn ihre kognitive Verarbeitung nicht in der Lage sein kann (und auch nicht muss!), wissenschaftlichen Standards zu entsprechen. Dabei stoßen wir auf ein scheinbares Dilemma: Begriffe sind mehrdeutig. Löwenzahn ist eine Pflanze, ein Salat oder eine Kindersendung im Fernsehen ... Wer hat jetzt die einzig wahre Erklärung?

Natürlich keiner der Knirpse im Kindergarten, doch entscheidend ist die Frage: Brauche ich Google, um den Streit der Kinder zu klären? Oder missbrauche ich diesen Streit, um den Rechner im Gruppenraum zu rechtfertigen?

Unsere Antwort auf die erste Frage ist ein klares Nein, auf die zweite Frage ein vermutetes Ja. Warum? Kinder fragen in diesem Alter manchmal: »Wer schreibt eigentlich das Internet?« Vielleicht ein Mann im Bildschirm … Daher scheint es vermessen zu sein, bereits auf dieser Stufe kognitiver Entwicklung zu versuchen, Kinder in komplexe Hyperlink-Strukturen einzuführen. Sie können ja nicht einmal lesen, was auf dem Bildschirm als Text auftaucht. Und einmal ehrlich: Verstehen wir Erwachsene eigentlich, was passiert, wenn wir auf einen Link klicken?

Ein weiterer Aspekt ist uns wichtig: Bostelmann untergräbt auch das Vertrauen der Kinder in ihre eigene Person! Wer bereits bei der Löwenzahn-Frage zum Rechner eilt, signalisiert: Wissen steckt nur im Computer, und Menschen sind nicht mehr in der Lage, vernünftig die Welt zu deuten. Was für eine Kapitulation!

Hinzu kommt: Die Arbeit mit Suchmaschinen ist ein sehr abstrakter, zeichenbasierter Prozess. Sie trägt eben nichts zu einer unmittelbaren Erfahrung der Welt bei, wie sie für die sensomotorische Integration der Kinder unabdingbar ist.

Das alles zeigt ein erster Blick auf diese fragwürdige Form computergestützter Erziehung, die Kinder eher aus der Realität herausreißt, als sie mit ihr zu verbinden. Das geschieht bereits in den Familien zu Hause, wenn digitale Gadgets Kinderzimmer überfluten. Da sollten öffentliche Einrichtungen wie Kindergärten Dämme errichten, damit die schäumende Digitalwelle nicht alle Lebensbereiche erfasst. Eine Kompensation durch reale Erlebnisse wird immer wichtiger!

Alternativen? Zunächst ein traditionelles Lexikon: das Stichwort »Löwenzahn« suchen und die Beschreibung der Pflanze kurz vorlesen, vielleicht ist auch ein Bild abgedruckt. Am nächsten Tag kann die Erzieherin ein Rezept für Löwenzahn-Salat mitbringen und schickt die Kinder mit einem Korb in den Garten. Die gesammelten gezackten Blätter werden verarbeitet, eine Soße ist schnell gemacht. Den leckeren Salat gibt's zum Mittagessen. Damit hat sich der anfängliche Streit verwandelt, und zwar in ein mit Wirklichkeit gesättigtes Erlebnis, das Kinder in ihrer sensomotorischen Integration fördert und ganz nebenbei pädagogische Grundlagen legt, damit sie später lernen, verschiedene Sichtweisen zu akzeptieren. Übrigens: Das Salatrezept könnte die Erzieherin ruhig zu Hause googeln ... und als Ausdruck in den Kindergarten bringen.

Wer in die Küche statt an den Computer geht, handelt im Sinne einer bestimmten philosophischen Tradition: der Phänomenologie. Diese Strömung prägte zu Beginn des 20. Jahrhunderts Edmund Husserl (1859–1938), der den Ausgangspunkt für Erkenntnisse in Erscheinungen sah, die den Menschen unmittelbar gegeben sind. Das sind eben die »Phänomene«, wobei der Begriff auf Griechisch »Sichtbares« oder »Erscheinung« bedeutet.

Professorin Kristin Westphal beschreibt als Kernstück dieser Denkrichtung die »phänomenologische Reduktion, die auf die Verklammerung von Sache und Zugangsart zielt«. (12)

Es gehe dabei um ein »Denken von den ›Sachen‹ her«. Es stelle sich die Frage, »wie sich die Welt im Bezug zum evidenten Bewusstsein aufbaut«. Westphal erklärt, welche Konsequenz diese Denkweise für den Erkenntnisprozess hat: »Methodisch bedeutet diese Reduktion zunächst (...) eine möglichst theoriefreie Beschreibung des Wahrgenommenen.«

Diese Überlegungen spiegeln sich in unserer Antwort auf das »Löwenzahn«-Problem: Statt Google zu nutzen, können wir die Kinder eine unmittelbare, konkrete Erfahrung in Küche und Garten machen lassen, die ihre reale Lebenswelt darstellt. Sie sammeln die Löwenzahnblätter, die möglichst zart sein sollten, was sie ertasten können. Die »Beute« wird gewaschen, um Sand und Erde zu entfernen. Beides sind haptische Erlebnisse. Zwiebeln und Knoblauch werden geschnitten und gedünstet, und schon liegt ein würziger

Duft in der Luft. Wer mag, beißt ein Stückchen von einem Blatt ab, wodurch er dessen bitteren Geschmack kennenlernt. So ist schnell klar, dass Honig für die Soße eine gute Zutat sein kann …

Konkrete Welterfahrung pur, ausgelöst durch den Streit um Löwenzahn! Das kommt einer »theoriefreien Beschreibung des Wahrgenommenen« (Westphal) sehr nahe: Die Kinder erleben in ihrer unmittelbaren Erfahrung, wie vielfältig die Welt sein kann, ohne einer intellektuellen Überforderung ausgesetzt zu sein. Sie erhalten kindgerechte Antworten auf ihre Frage »Was ist eigentlich Löwenzahn?«.

Dagegen trägt die unverständliche Trefferliste bei Google nur zur Verwirrung bei, weil sie für eine abstrakte theorielastige Erklärung der Welt steht. Westphal beschreibt dieses Phänomen so: »In einem eigenen pädagogischen Raum zeigen die Erwachsenen Kindern die Welt nicht, wie sie ist, sondern das, was sie dafür halten.« Dabei sollten Kinder eher lernen, genau zu beobachten und ihren Sinnen zu vertrauen. Das passt zu ihrer kognitiven Entwicklung, die auf eine gelungene »sensomotorische Integration« angewiesen ist.

**Handelnde Erfahrungen statt passives Starren auf den Bildschirm.** Fazit: Kinder unter drei Jahren haben vor der Glotze nichts zu suchen. Das gilt genauso für Tablets, Smartphones und alle anderen Gadgets, die angeblich für Kinder im digitalen Zeitalter unverzichtbar sind. Es besteht ein fataler Irrglaube: Je früher Kinder über Tablets wischen würden, desto besser seien sie präpariert, um später digitale Medien effizient zu nutzen. Wer das behauptet, übersieht einen entscheidenden Unterschied: Digitale Welten sind keine realen Welten. Sie sind ein Surrogat, ein Ersatz für wirkliche Erfahrungen in der Realität.

Diese Erfahrungen brauchen aber unsere Kleinkinder, um ihre sensomotorische Phase (Piaget) gut zu durchleben. Sie greifen nach der Welt – und begreifen so die ersten Bausteine ihrer komplizierten Umgebung. Dabei entstehen noch keine Begriffe, der kognitive Prozess setzt auf einer sehr basalen Ebene ein. Im Gehirn entwickeln sich erst die Grundlagen, um später gedankliche Probleme zu lösen. Dazu bedarf es vielfältiger Anregungen aus der echten Welt – einfaches Spielzeug, Waldspaziergänge oder die direkte Interaktion mit den Eltern. »Die Vorstellungen von Gegenständen und Personen, von Abläufen und Gesetzmäßigkeiten entstehen also aus der handelnden Erfahrung des Kindes mit seiner Umwelt und sind eine **aktive geistige Leistung** des Kindes [Hervorhebung durch die Autoren]«, schreibt Hellgard Rauh.

»Handelnde Erfahrungen« – sie sind zwingend die Grundlage für eine gesunde Entwicklung, die aber nicht passiv vor elektronischen Medien stattfinden kann. Passiv und eben nicht interaktiv, wie der Einwand lauten könnte. Denn wenn Kleinkinder auf dem Tablet wischen oder auf dem Spiel-Laptop Tasten drücken, wird nur ein sehr eingeschränktes motorisches Repertoire eingeübt. Ganz abgesehen von der Tatsache, dass reale Sinneserfahrungen auf diese Weise nicht möglich sind. Oder lässt sich ein Wald auf dem Bildschirm simulieren – mit grünen Bäumen, verrotteten Ästen und Ameisenhaufen? Mit dem modrigen Geruch des Bodens, dem Gesang der Vögel und den knackenden Geräuschen, wenn morsches Holz auseinanderbricht? Nein – diese Welt ist so einzigartig, dass wir die wichtige Aufgabe haben, unsere Kinder von Anfang an in das »Leben einzuleben«, wie es Fischer ausdrückt.

Vor diesem Hintergrund erscheint fragwürdig, was die Firma BrillKids in Amerika ausgetüftelt hat: The Little Math Learning System. Es ist gedacht für Babys unter zweieinhalb Jahre – und soll mit Flashcards mathematische Mengenvorstellungen vermitteln. Dazu heißt es in der Werbung: Das Kind würde sofort »mental calculations« erlernen, was sich vielleicht mit »Kopfrechnen« übersetzen lässt. Weiterhin heißt es: »Es wird für sein ganzes Leben ein selbstbewusster Mathematiker werden.«

Ja, da steht tatsächlich im englischen Original die Berufsbezeichnung »mathematician«! Weitere Produkte nennen sich: Little Reader und Little Musician … Kein Wunder, dass der Claim der Firma lautet: »Kids are brilliant!« Zu diesen Angeboten sagt Fischer: »So ein Programm schadet nur. Das ist so, als würde man beim Hausbau mit dem dritten Stock beginnen.« Auf diese Weise würden Kinder völlig überfordert.

Brillante Babys? Da taucht sie wieder auf, die Sehnsucht nach dem perfekten Kind, das mehrere Nobelpreise abräumt. Brillante Babys werden später brillante Wissenschaftler, Künstler oder Manager … Doch der Schuss geht leicht nach hinten los: Je länger Kinder vor digitalen Spielzeugen sitzen, desto weniger erleben sie die reale Welt. Mit allen negativen Konsequenzen für ihre kognitive Entwicklung! Was sie scheinbar fördert, untergräbt ihre Fähigkeit, die Welt zu entdecken. Digitalität statt Realität – das scheint ein sicheres Konzept zu sein, um Kindern die Grundlage zu rauben, später gesund mit digitalen Medien umzugehen. Das gilt auch für Google-Recherchen im Kindergarten. Erst muss ein Keller gebaut sein, dann der erste und zweite Stock. Dann können wir unterm Dach einen Computer aufstellen – und müssen nicht fürchten, dass ihn später Jugendliche nur zum Daddeln nutzen.

## Was das Gehirn sagt

### Thema: reale Welterfahrung

»Ich bringe einen eigenen Bauplan auf die Welt mit – und habe entsprechende Ansprüche, damit ich mich gut entwickeln kann. Verschont mich bitte mit digitalen Medien, weil sie sich völlig gegen meine hirnphysiologischen Bedürfnisse richten. Ich bin gerade in der ersten Lebensphase auf soziale, sensible, handlungsbezogene und motivational-emotionale Kommunikation angewiesen. Es geht auch um meine raum-zeitliche Organisation, die ich langsam aufbaue, indem sich mein Körper viel bewegt und meine Sinnesorgane reale Erfahrungen machen. Dadurch reifen Nervennetze, was die Wissenschaft »Synaptogenese« nennt. Je stärker meine Synapsen werden, desto leichter fällt das Denken (13). Tablets und Smartphones helfen mir dabei überhaupt nicht. Im Gegenteil: Sie bringen mich um wichtige Erfahrungen in der realen Welt.«

# 2. Im Kreuzfeuer der Werbung

## Wie Kinder zu unkritischen Konsumenten werden – beschleunigt durch digitale Medien

Kleinkinder in »brillante Babys« verwandeln – diesen fragwürdigen Versuch haben wir bisher unter die Lupe genommen. Das geschieht alles mithilfe digitaler Medien, die jedes Kinderzimmer der Welt erobern. Was für Absatzmärkte! Was für ein Profit! Dabei lenkten wir den Blick auf die Wirkungen elektronischer Medien, die sie unabhängig von ihren Inhalten entfalten. Getreu dem Motto McLuhans »The medium is the message«. Denn sogenannte kindgerechte Formate gibt es nicht; unter Dreijährigen schadet jede Form der Berieselung, egal ob über TV, Tablets oder Smartphones.

Wir müssen aber trotzdem über Inhalte reden, wenn wir Kinder in Kindergärten einbeziehen (drei bis sechs Jahre). Dabei rücken spezielle Inhalte in den Mittelpunkt, die manipulativ kleine Kinder in den Bann der Konsumindustrie ziehen. Dazu stellen Helga Theunert und Kathrin Demmler fest (1):

> »Relevant sind in diesem Kontext auch die Mehrfachvermarktung von Medienangeboten und deren Verlängerung in den Konsummarkt. Schon Säuglinge und Kleinkinder werden hierdurch mit Medienfiguren in Form von Spielzeug und Gebrauchsgegenständen umgeben, die sie wenig später in medialen Präsentationen, zum Beispiel im Bilderbuch, im Fernsehen oder im Computerspiel, wieder entdecken. Die konvergente Medienwelt spinnt heute bereits die Allerjüngsten in ihr Netz ein, und zwar mit System. **Eltern jedoch ist dies meist nicht bewusst.** [Heraushebung durch die Autoren].«

Diese kritischen Sätze im wissenschaftlichen Gewand enthüllen kein Geheimnis, denn die Meister der Kindermanipulation warben lange Zeit offen mit der Botschaft »Eltern kaufen doppelt so häufig Produkte auf Wunsch ihrer Kinder, als ihnen bewusst ist«.

## »Familienmarketing« – die crossmediale Manipulation

Diese Aussage wurde illustriert durch eine Szene, die in einem Supermarkt spielt: Ein kleiner Junge blättert in einem Werbeblatt und blickt pfiffig zu einem Erwachsenen hinauf, der sich für ein Produkt im Kühlregal entscheidet. Die Botschaft ist klar: Dringst du in den Kopf der Kinder ein, hast du die Erwachsenen in der Tasche. Und der Kopf des Käufers war tatsächlich in der Grafik abgeschnitten. Diese Szene fand sich bis 2017 auf der Startseite der Agentur KB&B, deren Werber ihre Arbeit vornehm umschreiben – als »Kinder- und Familienmarketing«.

Was sie aber auf ihrer Website anpreisen, ist die crossmediale Manipulation von Menschen, die sich überhaupt nicht wehren können, wenn sie den Einflüsterungen der Werbeindustrie ausgesetzt sind. Natürlich sehen das die Werber ganz anders, sie entwickeln »Elemente einer erfolgsorientierten Kommunikationsstrategie. Von der Strategie bis zum TV-Spot, Website, Printkampagne oder App – alle Medien aus einer Hand (…)«. Seit Kurzem lassen sich aber die Werber nicht mehr so leicht in die Karten schauen. Das Kühlregal mit dem pfiffigen Jungen ist bei einem Relaunch der Seite verschwunden, ebenso das Fallbeispiel »Oktonauten«. Die Methoden sind aber offensichtlich geblieben …

Genau in dieser Welt der Verführung spielen digitale Medien eine zentrale Rolle. Um das zu zeigen, begeben wir uns auf Spurensuche – und folgen den Oktonauten auf ihrer Reise durch die Medien-Tiefsee. Diese TV-Serie läuft seit Herbst 2011 bei Super RTL; die drei wichtigsten Helden sind Eisbär Käpt'n Barnius, Kater Kwasi und Pinguin Peso. Sie sind bei ihren Abenteuern im Ozean unterwegs, ihr Motto lautet: »Erforschen, retten, beschützen!« Wer wagt es da, Kritik zu üben?

Ein Sendeplatz findet sich schon am Morgen. Um 8 Uhr setzen sich Kinder vor die Glotze, um Barnius und Co. auf ihren Reisen zu begleiten. Doch die Digitalität hat längst die Beschränkungen durch Zeit und Raum aufgehoben: Bei Apple iTunes lässt sich die Serie für Smartphones und Tablets kaufen, etwa »Die Oktonauten und die Hammerhaie« für 5,99 Euro. So wird die Kinderserie überall und jederzeit verfügbar. Eine wunderbare Waffe gegen quengelnden Nachwuchs – und eine weitere Einnahmequelle für die IT-Industrie. Und diese Quellen sprudeln rund um das Produkt Fernsehserie, die selbst am besten für eine Vielzahl lukrativer Ableger wirbt.

Dazu bedarf es einer geschickten Verpackung: »Muhpiduh«, ruft das Stierjunge Toggolino, wenn ab 6 Uhr morgens die Super RTL-Vorschulwelt über den Bildschirm flimmert. Toggolino ist ein Maskottchen mit hohem Wiedererkennungswert, was zur Strategie der Verführung gehört. »Er zeigt Ihrem Kind ein Programm mit Serien, die speziell für die Bedürfnisse von Vorschulkindern entwickelt wurden«, schreibt Super RTL auf seiner Website. Da dürfen die erfolgreichen Oktonauten nicht fehlen …

Überhaupt kommt der kommerzielle Kindersender mit einem hohen moralischen Anspruch daher, wenn er für seine Serienhelden schwärmt: Sie würden vorleben, »was Freundschaft bedeutet und wie Teamwork funktioniert. Sie erfahren die Sicherheit und Geborgenheit von Familie. Und sie lernen, wie wichtig Optimismus und der Glaube an die eigenen Fähigkeiten sind, um alle Herausforderungen zu meistern.« Wer wagt es da zu meckern?

Am Ende des Textes kommt ein Link: www.toggolino.de. Und siehe da, schon taucht es erneut auf, das »neugierige Stierjunge«: »Der Toggolino CLUB ist ein innovatives Lern- und Spieleportal für Kinder im Alter von drei bis sieben Jahren«, heißt es auf der Website. Das führt erneut vor Augen: Die Begriffe »Lernen« und »Bildung« sind die Zauberworte des Marketings, um Eltern bei der

Angst zu packen, ihre Kinder nicht früh genug auf den Kampf ums Überleben vorzubereiten. Zwei Punkte werden unter anderem angeführt:

➤ »Spielerische Vorbereitung auf die Schule (Rechnen, englische Vokabeln sowie der Umgang mit Farben und Formen)«
➤ »Kindgerechte und geschützte Heranführung an den Computer und die Welt des Internets«

Passend zu diesen Argumenten die »große Vorschulaktion«: »Machen Sie schon jetzt Ihr Kind spielerisch fit für den Schulstart«, lautet der Appell an leistungsbewusste Mütter und Väter. Daneben Buttons, um »Lernspiele« zu testen; die Oktonauten sind natürlich mit von der Partie, inklusive eines Querverweises auf den Sendeplatz um 7:50 Uhr bei Super RTL. So funktioniert crossmediales Marketing! Und wie lernen die Kinder rechnen? Das zeigt ihnen Timmy, das Schaf, einer der vielen Kollegen der Oktonauten: Timmy ist mit ein paar Tieren unterwegs, die Kinder sollen zählen, wie viele aus der Gruppe fehlen. Drei, fünf oder sieben? Ein Mausklick auf die richtige Zahl. Gewonnen!

Bei diesem Beispiel fällt uns wieder Prof. Thomas Fischer ein, der im letzten Kapitel gesagt hat, es sei viel einfacher, »ein Kind vor die Flimmerkiste zu setzen, als mit ihm draußen im Wald spazieren zu gehen, wo man einen Tannenzapfen aufheben und fortwerfen kann«. Virtualität statt Realität – so macht das Kind weniger echte Erfahrungen in der physischen Welt, die jedoch entscheidend für seine kognitive Entwicklung sind.

Websites wie www.toggolino.de gaukeln zwar vor, diese Entwicklung zu fördern, bewirken in unseren Augen aber das Gegenteil. Wer seinen Kindern unbedingt mathematische Grundfertigkeiten vermitteln will, kann sie auch Tannenzapfen im Wald zählen lassen. Doch so einfach geht das nicht, wie der Schweizer Entwicklungsspezialist Prof. Remo H. Largo bemerkt (2):

»Die meisten Kinder haben (…) selbst im Alter von fünf Jahren nur eine sehr begrenzte Vorstellung von Zahlen. Es gibt zwar Drei- und Vierjährige, die bis 20 oder noch weiter zählen können, doch dabei erbringen sie lediglich eine Sprach- und Gedächtnisleistung. Die Kinder zählen genauso, wie sie einen Kinderreim aufsagen, ohne jedes Verständnis für den Zahlenraum.«

Übrigens: Die Mitgliedschaft im Toggolino CLUB kostet Geld!

Aber folgen wir weiter den Spuren der Oktonauten: Sie tauchen wieder in einem Meer von Kinderzeitschriften auf, das sich über gefühlte 20 Regalmeter im Supermarkt erstreckt. Genau in der Mitte eines Titelbildes, das ein fröhlich-buntes Heft ziert. Große Überraschung! Die Zeitschrift heißt *Toggolino* von Super RTL, inklusive des bereits bekannten Stierjungens im Logo.

Die Oktonauten sind auf dem Titel in bester Gesellschaft: Bob, der Baumeister, klettert eine Leiter hinauf, oder Mike, der Ritter, lässt sein Pferd auf die Hinterbeine steigen. Lauter Serienhelden bei Super RTL. Und ein Gimmick à la *Yps* der 1980er-Jahre darf nicht fehlen: die Klick-Kamera. Natürlich ein Lizenzprodukt von Super RTL, made in China: Plastikramsch vom Feinsten, der schnell in der Ecke landet. Durch einen Pseudo-Sucher sollen die Kinder ihre Fernsehhelden herbeiklicken – so lange, bis ziemlich unscharf auch ein Bild der Oktonauten auftaucht.

Eindeutig ein Fall für die Rubrik »Dinge, die die Welt nicht braucht«. Es ist schade um das kostbare Erdöl, das in solche sinnfreien Produkte fließt. Obwohl … auf Seite 8 der Zeitschrift wird daraus ein Spiel gemacht: Wer seinen Liebling in der Klick-Kamera entdeckt, kann bei der passenden Abbildung seiner Helden einen Haken machen. Lohnt dafür die Verschwendung knapper Ressourcen?

Das klingt alles noch recht harmlos. Blättern wir aber eine Seite weiter, stoßen wir auf die einzige kommerzielle Anzeige eines fremden Unternehmens: LamaLoLi.com. Der Onlineshop wirbt mit dem Slogan »Alle Kinderhelden unter einem Dach!«. In seiner Anzeige geht es um Klamotten für Babys, Kinder und Jugendliche. Abgebildet ist Artikel Nr. 13364, ein roter Pullover mit dem Aufdruck von Bob, dem Baumeister, der vor einem Sandhaufen die Schippe schwingt. Crossmedial heißt es dazu: »Regelmäßige Ausstrahlung bei Super RTL«. So weit ist alles wie üblich … Aber auf der halben Seite darüber steht ein Rätsel: Einer von drei unterschiedlichen Schattenrissen ist dem Oktonauten Kwasi zuzuordnen. Ein Schelm, wer denkt, durch diese Kombination würde der Kinderblick vor allem auf die Anzeige gelenkt …

Spätestens auf Seite 35 wird klar: Es geht nicht um Bildung, es geht um crossmediales Marketing, um durch wechselnde Querbezüge Kinder in diese kommerzialisierte Verwertungswelt zu locken. Denn was wird auf der vorletzten Seite in einer Anzeige knallig gepusht? Der »Toggo-Super-Serien-Sommer«, ab 8 Uhr auf Super RTL. Links unten das Versprechen: »Jede Woche neue Spiele mit den Toggo-Stars und tollen Gewinnspielen auf www.toggo.de«. Toggo-Stars? Schnell die neue Webadresse eintippen – und schon öffnet sich ein weiterer RTL-Kosmos, dank digitaler Medien. Kostprobe: das Video »Woozle Goozle – Wissenschaft zum Anschauen«. Langsam lernen wir, dass sich mit einem Mäntelchen aus Bildung und Wissenschaft kommerzielle Botschaften bestens verhüllen lassen. Das hat System, es ist durchdacht und wird bewusst so gestaltet. Denn: Beim Klick auf dieses Video läuft erst ein Werbeclip, angekündigt mit dem lockeren Spruch »Jetzt kommt Werbung« und abgeschlossen durch den Satz »Werbung Ende«. Das findet die Bundeszentrale für politische Bildung (BpB) sehr lobenswert, weil es auch im Fernsehen geschieht (3):

> »Bei Super RTL werden zum Beispiel Anfang und Ende eines Werbeblocks optisch und akustisch betont, weil gerade für kleinere Kinder der Übergang vom Programm zur Werbung möglicherweise sonst zu fließend ist (vorgeschrieben ist nur der Hinweis am Anfang).«

Kaum verwunderlich, da doch die BpB auch die *Teletubbies* für kindgerechtes Fernsehen hält – und kaum ein Problem darin sieht, Zweijährige vor die Glotze zu setzen, wie wir es im letzten Kapitel beschrieben haben. Klar, dass der Übergang vom Programm zur Werbung nur »möglicherweise« zu fließend sein kann.

Die Toggo-Stars sind die nächste Raketenstufe, die Super RTL zündet, um Kinder in den Bann seines Programms zu schlagen. Die Inhalte richten sich offensichtlich an Grundschüler, die Zielgruppe des Toggolino CLUBs sind ja drei- bis siebenjährige Kinder. Ein geschickter, fließender Übergang, der für Markentreue sorgt.

Natürlich gibt's auf www.toggo.de vielfältige Spiele; »Chaos-Klicker« oder »Skateboard-Wahnsinn« heißen diese Produkte. Zugehörige Serien im TV werden gleich mitbeworben: »Alvinnn!!! und die Chipmunks. Wann läuft's? Sonntag, 22.10.2017, 18:15 Uhr«. Dann der nächste Klick: Wir starten das Video »Apfelfrösche« aus der Serie »WOW – Die Entdeckerzone«. Eine Anleitung, wie aus Apfelhälften Frösche werden. Auch an diesem Beispiel sehen wir, dass sich mit einem Mäntelchen als Bildung und Wissenschaft kommerzielle Botschaften bestens transportieren lassen …

Stopp! Eigentlich wollten wir der Spur der Oktonauten folgen. Das ging eine Weile gut, aber dann wurden wir weggespült – und zwar in die perfekt gestaltete »Vorschulwelt« von Super RTL. Es folgte Klick auf Klick, wobei sich allmählich eine gewaltige Marketingmaschine offenbarte, die ständig Werbebotschaften produziert, um die Köpfe der Kinder zu erobern. An der Oberfläche geht es dabei um Spiel und Bildung, in Wirklichkeit aber um die Ausbildung unkritischer Konsumenten, die auf jede Produktwelle aufspringen, die gerade Profit verspricht. Das wird auch bei den Oktonauten deutlich, wenn wir wieder ihre Fährte aufnehmen.

Deren Spur zieht sich inzwischen quer durch deutsche Kinderzimmer, wie ein Besuch bei www.amazon.de beweist: Die Website listet in der Rubrik Oktonauten 1132 Treffer auf. Eltern können sich in einen gewaltigen Ozean aus Merchandising-Produkten stürzen: Oktonauten Guppy-A Einsatzboote, Bettwäsche, Lernwecker, Brettchen fürs Frühstück, Tiefsee-Okto-Labore, Plüsckrucksäcke, Kuschelkissen, Trinkflaschen, Oktonauten-DVDs, Kartenspiele, Brotdosen, Leselampen, Waschlappen, Puzzlesets, Planschbecken, Partyteller, Unterwasserkameras, Okto-Kompasse, Kleiderhaken … auf vielen Seiten flutet dieses Angebot dem Besucher von amazon.de entgegen.

Merchandising! Darüber schreibt auch 2012 die BpB, und zwar unter der neutralen Überschrift »Kinderfernsehen und Werbung« (3). Dabei sorgt sich die staatliche Institution mehr um Super RTL als um die Kinder: »Dank seiner erheblichen Einnahmen durch Merchandising-Aktivitäten ist Super RTL zwar nicht völlig auf Werbeeinnahmen angewiesen, aber ein völliges Reklameverbot wäre dennoch das Aus für den Sender.« Da haben wir es schwarz auf weiß: »Werbung + Merchandising« lautet die Profitformel des Kindersenders, flankiert von einer Organisation, die sich die politische Aufklärung junger Menschen auf die Fahnen schreibt. Einfach peinlich!

## Golden Kids

Der Kindersender Super RTL erzielte 2016 Bruttowerbeeinnahmen von ca. 300 Millionen Euro, wobei rund 80 Prozent auf Werbung und 20 Prozent auf Merchandising entfielen. Super RTL wurde mit einem Anteil von 20,6 Prozent Marktführer im Segment Kinderfernsehen – knapp vor dem öffentlich-rechtlichen Kanal KiKA mit 19,7 Prozent. Außerdem erwirtschaftete der Sender eine traumhafte Rendite: 20 bis 25 Prozent! Das *Handelsblatt* stellt dazu fest: »Die Werbeeinnahmen sprudeln bei Super RTL mehr denn je.« Geschäftsführer Claude Schmit wird mit den Worten zitiert: »50 Prozent des TV-Kinderwerbemarktes geht durch unsere Bücher.« (4)
Eine alte Schätzung aus 2013 ergab: Sechs- bis Dreizehnjährige verfügen über fünf Milliarden Euro, davon sind 1,9 Milliarden Euro Taschengeld, 0,8 Milliarden Euro Geldgeschenke und 2,3 Milliarden Euro Sparguthaben.

## Wer schützt die Jugend vor der Werbung?

Was sagt eigentlich der Jugendmedienschutz-Staatsvertrag (JMStV) zum Thema Werbung (5)? Zwei Aussagen sind entscheidend: Werbung darf nicht ...

> ➤ »... Aufrufe zum Kaufen oder Mieten von Waren oder Dienstleistungen an Minderjährige enthalten, die deren Unerfahrenheit und Leichtgläubigkeit ausnutzen.«
> ➤ »... Kinder und Jugendliche unmittelbar auffordern, ihre Eltern oder Dritte zum Kauf der beworbenen Waren oder Dienstleistungen zu bewegen.«

Außerdem stellen die Jugendschutzrichtlinien (JuSchRiL) der Landesmedienanstalten fest (6): »Unerfahrenheit und Leichtgläubigkeit werden bei Kindern vermutet.« Und welche Altersgruppe ist damit gemeint? Das lässt sich in der gemeinsamen »Werberichtlinie/Fernsehen« der Landesmedienanstalten nachlesen (7): »Sendungen für Kinder sind solche, die sich nach Inhalt, Form oder Sendezeit überwiegend an unter 14-Jährige wenden.« Schlussfolgerung: Kinder bis 14 Jahre werden von diesen staatlichen Organisationen als unerfahren und leichtgläubig beschrieben.

Das sieht die BpB ganz anders, sie beruft sich auf die Wissenschaft: Der Medienpädagoge Prof. Stefan Aufenanger (Universität Mainz) bescheinige »den Kindern von heute eine hohe ›Werbekompetenz‹: ›Auch wenn das Werbeangebot für Kinder und mit Kindern wächst, sollte man Kinder nicht als Opfer der Werbung darstellen.‹« Wer Kinderwerbung verbietet, »würde den Kindern zudem ›die Möglichkeit nehmen, Erfahrungen im Umgang mit Werbung zu sammeln‹, denn ›nur in der aktiven Auseinandersetzung mit Medienangeboten können Kinder Medien- und damit Werbekompetenz erwerben‹«, zitiert die BpB Aufenanger weiter.

Was denn nun? »Unerfahrenheit und Leichtgläubigkeit« (JuSchRiL) oder »Medien- und Werbekompetenz« (Aufenanger)? Die Antwort könnte lauten, dass viele Eltern schon eine solche Szene im Supermarkt erlebt haben: Die neue Ausgabe der Zeitschrift *Die Oktonauten* springt dem Kind ins Auge – und bei anfänglichem Widerstand geht ein gewaltiger Krawall los. »Will Oktonauten haben«, brüllt das vierjährige Kind. »Du hast doch schon das letzte Heft nicht angeschaut!« – »Will Oktonauten haben«, geht es weiter, mit steigender Lautstärke. »Das ist doch alles nur Werbung«, kommt der Appell an die viel beschworene Werbekompetenz, wie sie Aufenanger wissenschaftlich postuliert. Keine Chance: »Oktonauten! Oktonauten! Oktonauten!« Manche Kerlchen werfen sich noch auf den Boden, schlagen wild um sich – schon wandert die Zeitschrift in den Einkaufswagen. Und einmal ehrlich: Wer will es Eltern übel nehmen, so zu handeln? Denn so sieht in Wirklichkeit die Medien- und Werbekompetenz von Kindern aus, die erst viel später die kognitiven Fähigkeiten entwickeln, um sich kritisch mit TV, Tablet und Co. auseinanderzusetzen. Dazu im nächsten Kapitel noch mehr.

Tatsächlich hat der Egmont Ehapa Verlag seine Zeitschrift *Die Oktonauten* im Vorschulsegment auf den Markt geworfen. In einer Pressemitteilung zum Start heißt es (8): »Der Launch wird unterstützt von TV-Spots bei Super RTL, Anzeigen in zielgruppenaffinen Magazinen sowie Marketingaktivitäten am Point of Sale.« Und dieser Point of Sale ist nichts anderes als das Zeitschriftenregal im Supermarkt, wo unsere kleine Szene gespielt hat. Weiter ist in der Pressemitteilung zu lesen: Das Magazin richte sich an vier- bis siebenjährige Mädchen und Jungen. »Es startet mit einer Druckauflage von 80 000 Exemplaren und einem Copypreis von 2,99 Euro. (…) Der Anzeigenpreis für eine 1/1 Seite 4c beträgt 4 400 Euro«, so der Verlag. Dieses weitere Schlaglicht beweist, in welchen ökonomischen Dimensionen angeblich kindgerechte Medieninhalte auf Reisen gehen (auch wenn diese Zeitschrift inzwischen wieder vom Markt verschwunden ist).

Der Knackpunkt: In der Jugendschutzrichtlinie heißt es, Werbung dürfe Kinder nicht »unmittelbar auffordern«, die Eltern zum Kauf einer Ware zu drängen. Der Kehrschluss lautet, mittelbar gibt es genug Wege, um genau das zu erreichen. Hasbro Furby Boom formuliert in seiner Werbung keinen plumpen Appell à la »Kauf mich!«. Nein, das Unternehmen fordert Kinder nur auf, sich um die neu geschlüpften Furblinge zu kümmern. Ein Klick – und schon wird die »Unerfahrenheit und Leichtgläubigkeit« der Kinder ausgenutzt, obwohl auf dem Papier alles in Ordnung ist.

Die zu jungen User stürzen mit der Maus in der Hand in die Super RTL-Welt der Spiele, Apps und bunten Überraschungen. Die subtile Reiz-Reaktionskette ist viel länger, als es die bekannte AIDA-Regel suggeriert (Attention, Interest, Desire, Action). Es reicht, wenn etwas später die Eltern mit ihrem Kind vor Schaufenstern stehen, aus denen fröhlich die Oktonauten grüßen ... wie das berühmte Murmeltier aus dem Film mit Bill Murray. Und schon geht die Szene aus dem Supermarkt von vorn los ...

Werbung an Litfaßsäulen oder im Fernsehen? Alles erkennbar als »böse« Reklame? Da schlägt KB&B bei den Oktonauten einen viel raffinierteren Weg ein, und zwar im Auftrag von Super RTL: »Die Kindergartenaktion von KB&B steigert die *Awareness* in der Zielgruppe und bei Kaufentscheidern«, war lange Zeit auf der Website der Agentur zu lesen. Das Schlüsselwort lautet *Awareness*, auf Deutsch: Bewusstsein. Um die Köpfe der Kinder zu besetzen, entwickelte KB&B »Kopiervorlagen zum Malen und Basteln, [eine] Europakarte mit tollen Infos zu den Meeren«. Das Material stammt aus der »Bildungskommunikation« von KB&B – und schon drücken die Werber die Oktonauten direkt ins Bewusstsein der Kinder. Eine digitale Drückerkolonne.

Darauf waren sie aber auch stolz: »On top und direkt in der Zielgruppe: Durch die exklusiven Zugänge von KB&B in Kinderzeit AKTIV steigerte die Spezialagentur die Bekanntheit der Character bei über 39 000 Kindern«, hieß es auf der Website. Wie warben die Werber für ihre Bildungskommunikation? Mit drei Stichworten:

»Wochenlange Präsenz im Unterricht«, »Direkt in der Zielgruppe«, »Klassenweise begeistern«.

Und was ist »Kinderzeit AKTIV«? Ein weiteres trojanisches Pferd digitaler Werbestrategien. Denn so nennt sich eine Rubrik in der Zeitschrift *Kinderzeit* (www.kinderzeit.de). Wie im kurzen Editorial zu lesen ist, handelt es sich um ein »Fachmagazin«. Thema: Kindererziehung im öffentlichen Raum. Dazu gibt es »Tipps für den direkten Einsatz in Kindergarten und Grundschule«, die allerdings direkt von KB&B kommen ... Beispiel: »Fröhliche Verkleidungstipps von den Toggolino-Lieblingen«. Das zugehörige 17-seitige PDF-Dokument lässt sich kostenlos herunterladen. Zur Erinnerung: Toggolino war das neugierige Stierjunge, also das Maskottchen aus der Super RTL-Vorschulwelt.

So schließt sich der Kreis ... Aber: In Wirklichkeit ziehen solche crossmedialen Marketingkampagnen viel größere Kreise – und sind weit verschlungener, als es unsere kleine Stichprobe ans Tageslicht gebracht hat. Eine Form davon ist die seltsame »Public Private Partnership«, die KB&B mit staatlichen Bildungseinrichtungen auf die Beine stellt. Wahrscheinlich ohne viel Geräusch, sodass nur wenige Eltern in Kindergarten und Grundschule darüber etwas wissen. Sie baden nur die Folgen aus – vor Zeitschriftenregalen, Schaufenstern und in Onlineshops.

## Die digitalen Medien als universelle Marketingmaschine

Fazit: Unsere Kinder werden in einem medialen Netz eingesponnen, aus dem kaum eine Flucht möglich ist – über TV, Tablets und Smartphones. Die digitale Vernetzung hat ungeahnte Möglichkeiten geschaffen, crossmedial die Kinder mit Botschaften vollzustopfen. Ein Kreuzfeuer der Werbung, dem keiner entkommt. Das geschieht »mit System«, wie Helga Theunert und Kathrin Demmler formuliert haben, als sie die Wirkungen dieser »konvergenten Medienwelt« zu Papier brachten. Es sei denn, die Eltern drücken konsequent den Ausschaltknopf.

Es spielt dabei keine Rolle mehr, ob Werbung als Werbung gekennzeichnet wird. Alles ist Werbung! Denn der Satz von McLuhan »The medium is the message« bekommt eine weitere Bedeutung: Die digitalen Medien werden zur universellen Marketingmaschine, ihre »message« besteht in der ständigen Aufforderung, immer mehr zu konsumieren, gleichgültig, wie alt die Adressaten sind. Das heißt: Ob die Oktonauten als App, Fernsehsendung oder Onlinespiel die Kinder erreichen, ist völlig egal. Hauptsache, es entsteht *Awareness* (Bewusstsein) für die Oktonauten, was die Werber von KB&B unter anderem mit ihrer Bildungskommunikation erreichen. Dazu statten sie mit großem Erfolg deutsche Kindergärten mit Mal- und Bastelvorlagen aus. Ein Werbespot mehr im Fernsehen oder Internet schadet da nicht, er stützt zusätzlich das totale Content-Marketing, welches sich systematisch in den Köpfen der Kinder einnistet. Zum werblichen Modebegriff »Content-Marketing« lohnt es sich, auf der Website von Markus Mattscheck nachzuschauen (www.onlinemarketing-praxis.de). Dort findet sich im Glossar diese Definition (9):

> »Content-Marketing bezeichnet eine Kommunikationsstrategie, um mittels nutzwertigen, aber nicht werblichen Informationen die Bekanntheit bei der gewünschten Zielgruppe zu steigern, das Image zu verbessern oder neue Kunden zu gewinnen. Dabei soll der potenzielle Kunde nicht gleich zum Kauf eines Produktes gedrängt werden. Ziel beim Content-Marketing ist die gezielte Information von potenziellen Kunden. (…) Mit der richtigen Content-Marketing-Strategie lässt sich die Wahrnehmung von Unternehmen, Marken, Produkten oder Personen in der Öffentlichkeit beeinflussen und verändern.«

Damit lösen sich alle Grenzen zwischen Werbung und Inhalt auf, was wir täglich auf den Kinderseiten im Internet erleben, wo Toggolino-Stars ihr Unwesen treiben – und die Macher der Seiten Kunstfiguren wie die Oktonauten mit Bildungsinhalten aufladen, um die Akzeptanz der Eltern zu erhöhen. Dabei greift das Content-Marketing geschickt die Schockwellen auf, die von den ersten PISA-Studien in Deutschland ausgegangen sind. Auf ihnen surfen Werbeagenturen hervorragend, um mit einer Pseudo-Bildungskommunikation wehrlose Kinder zu braven Konsumenten zu »erziehen«. Den Grund nannte in überraschender Klarheit Julia Kosakowski, und zwar auf der Startseite der KB&B-Website: »Kinder in Deutschland verfügen über knapp fünf Milliarden Euro pro Jahr. Und wir wissen, wofür sie es ausgeben.« (Auch diese ehrliche Aussage ist dem Relaunch zum Opfer gefallen.)

Und Martin Perscheid bringt einen weiteren Aspekt in seinem Cartoon »Kindgerechte Fernsehwerbung« auf den Punkt. Das Kind sitzt vor der Glotze, aus der eine Sprechblase aufsteigt: » … und vergesst nicht, liebe Kinder: Wenn sich eure Mami weigert, euch diese Frühstücksflocken zu kaufen, dann wisst ihr genau: Sie hasst euch!«

## Was das Gehirn sagt

### Thema: Kinderwerbung

»Ihr verführt mich mit den ›Oktonauten‹, warnt mein Limbisches System. Ihr vernachlässigt mich, beschwert sich mein Kleinhirn. Denn ohne Laufen, Toben oder Klettern klappt die Reifung nicht – und niemand kann später etwas vom Kleinhirn erwarten. Wirklich Pech, wenn ich einfach vor digitalen Medien geparkt werde. Sie führen mein Limbisches System in der frühkindlichen Reifungsphase hinters Licht. Betroffen ist das Belohnungssystem, das durch Opiate und Dopamin hochfährt. Genau im Kindesalter entfalten diese Botenstoffe eine maximale Kapazität, die später wieder zurückgeht (10). TV-Serien wie die ›Oktonauten‹ gaukeln eine Belohnung vor, die kaum einer eigenen kognitiven Bemühung bedarf. Daher faszinieren digitale Medien so sehr – und fressen wertvolle Zeit, die ich eigentlich für meine vielfältigen Reifungsprozesse brauche.«

# 3. Impulskontrolle

## Warum Verzicht glücklich macht – und digitale Medien das verhindern

Alles ist Werbung! Mit dieser simplen Erkenntnis kommen wir zu unserem nächsten Thema, der Impulskontrolle. Ein abstrakter Begriff, der aber schnell mit Leben gefüllt ist. Die Psychologie kennt ein weiteres Wort für dasselbe Phänomen: Inhibitionskontrolle. Das bedeutet: Menschen sind in der Lage, aus einer Vielzahl von Informationen die wesentlichen herauszupicken – und gleichzeitig unpassende Alternativen zu unterdrücken. Das hilft uns, auf gelernte Muster zurückzugreifen, um komplexe Situationen zu bewältigen. Dabei verhindert unsere Impulskontrolle spontane Fehlentscheidungen, die schnell auftreten, wenn wir uns lediglich von seelischen Impulsen steuern lassen. »Erfolg ist, im richtigen Moment falsche Entscheidungen zu unterlassen«, so Prof. Manfred Herrmann, Zentrum für Kognitionswissenschaften (ZKW) der Universität Bremen (1).

Vor diesem Hintergrund wollen wir jetzt einen neuen Blick auf die Wirkung werfen, die digitale Medien auf Kinder haben. Schlagen wir nach im Familienhandbuch des Staatsinstituts für Frühpädagogik (IFP). Da kommt Carel Mohn in einem Fachbeitrag zu einer Erkenntnis, die wir auf der Reise mit den Oktonauten ebenfalls gewonnen haben. Er schreibt über Werbung für Kinder (2):

»Als Adressaten gezielten Marketings sind Kinder und Jugendliche (…) hoch attraktiv – nicht zuletzt, weil in der Jugend geprägte Vorlieben oftmals ein ganzes Konsumentenleben lang stabil bleiben und auch auf die Kaufentscheidungen der Eltern abfärben. Von Vorteil für die Anbieter ist dabei, dass Kinder und Jugendliche **als Verbraucher besonders unerfahren** sind. Um Werbung und Marketingtricks angemessen beurteilen zu können, fehlen ihnen Wissen und Erfahrung [Heraushebung durch die Autoren].«

So weit in der Werbung nichts Neues, aber dann schreibt Mohn: »Selbst Erwachsenen fällt es schwer, die immer subtileren Formen der Werbung zu erkennen und zu durchschauen.« Kinder und Jugendliche würden die Werbebotschaften »noch unerfahrener und unkritischer« aufnehmen. »Sie lassen sich besonders leicht zu Spontankäufen oder einem unausgewogenen Konsum verführen«, so Mohn.

Spontankäufe sind der natürliche Feind der Impulskontrolle – und Werbung zielt immer darauf ab, Kaufimpulse auszulösen. Das gelingt am besten, wenn der kritische Verstand ausgeschaltet wird – oder sich gar nicht erst entwickelt, wie es bei Kindern der Fall sein kann.

Doch Impulskontrolle ist Teil einer Kunst, die nur Menschen beherrschen: die Kunst der Selbstreflexion. Sie ist im Leben unverzichtbar und stellt eine ständige Herausforderung dar – wobei drei- bis zehnjährige Knirpse erst langsam beginnen, diese kognitiven Fähigkeiten aufzubauen. Daher ist es entwicklungspsychologisch Unsinn, Kindern in diesem Alter bereits eine Medien- und Werbekompetenz anzudichten. Wer solche Illusionen verbreitet, lässt sich vor einen Wagen spannen, in dem mit Begeisterung die Konsumgüterindustrie Platz nimmt. Mit solchen Argumenten lässt sich prima rechtfertigen, wehrlose Kinder mit Werbung zu bombardieren. Dabei sind digitale Medien eine weitere Waffe, um crossmedial das Kinderzimmer unter Beschuss zu nehmen.

Eine wilde Behauptung? Nein, schauen wir uns einfach das Trommelfeuer auf der Website www.toggo.de an, die Grundschulkinder im Visier hat: Egal ob die Buttons zu Werbeaktionen oder scheinbar neutralen Inhalten führen – immer sind deren Sprüche so formuliert, dass sie eine unmittelbare, direkte Aktion auslösen sollen. Die Appelle kommen zum Teil mit wenigen Worten aus, sie lauten: »Mitmachen und gewinnen« (Deutsche Bahn) – »Und tolle Preise gewinnen« (Dr. Oetker) – »Komm mit!« (Kracher Videos) – »Spiel mit! (DreamWorks: Dragons, »Die Wächter von Berk«). Und ganz im »Geiz ist geil!«-Stil schießt ein Slogan den Vogel ab, der zur Serie *Coop gegen Kat* führt: »Alles meins!« (Diese Slogans werden auch sehr schnell durch neue abgelöst, je nach Schaltung der aktuellen Werbung.)

Klicken wir weiter, geht es immer so weiter: Ein Appell zum sofortigen Handeln jagt den anderen – und es baut sich ein ungeheurer Sog auf, um die Kinder in diese virtuelle Welt von Super RTL zu reißen. Vor 30 Jahren mussten Kinder Werbebotschaften erst zwischenspeichern, um dann ihre Eltern vom Kauf zu überzeugen. Das dauerte seine Zeit ...

Heute wirkt ein spezielles Reiz-Reaktionsschema: Die Kinder sehen den Fernsehliebling, und schon klicken sie spontan auf den Werbebanner. Kein Nachdenken kann stören, weil die Kinder dazu nicht in der Lage sind. Sonst würden sie sich auch nicht im Supermarkt auf den Boden werfen, um das neue Oktonauten-Heft zu erkämpfen. Alles ist auf der Stelle verfügbar, suggeriert die Website www.toggo.de. Alles gibt es in Sekundenschnelle, kein Warten, kein Zögern – du musst nur klicken! Link um Link zum Konsumerfolg.

Was richtet diese Hyperlink-Struktur bei Kindern an, die gerade am Anfang stehen, ihre Impulse unter Kontrolle zu bekommen? Statt sie zum Nachdenken zu erziehen, werden die Kinder zu kritiklosen Konsumenten »ausgebildet« – ohne Rücksicht auf die kognitiven Verluste! Schon Gotthold Ephraim Lessing (1729–1781) stellte fest: »Der größte Fehler, den man bei der Erziehung zu begehen pflegt, ist dieser, dass man die Jugend nicht zum eigenen Nachdenken gewöhnet.«

## Warum Impulskontrolle so wichtig ist

Warum ist die Impulskontrolle so wichtig, wenn wir uns mit der kindlichen Entwicklung beschäftigen? Warum ist sie entscheidend, um später intellektuelle Fähigkeiten zu entfalten – in Schule, Studium und Beruf? Der Entwicklungsbiologe John Medina schreibt (3): »Wenn Sie wollen, dass Ihr Kind später gut in Mathematik wird, ist das Beste, was Sie tun können, ihm schon in jungen Jahren Impulskontrolle beizubringen.«

Diese Aussage Medinas gründet auf Forschungen, die ihren Anfang in den 1960er-Jahren nahmen. Damals führte der Stanford-Wissenschaftler Walter Mischel ein Experiment durch, das als Marshmallow-Test in die Geschichte der Psychologie eingegangen ist. Das Thema: Belohnungsaufschub! Kleine Kinder verschiedener Altersgruppen saßen vor einem Tisch, auf dem zwei Marshmallows lagen. Mischel kündigte jedem kleinen Probanden an, dass er selbst gleich den Raum verlassen werde.

Dann stellte er jedes Kind vor dieselbe Entscheidung: Wenn es in seiner Abwesenheit keinen der Marshmallows essen würde, bekäme es anschließend beide zum Verzehr. Sollte das Kind bereits in dieser Zeit einen der Marshmallows aufessen, würde es keine zweite Süßigkeit als Belohnung bekommen. Die Alternative war klar: ein Marshmallow sofort oder zwei Marshmallows später. So weit die Versuchsanordnung.

Wie verhielten sich die Kinder? Das kam ganz auf ihr Alter an. Eigentlich wollten alle zwei Süßigkeiten abräumen, aber das Warten war eine große Herausforderung. Die kleinen Probanden schlugen dabei sehr unterschiedliche Wege ein, um die Situation zu beherrschen. Das dokumentieren eindrückliche Filmaufnahmen: Manche bedeckten mit ihren Händen die Augen, um die Marshmallows nicht mehr zu sehen. Andere drehten der Verführung den Rücken zu – oder sie setzten sich gleich auf die Hände, um nicht zugreifen zu können. Ganz schön clever, diese Knirpse!

Das Ergebnis: Nur 28 Prozent der Vier- bis Sechsjährigen konnten der Versuchung widerstehen, schnappten sich keinen Marshmallow in der Wartezeit – und wurden mit zwei Marshmallows belohnt. Die ungeduldigen Kinder waren aber mit einem Marshmallow zufrieden, den sie sofort aufessen durften.

Für uns ist die Tatsache besonders interessant, dass die Quote geduldiger Kinder mit dem Alter zunimmt: Unter den Neun- bis Zehnjährigen (4. Klasse) schafften es bereits 51 Prozent, bis zur versprochenen Belohnung zu warten. Und bei den Zwölfjährigen (6. Klasse) waren 62 Prozent in der Lage, nicht sofort in einen der Marshmallows zu beißen. Das heißt: Mit steigendem Alter hat sich die Zahl der geduldigen Kinder mehr als verdoppelt!

»Willkommen in der spannenden Welt der Impulskontrolle«, schreibt zu diesem Experiment Medina. Und das mit Recht: Wer seine Impulse zu kontrollieren lernt, kann viel sicherer durchs Leben gehen, auch mit größerem Erfolg im Beruf. Woher wissen wir das? 14 Jahre nach dem Marshmallow-Test untersuchte Mischel, wie seine ehemals kleinen Probanden ihr Leben meisterten. Das brachte erstaunliche Resultate ans Licht: Wer als Kind die Belohnung 15 Minuten aufschieben konnte, schnitt beim Eignungstest fürs College deutlich besser ab – im Vergleich zu den Kindern, die bereits nach einer Minute die Süßigkeit im Mund hatten. Auch soziale und intellektuelle Kompetenzen waren höher entwickelt, wenn die Probanden als Kinder in der Lage waren, die Wartezeit bis zur Belohnung auszuhalten. Spätere Untersuchungen im Erwachsenenalter zeigten: Auch die Frustrations- und Stresstoleranz war bei Personen höher, die als Kinder den Marshmallow-Test bestanden hatten.

Impulskontrolle als Königsweg zum Erfolg? Wissenschaftler zählen diese Fähigkeit zu den sogenannten exekutiven Funktionen:

»Aus theoretischer Sicht werden unter exekutiven Funktionen höhere, selbstregulatorische, kognitive Prozesse summiert, die das Denken und Handeln kontrollieren und überwachen, mit dem Ziel, eine flexible Anpassung an neue, komplexe Aufgabensituationen zu ermöglichen. Fähigkeiten wie Inhibitionskontrolle, Planung, Flexibilität in der Aufmerksamkeitssteuerung, Fehleraufdeckung und Korrektur (…) werden mit exekutiven Funktionen verbunden.«

So beschreiben Marianne Röthlisberger und ihre Kollegen, welche Rolle die exekutiven Funktionen im Gehirn spielen (4). Die Wissenschaftlerinnen arbeiten an der Universität Bern und haben sich mit kognitiven Prozessen beschäftigt, die bei Kindern im Vorschulalter ablaufen. Sie stellen fest: »Defizite der Selbstregulation« und »mangelhafte Emotionsregulation in Sozialkonflikten« seien die größten Probleme bei der »Anpassung in schulischen und vorschulischen Einrichtungen«.

Das deckt sich mit der Analyse des Entwicklungsbiologen Medina, der zum Marshmallow-Test schreibt: »Die exekutiven Funktionen stützen sich auf die Fähigkeit eines Kindes, ablenkende (oder, wie im Falle des Marshmallow-Experiments, verlockende) Gedanken zu ignorieren.« Diese Fähigkeit hat eine besondere Bedeutung, wenn wir die Welt der Kinder anschauen – eine Umgebung, »die mit sensorischen Reizen überfrachtet ist und eine Vielzahl von Wahlmöglichkeiten bietet«, wie es Medina ausdrückt.

Wie viele der vier- bis sechsjährigen Kinder waren in der Lage, zwei Marshmallows liegen zu lassen? Ganze 28 Prozent! Ein sicheres Zeichen, dass sich die Impulskontrolle bei kleinen Kindern erst im Aufbau befindet. So öffnen sich in diesem Lebensabschnitt große Einfallstore für digitale Medien, um direkt in die Köpfe künftiger Konsumenten einzudringen. Noch schärfer formuliert: Digitale Werbung nutzt nicht nur die Wehrlosigkeit der Kinder aus, sondern könnte auch einen Beitrag leisten, die gesunde Entwicklung exekutiver Funktionen zu hemmen oder gar zu verhindern. Auf die Spitze getrieben, heißt dazu unsere These:

**Ob Werbung oder nicht – bereits die verführerische Link-Struktur überfordert unsere Kinder, weil sie noch nicht über eine ausreichende Impulskontrolle verfügen.**

Schon viele Erwachsene schaffen es nicht, in der virtuellen Welt den richtigen Weg zu finden. Wer bereits den Kleinen im Kindergarten Medienkompetenz vermitteln will, fällt wahrscheinlich auf die Nase. Der Grund: Die Entwicklungsbiologie macht ihm einen Strich durch die Rechnung, wie unter anderem der Marshmallow-Test bewiesen hat. Erinnern wir uns an McLuhans Satz »The medium is the message«. Digitale Medien sind Gift für kleine Kinder, weil sie einfach so sind, wie sie sind. Eine These, die sich vielleicht erst im Jahr 2050 bestätigt, wenn unsere Enkel freudig zustimmen, Internet-Chips implantiert zu bekommen ...

## Medienkompetenz setzt eine intellektuelle Basis voraus

Fazit: Klar, dass jetzt ein Aufschrei durch die Reihen der IT-Lobbyisten geht. Wer Kinder früh in die Onlinewelt lockt, bringt ihnen zwar bei, auf Tablets hin- und herzuwischen oder eine Maus zu bedienen. Doch das ist keine wirkliche Medienkompetenz, wie sie später im Leben notwendig ist. Da helfen auch keine lustigen Bildbearbeitungsprogramme auf dem Smartphone – oder Werbeaktionen der IT-Industrie. Wischkompetenz bleibt Wischkompetenz.

Ein Beispiel dafür ist das Sponsoring des Internetdienstleisters Adacor, der an der Bodelschwingh-Schule aktiv werden will, einer Grundschule in Altendorf/Essen. Wie Geschäftsführer Jochen Drewitz der *Westfälischen Allgemeinen Zeitung* (*WAZ*) erklärte, würde es sich anbieten, »ein Medienprojekt ( ... ) zu entwickeln und Schülern frühzeitig auf spielerische Art und Weise den sicheren und kreativen Umgang mit digitalen Medien zu vermitteln«.

Da taucht es wieder auf, das Schlüsselwort »frühzeitig«! Nein. Vielleicht sollte sich die Bodelschwing-Schule auf die indianische

Weisheit besinnen, die auf ihrer Website zu lesen ist: »Nicht in alle Ewigkeit geht, was wir getan, zu Grunde./Alles reift zu seiner Zeit und wird Frucht zu seiner Stunde.«

Wunderbar: »Alles reift zu seiner Zeit.« So bräuchte die Chimäre der Medienkompetenz in Kindergarten und Grundschule nicht ihr Haupt zu erheben. Den Umgang mit Computern lernen Kinder später viel besser – bis zur Pubertät haben sie ganz andere Aufgaben zu bewältigen, zum Beispiel die exekutiven Funktionen ihres Gehirns zu entwickeln (Kapitel 8, Medienkompetenz). Dazu gehört zentral die Impulskontrolle, die aber durch digitale Medien untergraben wird, wie wir am Beispiel der Website www.toggo.de gezeigt haben. Wer ein wenig auf Kinderseiten surft, wird schnell zu ähnlichen Schlussfolgerungen kommen.

Es ist einfach für Kinder viel wichtiger, auf ein Marshmallow verzichten zu können, als sich durch das Internet zu klicken. Denn: »Je geübter ein Kind im Belohnungsaufschub ist, desto gezielter werden Signale [im Gehirn] weitergeleitet und desto stärker kann das Kind sein Verhalten kontrollieren«, so Medina. »Kinder, die in der Lage sind, ablenkende Reize auszublenden, sind in jedem Fall die besseren Schüler.«

Somit steht fest: Wir dürfen uns vom Schlagwort der frühzeitigen Medienkompetenz nicht blenden lassen. Alle Eltern wollen für ihre Kinder nur das Beste, damit sie erfolgreich durch Schule, Studium und Ausbildung gehen. Doch dieser Weg führt am Anfang nicht zu Computern aller Art, weil Kinder erst eine intellektuelle Basis aufbauen müssen, um die digitale Welt ohne Schaden zu betreten.

Vielleicht lassen sich unsere Enkel doch keine Internet-Chips im Gehirn einsetzen – denn wir könnten noch rechtzeitig lernen, Kinder nicht ungebremst der Digitalität auszusetzen. Wenigstens auf dem Papier haben wir das auch beim Alkohol geschafft: Jugendliche dürfen erst mit 16 Jahren Bier und Wein kaufen – und Spirituosen gibt es ab dem 18. Lebensjahr. Zehnjährige lassen wir nicht ans Steuer, es sei denn, sie klauen den Autoschlüssel. Und schwedische

Krimis mit hohem Leichenanteil gibt's erst ab 22 Uhr zu sehen, zumindest in der ARD-Mediathek. Sicher – das ist ein fast rührender Versuch, Kinder zu schützen. Er zeigt aber ein gewisses Bewusstsein für mediale Gefahren. Warum nicht auch über Regeln nachdenken, um Kindern eine digitalfreie Zeit zu schenken? Mit reichen Erlebnissen auf Feldern und Wiesen, Fußballplätzen oder beim Stauen von Bächen – weit entfernt von der blutleeren Diktatur, die digitale Hardware ausüben kann!

## Was das Gehirn sagt

### Thema: Impulskontrolle

»Ihr vergewaltigt mit digitalen Medien mein Stirnhirn, das bei mir die oberste Kontrollinstanz darstellt. Es ist für alle exekutiven Funktionen zuständig, einschließlich der Impulskontrolle. Mein Stirnhirn reift besonders langsam. Dieser Prozess ist oft erst im Alter von 18 bis 20 Jahren abgeschlossen, das Ergebnis sind soziale und intellektuelle Kompetenzen. Erkennen lässt sich dieser jahrelange Vorgang daran, wie die limbische Dopaminbahn in das Stirnhirn einreift (5). Ihre Aufgabe ist es, das wichtige Hirnareal mit dem wachstumsfördernden Dopamin zu versorgen. Dieser Neurotransmitter fördert dort die Reifung meiner Nervennetze (Neuroplastizität) (6). Digitale Medien können das verhindern und damit die Entwicklung meines Stirnhirns massiv beeinträchtigen. Drei Faktoren geben den Ausschlag: Fehlende Aktivitäten aus motorischen Systemen (Kleinhirn), der durch mediale Reize gestresste Hippocampus sowie das überdrehende Belohnungssystem mit seinem Suchtpotenzial. Der Medienbetrug beruht besonders darauf, dass auf Raum und Zeit bezogene Angebote in die Nervennetze als virtuelle Gegebenheiten eingeschrieben werden – statt zu einer neuronalen Verankerung in der realen Welt beizutragen.«

# 4. Denken lernen

## Wie wir uns auf den Weg machen, die Welt zu verstehen

Entwicklungsbiologie kann so einfach sein: Linus schnappt sich eine Keksschachtel, holt drei Kekse nacheinander heraus, um sie zu verbiegen. 1. Knacks, Sprechblase: »Mist!« 2. Knacks, Sprechblase: »Mist ... « 3. Knacks, Sprechblase: »Mist.« Dann lässt ihn sein Vater, der Zeichner Charles M. Schulz, zu Lucy laufen. Sprechblase: »Seufz« Die zwei Peanuts unterhalten sich: »Ich hab' gerade was gelernt«, sagt Linus. »Was denn?«, fragt Lucy. Die Antwort: »Selbst bei größter Anstrengung kriegst du einen Keks nicht gebogen.«

Erschienen ist dieser Cartoon 1957, zu einer Zeit, in der Jean Piaget mitten in seinem Forscherleben stand. Wir haben den Schweizer Entwicklungsbiologen schon in Kapitel 1 (Brillante Babys) kennengelernt, weil er ein Modell der kognitiven Entwicklung aufgestellt hat, wie sie Kinder von der Geburt bis ins Jugendalter durchlaufen.

Das erste Stadium ist die sensomotorische Phase (null bis zwei Jahre), deren Bedeutung wir ausführlich geschildert haben. »Die Erkenntnismöglichkeiten des Babys [sind] an seine augenblicklichen Interaktionen mit der Umwelt gebunden«, fasst Prof. Beate Sodian Piagets Ergebnisse zu dieser ersten Phase zusammen (1). »Einfache Reflexe und elementare Wahrnehmungsfähigkeiten bilden die Grundlage für den Aufbau des Denkens.«

Nun sollen die drei nächsten Stadien in den Vordergrund rücken. Zunächst klären wir aber, was Piaget unter einem Schema versteht, wobei uns die Peanuts beim Verständnis helfen: Linus hat ein Schema aufgebaut, mit dem er in der Lage ist, Brot zu verbiegen. Solche

Schemata entwickeln wir im ganzen Leben: Am Anfang stehen angeborene Schemata wie Greifen und Saugen, später entstehen umfangreiche kognitive Schemata, um komplexe Probleme zu lösen – zum Beispiel den Flug zum Mond.

So ein Schema ließe sich auch als ein organisiertes Verhaltens- und Wissensmuster bezeichnen.

## Die Entwicklungsphasen nach Jean Piaget

Der Weg zu diesen Schemata führt unter anderem über die Assimilation, ein weiterer wichtiger Begriff bei Piaget: Linus hat sich ein Schema angeeignet, wie sich Brotscheiben biegen lassen. Jetzt versucht er, mit diesem erprobten Verhaltensmuster den ersten Keks zu verbiegen – und es macht »Knacks«! Die Wiederholung des Experiments bleibt ohne Erfolg, die Assimilation ist gescheitert.

Unter diesem Fachbegriff versteht Piaget unsere Fähigkeit, ein gelerntes Verhalten an eine neue Situation so anzupassen, dass wir trotz anderer Umstände erfolgreich handeln. Beispiel: Ein Kind weiß, wie es in eine Scheibe Brot beißen muss. Wer ihm den ersten Keks gibt, kann erleben, wie das Kind das gelernte Schema auf den Keks anwendet, also assimiliert. Es passt ein bestehendes Verhaltensmuster der neuen Aufgabe an – und der Keks wird mit Freude verspeist, wobei das Kind lernt, etwas kräftiger zuzubeißen.

Die Strategie der Assimilation gelingt Linus aber nicht, er muss eine andere Lösung finden. Diesen Prozess nennt Piaget Akkommodation. Ein Keks lässt sich eben nicht biegen – durch diese Erkenntnis baut Linus ein neues Schema auf. Die Akkommodation bewirkt eine andere Organisation seiner Verhaltens- und Wissensmuster, mit denen sich Linus besser in der Welt zurechtfindet. Ab diesem Tag wird er nicht mehr versuchen, Kekse zu verbiegen.

Und das geht in vielen Milliarden Schritten weiter: Kinder lernen, den Ball mit der Innenseite des Fußes zu spielen – statt ihn mit der Spitze zu kicken. Sie begreifen eines Tages, dass sich Zahlen nicht nur addieren, sondern auch teilen lassen. In Aufsätzen diskutieren sie später, warum Goethes *Faust* ein Menschheitsdrama ist …

Unser ganzes Leben besteht aus einem Wechselspiel von Assimilation und Akkommodation. Auf diese Weise sind wir in der Lage, uns immer neuen Umweltbedingungen anzupassen, was Piaget mit dem Überbegriff »Adaption« benannt hat. »Die Assimilation bewahrt und erweitert das Bestehende und verbindet so die Gegenwart mit der Vergangenheit, und die Akkommodation entsteht aus Problemen, die die Umwelt stellt, also aus Informationen, die nicht zu dem passen, was man weiß und denkt«, fassen die Psychologen Philip G. Zimbardo und Richard J. Gerrig unsere kognitive Entwicklung zusammen (2).

Hinzu kommt noch ein letzter Begriff, der ebenfalls auf Piaget zurückgeht: die Äquilibration. Wir suchen immer wieder in kognitiven Konflikten ein Gleichgewicht (Äquilibrium), da unsere Versuche der Assimilation und Akkommodation oft scheitern oder zu widersprüchlichen Ergebnissen führen. So entsteht eine Dynamik der geistigen Entwicklung, die stets Verhaltens- und Wissensmuster höherer Komplexität schafft – bis zur Kunst der Selbstreflexion, dem kritischen Hinterfragen des eigenen Verhaltens. So sagte Werner von Braun, der Entwickler der Mondrakete Saturn V: »Dieselben Naturkräfte, die uns ermöglichen, zu den Sternen zu fliegen, versetzen uns auch in die Lage, unseren Stern zu vernichten.« Bis zu dieser Erkenntnis führt ein weiter Weg, von Brot und Keksen in der Kindheit …

Bevor es jetzt mit der kognitiven Entwicklung der Kinder weitergeht, noch eine allgemeine Bemerkung: Die hier genannten Altersabschnitte sind nicht als absolute Angaben zu verstehen, da die Übergänge zwischen den Phasen fließend sind und sich jedes Kind individuell entwickelt. Wichtig ist aber: Die Phasen bauen aufeinander auf, jedes Stadium beruht auf geistigen Prozessen, die vorher als Grundlage abgelaufen sein müssen. Nach dem **ersten Stadium der sensomotorischen Phase** kommen laut Piaget drei weitere Stadien:

**Stadium 2 (präoperatorische Phase, zwei bis sieben Jahre):** Die Kinder beginnen, nicht mehr ausschließlich im Hier und Jetzt zu leben. Es entsteht eine Wahrnehmung von Vergangenheit und Zukunft – und sie entwickeln die Fähigkeit, in ihrer Vorstellung eigene Welten zu schaffen. Bei diesen vielen Prozessen steht der Spracherwerb im Mittelpunkt. Aber: »Das präoperatorische Denken ist, wie der Name sagt, eingeschränkt durch das Fehlen logischer Operationen«, schreibt Sodian. Dann heißt es weiter in ihrem Text:

> »Piaget diagnostizierte eine Vielzahl von ›Denkfehlern‹ bei Kindern im Vorschulalter, die er als Hinweise auf das Fehlen von Operationen deutete. So fokussieren (›zentrieren‹) sie häufig auf einzelne, augenfällige Aspekte eines Ereignisses oder einer Handlung und sind unfähig, beobachtete Handlungen mental rückgängig zu machen. Dadurch kommen sie zu logisch inkonsistenten Aufgabenlösungen.«

Ein Beispiel für diese fehlende Reversibilität ist die Umschüttaufgabe, die Piaget Kindern gestellt hat: Vor ihren Augen wird eine Flüssigkeit umgeschüttet – von einem kurzen, breiten Glas in ein hohes, schmales Glas. Am Anfang der präoperatorischen Phase glauben Kinder, die Menge der Flüssigkeit habe zugenommen. Denn augenfällig ist, dass jetzt der Spiegel der Flüssigkeit im schmalen Glas höher steht. Dieselben logischen Irrtümer erfolgen, wenn es um Aufgaben zur Erhaltung von Zahl oder Masse geht.

Erst ab sieben Jahren fangen Kinder an, diesen Irrtum zu durchschauen. Sie befinden sich im Übergang zum dritten Stadium ihrer kognitiven Entwicklung. Sodians Resümee:

> »Durch das Fehlen der Erhaltungsbegriffe ist das Denken des Vorschulkindes in gravierender Weise eingeschränkt. Es verfügt nicht über die logischen Voraussetzungen für den Erwerb physikalischer und numerischer Grundkonzepte.«

Zwei weitere Beobachtungen Piagets sind interessant: das magische Denken von Vorschulkindern und ihr Egozentrismus.

**Magisches Denken:** Vorschulkinder neigen dazu, Ereignisse in der Natur mit menschlichen Verhaltensweisen zu erklären. Sie statten unbelebte Objekte mit Gefühlen und Gedanken aus und glauben, Naturereignisse mit ihren Wünschen beeinflussen zu können. Sodian beschreibt Piagets Idee, »dass naiv-psychologische Kausalerklärungen die einzigen seien, die jungen Kindern zur Verfügung stünden, und dass sie unfähig seien, Phänomene der unbelebten Natur aufgrund eines mechanistischen Kausalverständnisses zu verstehen«.

**Egozentrismus:** Es fällt Kindern in diesem Alter schwer, von der eigenen Person Abstand zu gewinnen. Ihre eigene Sichtweise dominiert. »Egozentrismus meint hier nicht Ichbezogenheit, sondern die Schwierigkeit, sich eine Szene aus der Sicht eines anderen vorzustellen«, erklären dazu Zimbardo und Gerrig.

Damit wird deutlich: Das Denken der Kinder ist in der präoperatorischen Phase stark an ihre konkreten Anschauungen gebunden. Der Weg zur echten Reflexion des eigenen und fremden Verhaltens ist weit, da abstrakte Denkansätze entwicklungspsychologisch noch nicht möglich sind. Niemand kann von Vorschulkindern ein realistisches Verständnis für ihre Umwelt erwarten. Wie soll da Werbe- und Medienkompetenz entstehen? Wo doch Kinder rein neurobiologisch nicht in der Lage sind, die entsprechenden gedanklichen Operationen zu bewältigen?

**Stadium 3 (konkret-operatorische Phase, sieben bis zwölf Jahre):** Kinder entwickeln nun die Fähigkeit, sich allmählich von ihren reinen Anschauungen zu lösen. Erste Denkoperationen werden möglich. Kinder kommen zu schlüssigen Urteilen, die eher auf Logik als auf Wahrnehmung aufbauen. Gerd Mietzel fasst diesen Prozess so zusammen (3):

>»Während sich das voroperational denkende Kind zumeist noch von seinem Wahrnehmungseindruck täuschen lässt, kennt es als konkret operationaler Denker die richtige Antwort. Wenn einer Menge nichts hinzugefügt oder weggenommen wird, so erklärt es seine Antwort, bleibt sie unverändert. Auch wenn die Flüssigkeitssäule in dem einen Glas höher, im zweiten Glas niedriger aussieht, berücksichtigt das sieben- oder achtjährige Kind sowohl Höhe als auch Breite.«

Das ist ein großer Fortschritt. Denn: Das »Verständnis der Invarianz« zeige, wie Kinder auf dieser Stufe in der Lage sind, weitere geistige Operationen auszuführen, stellen Zimbardo und Gerrig fest. »Sie können Informationen geistig transformieren und die Reihenfolge der kognitiven Verarbeitungsschritte sogar umkehren«, so die Psychologen. »Sie verlassen sich nun eher auf Begriffe als auf das, was ihre Wahrnehmung sie sehen oder fühlen lässt.«

Aber Vorsicht: Denken in ersten Begriffen, abgelöst von konkreten Wahrnehmungen – damit beginnt erst die lange Reise der Heranwachsenden, um sich kritisch mit sich selbst und der Umwelt auseinanderzusetzen. Wir vermuten: Ein wirklich kompetenter Umgang mit digitalen Medien liegt in diesem Lebensabschnitt in weiter Ferne. Den Grund nennt Sodian: »Die logischen Operationen des Grundschulkindes werden auf konkrete Objekte und Ereignisse angewandt, die Abstraktionsfähigkeiten sind beschränkt und es fällt Kindern in diesem Stadium schwer, systematisch über hypothetische Situationen nachzudenken.«

Vor diesem entwicklungsbiologischen Hintergrund stellt sich die Frage: Wie sollen sieben- bis zwölfjährige Kinder in der Lage sein, Medieninhalte kritisch zu prüfen? Wie sollen sie sich vom Sog der Werbung distanzieren, der sie in digitale Kanäle hineinsaugt? Etwa auf »kindgerechten« Websites, in witzigen Videos und lustigen App-Spielen, die zwar kostenlos sind, aber Spezialraketen für Raumschiffe extra verkaufen (»In-Apps«)? Wie sollen sie in diesem Alter solche Mechanismen durchschauen, wenn es ihnen noch schwerfällt, systematisch zu denken?

**Stadium 4 (formal-operatorische Phase, ab zwölf Jahre):** Jetzt beginnen Kinder, in ihrem Denken Strukturen zu bilden, die es ihnen ermöglichen, komplexe Probleme differenziert zu betrachten und zu lösen. »Piaget sah im Stadium der formalen Operationen, das nicht von allen Erwachsenen erreicht wird, den Idealtyp menschlicher Rationalität«, schreibt dazu Sodian. Das Fehlen dieser Rationalität ist bemerkenswert, besonders wenn wir an den täglichen Krieg auf deutschen Autobahnen denken ...

Entscheidend ist aber: Das Gehirn der Jugendlichen kann ab diesem Alter so gut ausgereift sein, dass sie »von vornherein nach einer vollständigen und systematischen Erfassung aller infrage kommenden Variablen [streben]«, so Sodian. Die jungen Leute fangen an, auf einer analytischen Ebene komplexe Fragestellungen zu durchdringen.

Daher befinden sie sich jetzt in der formal-operatorischen Phase, denn ihre Gedanken sollten sich auf einem Niveau bewegen, das in Begriffen die Welt erfasst – und nicht mehr allein in der Wahrnehmung hängen bleibt, wie es bei den jüngeren Kindern der Fall ist. Außerdem kommt hinzu: »Formal-operatorisches Denken [ist] auch gekennzeichnet durch die sich entwickelnde Fähigkeit, Erkenntnisprozesse selbst zum Gegenstand der Reflexion zu machen«, stellt Sodian fest. Damit steht das Tor offen zur Fremd- und Selbstreflexion. Denn die neurobiologischen Grundlagen sind gelegt; Jugendliche können tatsächlich eine wirksame Medienkompetenz aufbauen. Diese Dinge kann Hans viel besser lernen als Hänschen, weil er nun das intellektuelle Rüstzeug hat, um mit digitalen Medien gezielt, effizient und verantwortungsvoll umzugehen. Zumindest theoretisch ... siehe deutsche Autobahnen!

## Neurobiologie heute – wie es nach Piaget weitergeht

Jetzt liegt natürlich ein Einwand in der Luft: Piaget starb 1980, er wird in seinem erfüllten Forscherleben nie eine E-Mail geschrieben haben. Die Forschung ging 37 Jahre weiter – und tatsächlich stellen neue Ergebnisse einige Aussagen infrage, die der Schweizer Entwicklungsbiologe getroffen hat: So verläuft die Entwicklung der Kinder viel variabler, als es Piaget mit seinen vier Stufen nahelegt. Das hat die Forschung von Robert S. Siegler gezeigt: Er hat ein »Modell überlappender Wellen« entwickelt – als Alternative zum starren Stadienmodell. Sodian schreibt dazu:

> »Während Stadientheorien das Bild der Treppe verwenden, auf dem von einem Niveau zum nächsthöheren vorangeschritten wird, trägt das Bild überlappender Wellen der Variabilität kognitiver Strategien zu jedem Zeitpunkt Rechnung. Mit Alter und Erfahrung verwenden Kinder immer anspruchsvollere Strategien bzw. modifizieren bestehende Strategien. Weiterentwicklung findet durch einen Prozess der Selektion und Anpassung nach evolutionsbiologischem Muster statt.«

Daher sprechen auch andere Wissenschaftler von der Piaget'schen Spirale, um das zu statische Bild einer Treppe zu vermeiden.

Weiter zeigen neuere Befunde: Piaget hat in manchen Bereichen die kognitiven Fähigkeiten kleiner Kinder unterschätzt. Die »Theory of Mind« macht laut Sodian deutlich, dass schon Grundschulkinder ein gewisses Verständnis für Experimentierstrategien entwickeln. Und: Piagets Theorie der Adaption aus Akkommodation und Assimilation gilt inzwischen als »vage«, wie Sodian schreibt.

Kein Wunder, denn heute sind Neurobiologen mit ihren bildgebenden Verfahren in der Lage, Prozesse im Gehirn in einer Weise zu beobachten, wie es Piaget niemals möglich war. Dabei hat sich herausgestellt, dass dem Faktor Umwelt die Rolle zufällt, die Piaget'sche

Spiralentwicklung sogar zu beschleunigen. Das Prinzip selbst wird aber nicht infrage gestellt.

Kurz und gut: Wir können am Entwicklungsmodell von Piaget festhalten. So schaffen wir einen Orientierungsrahmen, um das Wechselspiel zwischen kognitiver Entwicklung und digitalen Medien zu diskutieren. Gerade die moderne Gehirnforschung bestätigt viele seiner Ideen, weil sie einen Blick in die Black Box werfen kann, die der Wissenschaft lange Zeit verschlossen geblieben ist. Unser Gehirn ist diese Black Box!

Dieser wissenschaftliche Begriff geht auf die Lehren des Behaviorismus zurück: Behavioristen wie J. B. Watson waren davon überzeugt, menschliches Verhalten nur streng naturwissenschaftlich erklären zu können. Gewicht hatten nur messbare Fakten, sodass Watson alle kognitiven Prozesse im Gehirn für nicht wahrnehmbar gehalten hat. Sein wissenschaftliches Konzept sah vor, zu messen, zu zählen und zu wiegen – Seele und Geist hatten in diesem positivistischen Weltbild keinen Platz. Konsequent weitergedacht bedeutet das: Reize strömen von außen auf unser Gehirn ein, sie werden in dieser Black Box auf geheimnisvolle Weise verarbeitet – und am Ende steht ein Verhalten, das sich wieder beobachten lässt. Die Verarbeitung der Reize passiert in einem schwarzen Kasten, inklusive Ein- und Ausgang, allerdings ohne jede Möglichkeit, die Vorgänge im Kasten selbst zu erfassen.

Ganz anders der Ansatz bei Piaget: »Die Intelligenz organisiert die Welt, indem sie sich selbst organisiert«, schreibt der Wissenschaftler in seinem Buch *Der Aufbau der Wirklichkeit beim Kinde*, und das bereits im Jahr 1937! Diese Auffassung stellt einen radikalen Bruch mit dem Behaviorismus dar, weil der Schweizer Entwicklungsbiologe ein völlig anderes Bild vom Menschen zeichnet. Er teilt diese Idee mit weiteren Vertretern des Kognitivismus, einer neuen Strömung in der Psychologie im 20. Jahrhundert.

Worum geht's? Die Konsequenz aus der behavioristischen Sichtweise war, den Menschen vor allem als Spielball von Umwelteinflüssen zu betrachten. Wer ihn den richtigen Reizen aussetzt, erreicht ein regelkonformes Verhalten, zum Beispiel in der Erziehung. Grundlage waren viele Versuche mit Ratten, die unter anderem mit Futtergabe oder Stromstößen zu gewünschten Reaktionen »erzogen« wurden. Es ging also um Reiz-Reaktionsketten, bei Ausblendung der kognitiven Prozesse im Gehirn, das als Black Box interpretiert wurde.

Wenn sich aber Intelligenz selbst organisiert, sind völlig neue Schlussfolgerungen zur menschlichen Entwicklung möglich. Das bringt der Hamburger Pädagogikprofessor Rolf Schulmeister auf den Punkt, indem er schreibt, »dass das Individuum die kognitiven Konzepte selbst generiert, dass das Individuum Wissen nur im Austausch mit der Umwelt erwirbt und dass die Austauschprozesse nur temporär ein Äquilibrium erreichen« (4).

Wir erinnern uns: Das Äquilibrium war bei Piaget ein Gleichgewicht, das kurze Zeit eintritt, bis das Kind auf seinem kognitiven Weg eine neue Abzweigung nimmt. Denn, so Schulmeister, Assimilation und Akkommodation würden diese geistige Entwicklung stets vorantreiben. Seine Konsequenz: »Die Vorstellung dieser Prozesse bildet den Motor für die kognitive Entwicklung und für das selbsttätige Lernen des Individuums.«

»Selbsttätiges Lernen des Individuums« – mit dieser Idee im Gepäck reist die Psychologie in ein völlig neues Land. Fernab der Laborversuche mit Ratten, die Wissenschaftler mit Stromschlägen plagten. Piaget selbst hat das 1962 so ausgedrückt:

»Sinn der Erziehung ist nicht, so viel wie möglich zu lernen, die Lernziele immer höher zu stecken, sondern vor allem Lernen zu lernen; zu lernen, sich zu entfalten und sich auch nach der Schulzeit weiterzuentwickeln« (»Der Zeitfaktor in der kindlichen Entwicklung«).

Diesen Gedanken nimmt Prof. Renate Girmes auf, die an der Otto-von-Guericke-Universität Magdeburg lehrt. Sie fordert eine »entwicklungsbezogene pädagogische Programmatik« (5): »Die Selbstbestimmungsoptionen von Menschen in der Welt hängen von seinem Entwicklungsstand ab und verdienen den jeweils angemessenen Respekt.« Für die Pädagogik hat das nach ihrer Meinung eine Reihe von Konsequenzen:

Es ist nötig, auf die »operativen Möglichkeiten des Menschen« Rücksicht zu nehmen, abhängig von seinem Entwicklungsalter.

Bei Kindern ist der »Grad der Fähigkeit zur Abstraktion« zu beachten, unter anderem beim Gebrauch von Medien. Dabei ist auch in Rechnung zu stellen, dass kindliche Erkenntnis immer an ihren Kontext gebunden ist.

Der Mensch sollte auf jeder Stufe positive Erfahrungen mit seinen operativen Möglichkeiten sammeln, »sodass der ›Arbeitsmechanismus‹ der Suche nach Äquilibration durch Assimilation und Akkommodation nicht beeinträchtigt, sondern ermutigt wird«.

Klar, hier weht der Geist von Piaget. Und es geht noch weiter: Wenn pädagogisches Handeln zu diesen Forderungen im Widerspruch steht, so Girmes, kann das den Weg zur Selbstbestimmung verschließen. Das geschieht, sobald die spezifische Wahrnehmung des Kindes missachtet wird oder es zu einer »Über- oder Unterforderung seiner Abstraktionsmöglichkeiten« kommt. Außerdem verheerend: die »Beeinträchtigung der Selbstregulation durch Assimilation und Akkommodation«, was drei negative Folgen haben kann: »Entmutigung, Verunsicherung, Einschränkung des intelligenten Selbstgebrauchs«.

## Respektvoll sein heißt Kinder in Ruhe lassen

Fazit: Erinnern wir uns schnell, was sich die digitale »Frühförderindustrie« alles ausgedacht hat. Die Firma BrillKids will Babys unter zweieinhalb Jahren »mental calculations« auf dem Laptop beibringen – Mathematik für die Krabbelgruppe (Kapitel 1, Brillante Babys). Das Wörterbuch bietet für »mental« unter anderem die Übersetzungen »geistig« oder »verstandesmäßig« an.

Laut Entwicklungsbiologie befinden sich aber diese Kinder in der sensomotorischen Phase: Sie leben ganz im Moment, ihre reine Wahrnehmung und motorische Erkundung der Welt schaffen erst die Grundlage, damit sich später eine verstandesmäßige Tätigkeit entwickelt. Der »angemessene Respekt« (Girmes) vor ihrem Entwicklungsstand erfordert, diese Kinder in Ruhe zu lassen – und sie nicht voreilig in die Welt der digitalen Überreizung zu stürzen. Egal ob mit Lernprogrammen, blinkenden Spiel-Laptops oder angeblich kindgerechtem Fernsehen wie den *Teletubbies*.

Stichwort »Teletubbies«: Prof. Stefan Aufenanger sind wir schon auf der Website der Bundeszentrale für politische Bildung (BpB) begegnet, als er »den Kindern von heute eine hohe Werbekompetenz« bescheinigte (Kapitel 2, Im Kreuzfeuer der Werbung). Auf der Website der Organisation Bildungsklick legt er noch eine Schippe drauf: »PCs im Kindergarten sind ein Anreiz für Kinder, sich mit den neuen Medien auseinanderzusetzen.« Weiter sagt der Professor für Erziehungswissenschaft und Medienpädagogik: »Je früher die Kinder die Möglichkeit haben, in diesen Institutionen mit Computer und Internet zu arbeiten, umso kompetenter und kritischer können sie mit den Medien umgehen.«

Und was sagt die Entwicklungsbiologie? Kinder in diesem Alter durchlaufen gerade ihre präoperatorische Phase. Sie ist unter anderem gekennzeichnet durch »magisches Denken«, »Egozentrismus« und geistige Vorgänge, die unmittelbar an konkrete Wahrnehmungen gebunden sind. Von abstraktem Denken keine Spur, geschweige denn von der Fähigkeit, sich selbst und die Umwelt kritisch zu reflektieren. Genau das erfordert aber Werbe- und Medienkompetenz.

Ein klarer Fall von Über- oder Unterforderung der Möglichkeiten zur Abstraktion – so sind die Kinder gefährdet, vom Weg zur Selbstbestimmung abzukommen (Girmes). Tablet-freie Kindergärten – so lautet unsere Forderung. Denn Kinder brauchen in unserer digitalisierten Welt Oasen, um ihre Gehirnfunktionen stressfrei zu entwickeln.

Solche Oasen sind auch an Grundschulen nötig, wenn Kinder in der konkret-operatorischen Phase angekommen sind. Doch der ehemalige Wirtschaftsminister Sigmar Gabriel fordert in einem Interview mit der *Rheinischen Post*, »Programmiersprachen als zweite Fremdsprache« in Schulen zu unterrichten. Es gehe um ein frühes Verständnis für Computer (6). Und seine Parteikollegin Gesche Joost ist Internet-Botschafterin der Bundesregierung, und zwar bei der EU-Kommission. Sie sprach sich schon im Frühjahr 2014 dafür aus, Programmieren ab der Grundschule als Fach einzuführen.

Und wofür spricht sich die Entwicklungsbiologie aus? Finger weg von diesem Frühförderwahn! Kindern fällt es in der konkret-operatorischen Phase noch schwer, »systematisch über hypothetische Situationen nachzudenken« (Sodian). Es ist eben notwendig, auf die »operativen Möglichkeiten« (Girmes) der Kinder Rücksicht zu nehmen, damit der natürliche Aufbau intellektueller Leistungsfähigkeit nicht gestört wird. Nur so kann das Wechselspiel aus Assimilation und Akkommodation die kognitive Entwicklung vorantreiben, wie es Prof. Schulmeister formuliert. Alles braucht seine Zeit. Aus dieser simplen Feststellung ergibt sich unsere nächste These:

**Kinder erleben in unserer Welt genug Digitalität. Da ist es kontraproduktiv, den Umgang mit Computern in Kindergarten und Schule zu forcieren.**

Wenn Kinder ab dem zwölften Lebensjahr die formal-operatorische Phase erreichen, sieht die Welt ganz anders aus: Allmählich wird ihr Gehirn in die Lage versetzt, komplexe Gedankengänge zu entwickeln. Die Kinder beginnen, systematisch und reflexiv zu denken, wenn sie neurobiologisch die nötigen Grundlagen ausgebildet haben – mithilfe von Elternhaus, Kindergarten und Schule. Dann können sie auch lernen, vernünftig mit Computern zu arbeiten. So lässt sich eine wirkliche Medienkompetenz bei jungen Menschen aufbauen, die ihre ersten Schritte im selbstbestimmten Denken machen.

Dabei ist aber klar zu sagen: Der Umgang mit digitalen Medien ist sicher ein wichtiger, aber nicht der einzige Faktor, der den Weg der Kinder beim Erwachsenwerden beeinflusst. Entscheidend ist jedoch, ihnen das richtige intellektuelle Werkzeug in den Rucksack zu packen. Tablet und Co. gehören nicht hinein, auch wenn es für die IT-Industrie attraktiv ist, frühzeitig künftige Kunden zu gewinnen.

Piagets vierstufiges Entwicklungsmodell wird oft mit einer Spirale verglichen, die sich nach oben schraubt. Von Stufe zu Stufe erwerben die Kinder komplexere kognitive Fähigkeiten. Wie das genau abläuft, entzog sich der Wahrnehmung des Entwicklungsbiologen. Daher entstand in der Wissenschaft die Metapher der Black Box. Aber: In ihrem Gastbeitrag (»Zu Risiken und Chancen fragen Sie das Gehirn«) hilft uns die Neurobiologin Teuchert-Noodt, diese schwarze Kiste zu öffnen und einen Blick hineinzuwerfen. Das erstaunliche Ergebnis: Die moderne Gehirnforschung bestätigt und vertieft viele Erkenntnisse von Piaget! Machen Sie mit uns eine Reise in die »unendlichen Weiten« des Gehirns – unsere Gastautorin Teuchert-Noodt präsentiert Ergebnisse ihrer jahrzehntelangen Forschung, die zugleich spannend und bestürzend sind.

# 5. Digital schnell entwurzelt

## Warum uns Tablets nicht auf die Stürme des Lebens vorbereiten

Machen wir einen Sprung in die 1970er-Jahre: Zwei Brüder, fünf und sieben Jahre alt, sind bei ihrer Tante zu Besuch, die einen Sandkasten im Garten hat. Die Brüder gehen auf Schneckenjagd: Sie sammeln Weinbergschnecken, setzen sie auf den betonierten Rand des Sandkastens – und machen eine überraschende Beobachtung: Alle Schnecken kriechen in dieselbe Richtung, und zwar auf die grünen Büsche zu, die am Gartenzaun wachsen. Aus dieser Entdeckung wird ein Spiel: Schnell ist eine Rennbahn angelegt, die auf die Büsche zuführt. Jeder sucht sich seine Rennschnecke aus und setzt ihr aufs Dach eine Cowboy- oder Indianerfigur, die sonst auf Plastikpferden reitet. Wer wird wohl auf die schnellere Schnecke gesetzt haben? Wir wissen es nicht mehr … aber die Erinnerung an die Schneckenrennen ist geblieben.

### Abstraktes Denken erfordert konkrete Erfahrungen

Den Psychologen Prof. Thomas Fischer haben wir schon in Kapitel 1 (Brillante Babys) kennengelernt. Er sagt zu den kindlichen Erfahrungen mit Schnecken: »Wir müssen mit unseren Kindern in die Natur hinaus. So erleben sie zum Beispiel bei Schnecken, warum diese Tiere so langsam sind. Spannend, oder?« Außerdem sei fraglich, ob es eine Schneckenrennen-App ermöglichen würde, solche Erinnerungen ein ganzes Leben zu behalten.

Fischer: »Kinder lernen so, sich auf Dinge zu konzentrieren. Ob sie ein Schneckenrennen verfolgen oder eine Baumhütte bauen – da entstehen viele Fähigkeiten, zum Beispiel räumliche Wahrnehmung oder Durchhaltekraft.« Das seien die Grundlagen, damit später auch das »abstrakte Denken richtig funktioniert«. Der Trugschluss vieler Eltern ist es aber, ihre Hoffnung auf Tablets im Kindergarten zu setzen, damit der Nachwuchs »asapissimo« die Welt der Digitalität beherrscht. Und das, obwohl die Kleinen nicht das intellektuelle Rüstzeug besitzen, wie wir bei Piaget erfahren haben (Kapitel 4, Denken lernen).

Stichwort »abstraktes Denken«. Fischer erklärt, warum ein Wald viel wichtiger sein kann als ein Hörsaal, um ökonomische Zusammenhänge zu verstehen: »Nehmen wir das Wort ›Gleichgewicht‹. Wer als Kind auf einem Baumstamm balanciert und auch einmal herunterfällt, bildet Erinnerungen an reale Erlebnisse.« Das sei viel wertvoller, als später einfach eine Definition abzuspeichern, etwa an der Universität.

Natürlich kann dann ein Ökonomieprofessor abstrakt ein Gleichgewicht am Markt definieren – als geometrischer Schnittpunkt zweier Geraden. »Das ist aber für Studierende viel eindrücklicher, wenn sie als Kinder die Chance hatten, ihr Gleichgewicht auf einem Baumstamm zu finden«, argumentiert der Psychologe. Auch der Prozess des Ausbalancierens sei wichtig: »Nicht jeder Millimeter Abweichung vom Schnittpunkt der Geraden muss als negative Instabilität erlebt werden, sobald die Studierenden ein Gefühl für die Dynamik des Marktgeschehens entwickeln.« Entscheidend sei nämlich der dynamische Anpassungsprozess, der niemals in einem statischen Gleichgewicht sein Ende findet.

Was übrigens genauso fürs Leben gilt. Fischer ist sich sicher: Wer als Kind nicht Erfahrungen beim Balancieren sammelt, wird später wahrscheinlich »sehr unruhig« und »nicht richtig im Leben verankert« sein. »Daher plädiere ich dafür, Kindern genug Zeit zu geben, sich selbst in der Natur zu erleben«, so der Psychologe. »Diese Erlebnisse haben eine ganz andere Qualität, als wenn das Kind stundenlang vor dem Bildschirm hockt.«

Schnecken und Baumstämme als Alternative zu attraktiven Computerspielen? Die mit großem Feuerwerk auf Tablets oder Smartphones laufen? Fischer sieht das realistisch: »Wir Menschen sind immer neugierig auf Dinge, die sich bewegen. Statik ist weniger interessant als Dynamik«, so der Psychologe, »und mehr Dynamik ist spannender als wenig Dynamik.« Ein Tablet mit bewegten Bildern zieht die Blicke der Kinder an, daneben verlieren Ritterburgen mit Spielfiguren an Attraktivität. »Da muss das Kind jede Figur selbst bewegen, auf dem Tablet läuft das alles automatisch ab«, so Fischer. Im Wald sei ein Haufen mit krabbelnden Ameisen auch interessanter als Vogeleier.

Solche Beobachtungen hat ebenfalls Prof. Ernst Schuberth gemacht, der bereits in Kapitel 1 (Brillante Babys) erzählte, mit welcher Begeisterung sein jüngstes Enkelkind Brot gebacken hat. Wie sich aber Kinder in den Bann der Digitalität ziehen lassen, erlebte er bei einem anderen Enkel. Mit ihm war Schuberth bei John Deere in Mannheim, einem Unternehmen, das Landmaschinen produziert und weltweit verkauft.

## Was digitale Medien für Kinder so attraktiv macht

»Da entdeckte mein Enkel einen Computer«, berichtet Schuberth, »auf dem sich virtuell ein Fahrzeug mit Holz beladen ließ.« Das Kind war von dem Computer nicht mehr loszureißen, so faszinierten es die simulierten Vorgänge. Schuberths Erklärung: »Was es in der Realität noch nicht leisten konnte, war im Computer möglich, ohne sich die Hände schmutzig zu machen, ohne sich einen Splitter in den Finger zu reißen.« Der Enkel habe keinerlei Willenskraft aufwenden müssen – außer, den Joystick zu bedienen.

Genau diese Passivität ist Fischer ein Dorn im Auge: Die Dynamik müsse bei den Kindern »durch sie selber« stattfinden. »Das Kind soll sich selber bewegen, selber spazieren, selber die Schaufel in die Hand nehmen, selber eine Blume ausreißen, selber durch den

Bach waten oder ihn stauen«, so der Psychologe. Dynamik sei immer interessant, aber sie solle in der Realität passieren und nicht virtuell. Seine Erfahrung: »Wenn Kinder drei Stunden im Freien spielen, sind sie zufrieden und ruhig. Wenn sie drei Stunden Videogames machen, kann das Kinder völlig aus dem Gleichgewicht bringen.«

Fischer sagt ganz deutlich: »Wenn Kinder eine Handbewegung machen, löst das ein motorisches Muster aus, im Gehirn entstehen neue Verknüpfungen.« So findet permanent ein Lernprozess statt, der zu immer komplexeren Strukturen führt, wie sie auch Piaget beschrieben hat (Kapitel 4, Denken lernen). Die Bedingung dafür sind reale Erfahrungen! Fischer: »Menschen spüren sich selber sehr viel besser über den Körper als über den Computer.«

Eine Anekdote aus dem Odenwald zeigt, wie weit wir uns inzwischen von realen Erfahrungen entfernt haben. Die Eigentümerin eines Ferienhäuschens erzählt, wie sie in dem abgedunkelten Haus eine Mutter und ihren kleinen Sohn antraf. Beide saßen vor einem Laptop – und die Frau erklärte ihrem Kind mit YouTube-Videos, was eine Kuh ist. Und das, obwohl die nicht virtuellen Kühe rund um das Ferienhaus auf der Weide standen – und ab und zu ein kräftiges »Muuuuh« zu hören war.

»Das Beispiel zeigt, welche Suggestivkraft von digitalen Medien ausgeht«, meint dazu Schuberth. »Kinder sind nicht mehr daran interessiert, echte Kühe zu sehen.« Seine Befürchtung: »Wir bauen digital eine Scheinwelt aus Kühen, Gänsen und Hühnern auf, die aber nichts mehr mit der realen Erfahrung zu tun hat, eine echte Kuh im Stall zu riechen.«

Wer schon zwischen dampfenden Kühen gestanden hat, weiß, wovon Schuberth spricht: Die Tiere wurden zum Melken von der regennassen Wiese in den Stall geholt. Ein tiefes Atmen liegt in der Luft, die Stiefel stehen auf frischer Streu, Kuhschwänze können den Augen gefährlich werden. Ein enger Kontakt entsteht zu den Tieren, die immer in Bewegung sind. So bleibt wenig Platz, um den schweren Bäuchen auszuweichen, die unermüdlich arbeiten, prall gefüllt vom Grasen auf der Wiese. Und erst der alles durchdringende Geruch ... Das gefällt nicht jedem, der Urlaub auf dem Bauernhof macht. Doch solche Erfahrungen lassen sich auch als ein »volles, sattes, sinnliches Erlebnis« bezeichnen, wie Schuberth das Brotbacken in Kapitel 1 (Brillante Babys) genannt hat.

## E-Learning – eine sinnvolle Ergänzung?

Langsam werden E-Learning-Fans sicherlich nervös, ihnen wird ein wichtiges Gegenargument auf der Zunge liegen. Daher lassen wir an dieser Stelle Daniel Bialecki zu Wort kommen. Er ist Diplom-Ingenieur und beschäftigt sich seit 13 Jahren mit »virtuellen Lernumgebungen«. In seinem Eltern-Ratgeber *Lernen im Internet* schreibt er (1):

> »Insgesamt bietet die Entwicklung der digitalen Lernangebote viele Möglichkeiten, um Schüler beim Lernen zu begleiten, sie zu motivieren, zu fördern und ihren Erfahrungshorizont zu erweitern. Dabei ist diese relativ junge Form des Lernens aber auch nur ein Weg unter vielen, über den sich Kinder die Welt erschließen und Kompetenzen erlangen. Parallel erkunden sie ihre Umwelt über direkte, unmittelbare Erfahrungen. Sie experimentieren in der Natur, erproben ihre Sinne, fragen ihre Eltern, lernen angeleitet von ihren Lehrern im Unterricht und beobachten ältere Geschwister. All das lässt sich durch das Lernen mit digitalen Werkzeugen nicht ersetzen, wohl aber begleiten, ergänzen und erweitern.«

Klare Sache: Wenn digitales Lernen reale Welterfahrung nicht verdrängt, sondern ergänzt, lässt sich kaum etwas dagegen einwenden. Wirklich?

Die immer noch aktuelle miniKIM-Studie 2014 zeigt: Schon Vier- bis Fünfjährige nutzen im Durchschnitt 65 Minuten am Tag Bildschirme (TV, PC-, Online-, Konsolenspiele, Internet, Handy-/

Smartphone-Spiele sowie Tablet-, PC-Spiele). Zum Lesen von Büchern bleiben nur 26 Minuten übrig (2).

Außerdem bringt die Studie KIM 2016 interessante Befunde ans Licht (3): Die Sechs- bis Dreizehnjährigen sitzen täglich zwischen 119 und 261 Minuten vor dem Bildschirm. Das lässt sich auch differenziert nach Altersgruppen darstellen, wobei wir immer die Nutzung verschiedener Bildschirmmedien zusammenfassen (PC-/Online-/Konsolenspiele, Internet, Fernsehen, Handy-/Smartphone-Spiele sowie Tablet-Spiele). Das sind die Zahlen:

➤ 6–7-Jährige: 119 Minuten
➤ 8–9-jährige: 157 Minuten
➤ 10–11-Jährige: 198 Minuten
➤ 12–13-Jährige: 261 Minuten

Damit nimmt die »Bildschirmzeit« der Kinder deutlich zu, wenn sie älter werden. Bis zur Altersgruppe 12 bis 13 Jahre kommen sie auf einen mehr als verdoppelten Bildschirmkonsum (+119 Prozent). Die digitalen Medien treten immer mehr neben das lineare Fernsehen, je älter die Kinder werden. Zwangsläufig nimmt in der Summe mit zunehmendem Alter die Möglichkeit ab, reale Lebenserfahrungen zu machen. Erschreckend ist das besonders bei den 12 bis 13-Jährigen, da sie mitten in der Pubertät stecken. Ihr Gehirn ist »wegen Umbaus geschlossen«. Kein Wunder, dass Eltern mit Kindern in dieser Phase häufig Alarm schlagen und Hilfe suchen, wenn die Bildschirme zu Hause nicht mehr ausgehen. Heute bleiben laut dieser Studie für die Sechs- bis Dreizehnjährigen 27 bis 31 Minuten zum Radiohören – und für Bücher 17 bis 25 Minuten am Tag! Das heißt im Klartext: Die Kinder lernen jetzt zwar lesen, beschäftigen sich aber deutlich weniger mit Büchern als mit digitalen Medien.

Halten wir fest: Je älter die Kinder, desto stärker der Konsum digitaler Medien! Das beweist zusätzlich die KiGGS-Studie des Robert Koch-Instituts (4): »Die meisten 11- bis 17-jährigen Mädchen und Jungen verbringen mit der Nutzung von Bildschirmmedien einen beträchtlichen Teil ihrer Zeit«, stellen die Wissenschaftler in einer Broschüre fest, in der sie erste Ergebnisse veröffentlicht haben. Da heißt es:

> »Besonders klar wird die Bedeutung von Medien, wenn man die Nutzungszeiten für Fernseher, Spielkonsolen und Computer addiert. So verwenden 65 Prozent der Jugendlichen täglich mehr als zwei, 34 Prozent mehr als vier und 15 Prozent sogar über sechs Stunden auf die Beschäftigung mit diesen drei Bildschirmmedien.«

Bei den Intensivnutzern überwiegen deutlich die Jungen: 26 Prozent investieren mehr als sechs Stunden in »bildschirmgestützte Medien«. »Bemerkenswerterweise spielt dabei das Fernsehen für die Jugendlichen nach wie vor eine große Rolle«, sagt in der Broschüre Robert Schlack, der an seinem Institut die Daten zur Mediennutzung ausgewertet hat. Rund zwei Drittel der Jugendlichen schauen täglich über eine Stunde Fernsehen.

Fassen wir zusammen: Vorschulkinder kommen in Deutschland bereits auf eine Bildschirmzeit von 65 Minuten pro Tag. Bei den Schulkindern (6 bis 13 Jahre) beträgt dieser Wert bis zu 261 Minuten – und jugendliche Intensivnutzer (11 bis 17 Jahre) erreichen einen Spitzenwert von über sechs Stunden am Tag.

Diese Zahlen belegen eine Aussage aus dem Jahr 1998, die nichts von ihrer Gültigkeit verloren hat. Nur die Nutzung der Computer ist hinzuzudenken: »Durch die domestizierende Funktion zwingt der Fernseher die Kinder dazu, in der Wohnung zu bleiben und andere Aktivitäten zurückzustellen«, sagte damals Prof. Dr. Susanna Roux (Pädagogische Hochschule Weingarten). Ihr weiterer Gedankengang: »Das Fernsehen bindet so die Zeit, die Kindern zum Spielen zur Verfügung steht, und reduziert die Möglichkeiten des sozialen Umgangs mit anderen Kindern sowie mit Erwachsenen.«

## Zeitfresser Mediennutzung – ein Fallbeispiel

Machen wir ein Gedankenexperiment, das auf diesen Aussagen aufbaut: Michael ist 16 Jahre alt, er beschäftigt sich am Tag sechs Stunden mit Bildschirmmedien. Damit zählt er noch zu den 34 Prozent der Jugendlichen, die mehr als vier Stunden Mediennutzung aufweisen. Der Schüler ist also noch kein Intensivnutzer.

Starten wir das Experiment: Michael steht um 6 Uhr morgens auf, frühstückt und trifft um 7:45 Uhr in seinem Gymnasium ein. Dort bleibt er bis 15 Uhr; G 8 lässt grüßen. Das sind neun Stunden Lebenszeit: Wenn er davon auf den Busfahrten, im Unterricht und in Pausen eine Stunde sein Smartphone nutzt, bleibt ihm noch ein mediales Zeitbudget von fünf Stunden. Kaum zu Hause, ist Chillen angesagt: Von 15 bis 16 Uhr spielt er ein Onlinespiel, ist auf Facebook unterwegs und guckt Fernsehen. Mediales Restbudget: vier Stunden.

Schularbeiten? Klausurvorbereitung? Sie können die gesamte Zeit bis zum Abend aufbrauchen. Sagen wir einmal: drei Stunden bis 19 Uhr. Abendessen, aufräumen, Geschirr spülen bis 20 Uhr, die *Tagesschau* interessiert nur seine Eltern. Mediales Restbudget: vier Stunden. Spätestens jetzt kommt Michael in arge Bedrängnis: Um sein durchschnittliches Soll zu erfüllen, muss er bis 24 Uhr vor der Glotze sitzen, Computerspiele machen oder im Internet chatten. Um Mitternacht geht er offline – und hat genau sechs Stunden Schlaf, um sich von seinen Aktivitäten zu erholen ... Dann beginnt sein Tag wieder um 6 Uhr.

Was fällt auf bei diesem fiktiven Tagesablauf? Wir müssen den Tag von Michael dringend um sechs oder mehr Stunden aufstocken. 30 Stunden könnten gerade reichen, damit der Schüler wahlweise auch Fußball spielt oder Geige übt, ins Kino oder Theater geht, eine Astronomie-AG besucht, die Großmutter im Rollstuhl durch einen Park schiebt, eine neue Grafikkarte in seinen Rechner einbaut, eine Party besucht oder, oder, oder ...

Bleibt noch eine andere Möglichkeit: dauerhaftes Multitasking! Zum Beispiel Großmutter durch den Park schieben und telefonieren, Hausaufgaben ständig für WhatsApp unterbrechen, Lehrern halb zuhören und unter der Bank mit dem Handy daddeln ... Keine vernünftige und gesunde Alternative, wie wir in Kapitel 9 (Fit für die Zukunft) zeigen werden.

## Mediennutzung, Schlafmangel und die Folgen

Doch damit nicht genug: Wir könnten jetzt das Gedankenexperiment wiederholen, und zwar für die 26 Prozent männlicher Intensivnutzer, die sich mehr als sechs Stunden auf bildschirmgestützte Medien stürzen ... Wir kennen nicht die genaue Varianz, aber bei dieser Gruppe ist es möglich, dass das mediale Zeitbudget acht bis zehn Stunden beträgt.

Da muss die Nacht zum Tag werden, mit fatalen Konsequenzen, die sich unter anderem für den Lernerfolg der Jugendlichen einstellen. Warum? Das haben wir die Schweizer Psychologin Dr. Monika Brunsting gefragt. Ihre Antwort:

>»Wenn wir zu wenig schlafen, ist das Gehirn müde, und wir können uns schlecht konzentrieren und lernen. Im Schlaf wird Gelerntes aus dem Kurzzeitgedächtnis in das Langzeitgedächtnis überführt. Unterbleibt das, haben wir zwar das Gelernte kurze Zeit zur Verfügung. Vielleicht bis zur Prüfung, wenn wir Glück haben, aber nicht für längere Zeit.«

Welche Rolle spielen dabei digitale Medien? Brunsting: »Digitale Medien aktivieren sehr, machen uns munter – oder gestresst, ohne dass wir es selbst merken.« Forschungsarbeiten hätten gezeigt, dass sich Jugendliche in der Schule gestresst fühlen, »abends am Bildschirm hingegen relaxed«. Gleichzeitig hatten Wissenschaftler Blutdruck, Hautwiderstand und Puls gemessen – diese Werte zeigten, dass die Jugendlichen unter Stress standen, entgegen ihrer eigenen subjektiven Wahrnehmung.

»Deshalb ist es wichtig, mindestens eine Stunde vor dem Einschlafen möglichst alle Elektronik auszuschalten«, so die Psychologin, »auch das Handy gehört dazu.« Besonders schädlich ist der Einfluss digitaler Medien auf ADHS-Betroffene (5): Sie verstärken die Symptomatik, und es gibt Forschungsergebnisse, die auf einen engen Zusammenhang zwischen Medienkonsum und der Entstehung von ADHS hinweisen. Das schildert Brunsting in ihrem Buch *Träumer oder ADS?* Die Abkürzung ADHS steht in der Medizin für eine Aufmerksamkeitsdefizit-Hyperaktivitätsstörung. Sie kann sich durch beeinträchtigte Aufmerksamkeit und Impulsivität zeigen sowie durch körperliche Unruhe (Hyperaktivität).

Was passiert, wenn der Schlaf ausbleibt, schildert Nadja Podbregar in *bild der wissenschaft* (6): »Teenager sind vor allem eines: übermüdet.« Gerade Kinder in der Pubertät würden in den meisten Ländern viel zu wenig schlafen. Nötig sind im Durchschnitt neun Stunden, doch die Kinder kommen in der Regel zu deutlich weniger Schlaf. Das wirkt sich auf die schulischen Leistungen aus, aber auch auf die Gesundheit. Denn Schlafmangel kann böse Konsequenzen haben: Konzentrationsschwächen, Stimmungsschwankungen, Depressionen und sogar Übergewicht.

Allerdings führt Podbregar als Ursache an, dass der Unterricht in der Schule zu früh beginnt. Das althergebrachte Zeitmodell kollidiert mit dem Biorhythmus, dem die Heranwachsenden zu folgen haben. So plädierte im Sommer 2014 auch die American Academy of Pediatrics (AAP) dafür, die Schule in der Mittelstufe und Highschool später beginnen zu lassen.

Der frühe Start in den Unterricht kommt aber auch in Konflikt mit der Nutzung digitaler Medien, die immer mehr Zeit frisst – und auch vor den Nachtstunden nicht haltmacht. Aus dieser Einsicht ergibt sich eine »wichtige Erziehungsaufgabe«: »Die Eltern müssen je nach Alter des Kindes mehr oder weniger stark das Schlafverhalten steuern«, sagt Brunsting. »Sie sollten geregelte Zubettgehzeiten einhalten und überwachen sowie Ruhe im und rund ums Schlafzimmer herstellen.«

Zur angeblichen Medienkompetenz der Kinder findet sie klare Worte (Kapitel 2, Im Kreuzfeuer der Werbung): »Kinder und Jugendliche sind noch nicht in der Lage, ihren Elektronikkonsum selbst zu regulieren. Also müssen die Eltern dies für sie tun, zum Beispiel das Handy über Nacht einschließen oder den Internetzugang beschränken.« Klingt nach unangenehmen Auseinandersetzungen mit dem Nachwuchs ... Sie sind aber bitter nötig, um Kinder vor Schaden zu bewahren. Zur Rolle des Schlafes äußert sich auch die Neurobiologin Teuchert-Noodt. Sie zeigt, wie wichtig Schlaf für das Lernen ist (Gastbeitrag »Zu Risiken und Chancen fragen Sie das Gehirn«).

Machen wir einen Strich unter die bisherigen Überlegungen: Daniel Bialecki relativiert die Wirkung digitaler Medien, indem er behauptet, E-Learning sei »nur ein Weg unter vielen, über den sich Kinder die Welt erschließen«. Sie würden zugleich »ihre Umwelt über direkte, unmittelbare Erfahrungen« erkunden. Wie soll das möglich sein, wenn schon heute die Bildschirmzeit von Vorschulkindern (4 bis 5 Jahre) 65 Minuten am Tag beträgt, Schulkinder (6 bis 13 Jahre) auf bis zu 261 Minuten kommen und jugendliche Intensivnutzer (11 bis 17 Jahre) Spitzenwerte jenseits der sechs Stunden erreichen?

## Mediennutzung reduziert das Empathievermögen

Unser Gedankenexperiment zeigt: Ein solcher Medienkonsum ist nur möglich, wenn es zu einer starken Verdrängung realer Welterfahrung kommt. Es sei denn, der 30-Stunden-Tag wird erfunden ... Daher ist es eine Illusion zu glauben, digitale Medien seien eine sinnvolle Ergänzung, die den Alltag der Kinder bereichert (Komplementarität). In Wirklichkeit rauben sie den Kindern viele Gelegenheiten, sich mit der Welt intensiv auseinanderzusetzen (Substitution).

Wie Brunsting berichtet, ist dieses allgegenwärtige Phänomen nicht nur ein quantitatives, sondern auch ein qualitatives Problem: Die Schlafdauer wird verkürzt und das Schlafverhalten verändert sich bei steigender Nutzung digitaler Medien. Weniger und schlechterer Schlaf führt dazu, dass immer mehr Jugendliche mit schwarzen Ringen unter den Augen in die Schule kommen. Das Lernen leidet darunter – genauso wie die Empathiefähigkeit der Kinder, was ein amerikanisches Forscherteam um Yalda T. Uhls herausgefunden hat (7).

Die Wissenschaftler führten eine Feldstudie durch, bei der 51 Preteens (zehn bis zwölf Jahre) fünf Tage in einem Naturcamp verbrachten: ohne Computer, Fernsehen und Mobiltelefone. Die Kontrollgruppe waren 54 Preteens, die weiterhin digitale Medien nutzten, wie sie es gewohnt waren. Beiden Gruppen zeigten die Wissenschaftler Bilder und Videos mit Menschen, die durch ihren Gesichtsausdruck emotionale Zustände ausdrückten. Das geschah einmal, bevor die Naturcamp-Gruppe aufbrach – und ein zweites Mal, als sie wieder zurückkam. Dabei wurde untersucht, wie gut die Kinder in der Lage waren, die Face-to-Face-Kommunikation zu entschlüsseln.

Der Hintergrund für dieses Experiment: »Weil Kinder die neuen Technologien sehr stark nutzen«, so die Wissenschaftler, »sind Sorgen entstanden, dass ihre Fähigkeit leiden könnte, Face-to-Face-Kommunikation richtig zu deuten.« Sie verweisen auf unterschiedliche Studien, die zu bedenklichen Ergebnissen kommen:

➤ Kinder im Alter zwischen acht und 18 Jahren verbringen täglich über siebeneinhalb Stunden damit, digitale Medien außerhalb der Schule zu nutzen – und das in der ganzen Woche (Rideout, Foehr & Roberts, 2010). Anmerkung: Eine ähnliche Tendenz spiegelt auch die KIM-Studie 2016 für Deutschland wider (siehe oben).

➤ Teenager (12 bis 17 Jahre) nutzen Textnachrichten auf Smartphones mehr als alle anderen Formen der Kommunikation, inklusive des direkten Gesprächs (Lenhart, 2012).

> Die starke Nutzung der Bildschirmmedien könnte die Zeit für Kinder und Teenager einschränken, direkt mit anderen Menschen zu kommunizieren oder etwas mit ihnen zu unternehmen (Giedd, 2012).

Der Kontrapunkt zu diesen Resultaten der Forschung: Für jede Art der sozialen Interaktion ist es entscheidend, nonverbale Signale enträtseln zu können – Blickkontakt, Gesichtsausdruck oder Stimmführung sowie Körpernähe und -distanz. Beherrschen Kinder die Kunst, in Gesichtern zu lesen, entwickeln sie eine höhere Sozialkompetenz und bauen mehr positive Beziehungen in ihrer Altersgruppe auf. Das hat die Wissenschaft längst erkannt. Es geht also um das Einfühlungsvermögen künftiger Generationen, kurz Empathie.

So stellten sich Yalda T. Uhls und ihre Kollegen folgende Forschungsfrage:

»Fördert die häufige Nutzung von Bildschirmmedien bei Kindern die Entwicklung von Empathie genauso wie die persönliche Interaktion? Und das, wo doch die Möglichkeit besteht, dass der starke Einsatz digitaler Medien die wichtige Face-to-Face-Kommunikation ersetzt?«

Dabei lautete ihre Hypothese: Wenn die Kinder fünf Tage ohne Computer, Fernseher und Mobiltelefon leben, werden sich ihre Empathiefähigkeiten verbessern, zumal sie in einer natürlichen Umgebung mehr Möglichkeiten haben, direkt miteinander zu kommunizieren.

Diese Hypothese konnten die Wissenschaftler bestätigen: Bevor sich die jungen Probanden in der bildschirmfreien Natur aufhielten, machten sie im Durchschnitt 14,02 Fehler, sobald sie Emotionen auf Gesichtern erkennen sollten (Kontrollgruppe mit normalem Medienkonsum: 12,24 Fehler). Nach dem Aufenthalt sank die Fehlerzahl deutlich auf 9,41 (Kontrollgruppe: 9,81 Fehler).

Die Kinder mit bildschirmfreier Zeit reduzierten die Zahl ihrer Fehler um den Wert 4,61 – während die Kontrollgruppe nur einen Wert von 2,43 schaffte, was die Wissenschaftler auf einen Übungseffekt zurückführten. Ihre Schlussfolgerung: Die Gruppe im Camp ohne Medienzugang verbesserte sich signifikant stärker als die Kontrollgruppe, die auf ihre übliche Bildschirmzeit kam.

Es kann natürlich schwierig sein, so die Wissenschaftler, genau zu unterscheiden, was die gestiegene Empathiefähigkeit bewirkte: das Gruppenerlebnis, die Naturerfahrung oder die Abwesenheit digitaler Medien? Ein ähnliches Problem stellte sich der American Academy of Pediatrics (AAP), als sie davor warnte, Kleinkinder mit digitalen Medien zu konfrontieren (Kapitel 1, Brillante Babys): Bei der Analyse statistischer Daten stellt sich immer die Frage, ob zwei Phänomene nur gemeinsam auftreten (Korrelation) oder ob das eine Phänomen Ursache für das andere ist (Kausalität). Dazu der gängige Statistiker-Witz: In Südschweden werden viele Störche beobachtet, gleichzeitig steigt die Geburtenrate. Klar, dass dann Störche die Babys bringen ...

Was das für unser Thema bedeutet, erklärt Ulrike Six, indem sie den Begriff der »einseitigen Kausalattribution« in die Diskussion wirft (8). Sie meint damit, dass wir nur einem einzigen Phänomen kausale Wirkung zuschreiben, statt das komplizierte Zusammenspiel unterschiedlicher Faktoren zu beachten: »Pauschale und einseitige Kausalattributionen, die den Medien ein direktes und nahezu unbegrenztes Wirkungspotential zuweisen, werden Komplexität von Mediennutzungs- und Wirkungsprozessen nicht gerecht.«

Aber: Die Wahrscheinlichkeit ist hoch, dass die stärker notwendige Kooperation im Camp bewirkt hat, dass die Empathiefähigkeit der Kinder zunahm. Daher stellen Yalda T. Uhls und ihre Kollegen fest:

»Die Resultate legen es nahe, dass die digitale Bildschirmzeit, auch wenn sie zur sozialen Interaktion genutzt wird, die Zeit reduzieren könnte, in der sich die Fähigkeit entwickelt, nonverbale Signale menschlicher Emotionen zu verstehen.«

In ihrem Fazit fordern die Wissenschaftler eine gesellschaftliche Diskussion: Sie wollen »Kosten und Nutzen« der vielen Zeit debattieren, die Kinder an Bildschirmen zubringen, und zwar in und außerhalb von Klassenzimmern. Sie kritisieren: Es werden die möglichen Nachteile nicht genug beachtet, wenn Kinder schon unter zwei Jahren Handys in die Hand bekommen und Computer wie Tablets eine rasante Verbreitung in Kindergärten und Schulen finden. »Unsere Studie soll eine Aufforderung sein, gründlich und systematisch zu erforschen, wie digitale Medien die soziale Entwicklung von Kindern beeinflussen«, so Yalda T. Uhls und ihre Kollegen.

## Das Totschlagargument »Lebenswirklichkeit«

So viel Wissenschaft, so viele valide Beobachtungen! Trotzdem hält sich hartnäckig ein Argument, das sich nicht leicht aus der Welt schaffen lässt: »Lebenswirklichkeit im Auge behalten«, schreibt am 21.09.2016 um 15:41 Uhr Keko im Forum »Leben und Lernen« (*Spiegel online*). Weiter heißt es: »Es ist allerhöchste Zeit, dass auch die ewig Gestrigen (!) kapieren, dass das Handy, auch das Smartphone samt Internetzugang, Bestandteil der Lebenswirklichkeit der Kinder, der Eltern und auch aller anderen Bürger und Gäste dieses Landes ist.« (9)

Lebenswirklichkeit! Ende der Diskussion. Denn: Die digitale Technologie breitet sich rasant in allen Altersgruppen der Gesellschaft aus, also muss sie genauso Einzug in Kindergärten und Grundschulen halten. Etwas abgeschwächt geht die Argumentation in der Regel weiter: Natürlich sollen dabei Smartphone und Co. nur sinnvoll und dosiert genutzt werden, damit Kinder deren praktischen Zweck im Leben entdecken. Die Idee dahinter lautet: Wenn die Kleinen zu Hause fragwürdige Erfahrungen mit digitalen Medien machen, könnten Kindergarten und Grundschule einen Ausgleich schaffen …

Klingt bestechend, ist es aber nicht! Wissenschaftler haben festgestellt: Gerade bildungsferne Haushalte sind mit TV-Geräten dreimal so stark ausgestattet wie Haushalte, in denen Eltern Abitur haben. Die Kinderzimmer sind mit viermal mehr Spielkonsolen ausgerüstet, als es der Fall in einem Haushalt mit höherer Bildung ist. Auch die Zahl der Computer ist deutlich größer, was die Studie anhand der Medienausstattung von Zehnjährigen nachgewiesen hat (10).

Die hohe Ausstattung mit elektronischem Gerät wirkt verhängnisvoll, wenn die Kinder selbst über digitale Medien verfügen: »Jungen mit einer Vollausstattung mit Bildschirmgeräten haben z. B. mit über 100 Minuten Fernsehnutzung und mehr als 50 Minuten Computerspielzeit täglich fast doppelt so hohe Nutzungszeiten wie Jungen ohne Bildschirmgeräte im Zimmer«, so die Beobachtung der Wissenschaftler. Außerdem erhöhe sich der Konsum nicht altersgerechter Inhalte auf das sechsfache Niveau (bei Zehnjährigen).

Das alles muss Konsequenzen haben: »Je mehr Zeit Schülerinnen und Schüler mit Medienkonsum verbringen und je brutaler dessen Inhalte sind, desto schlechter fallen die Schulnoten aus«, stellt das Kriminologische Forschungsinstitut Niedersachsen(KFN) fest (11).

Diese harte »Lebenswirklichkeit« lässt für uns nur einen Schluss zu: Kindergärten und Grundschulen sollten frei von digitalen Medien bleiben, damit sie nicht zu Hause die schädliche Nutzung legitimieren. »Wenn die Kinder im Kindergarten mit Handys spielen, kann das wohl keine negativen Folgen haben«, würden sich weniger kritische Eltern in die Tasche lügen.

So schaffen wir Bildungseinrichtungen, die versuchen könnten, eine schädliche Mediennutzung im Elternhaus zu kompensieren – durch reiche realweltliche Erfahrungen, die alle Sinne ansprechen und zu viel Bewegung Anlass geben. Dazu gehört es genauso, häusliche Medienerlebnisse zu verarbeiten, etwa durch Rollenspiele. Wir sind ja nicht blind gegenüber dieser »Lebenswirklichkeit«, in der Kinder traumatisierende Erfahrungen machen, wenn sie keine altersgerechten Inhalte konsumieren. Thematisieren heißt jedoch nicht, den Kindern Tablet oder Smartphone in die Hand zu drücken.

Was ist aber mit dem Argument, digitale Medien nur gering dosiert einzusetzen? Dem halten wir entgegen: Jede Stunde pro Woche ohne Bildschirm ist ein Gewinn für die Kinder! Besonders, wenn sie in ihrem häuslichen Umfeld mit einem Übermaß an Digitalität konfrontiert sind. Sie verwurzeln sich tiefer in der realen Welt, was wir in diesem Kapitel gezeigt haben.

Zu diesem Thema eröffnet sich noch eine weitere Perspektive aus der Philosophie: Lässt sich aus der viel beschworenen »Lebenswirklichkeit« schließen, wie die Welt aussehen soll? Philosophen kennen den »naturalistischen Fehlschluss«, auf den zum ersten Mal David Hume (1711–1776) aufmerksam gemacht hat (12):

> »Plötzlich werde ich damit überrascht, dass mir anstatt der üblichen Verbindungen von Worten mit ›ist‹ und ›ist nicht‹ kein Satz mehr begegnete, in dem nicht ein ›sollte‹ oder ›sollte nicht‹ sich fände. Dieser Wechsel vollzieht sich unmerklich; aber er ist von größter Wichtigkeit.«

Warum ist dieser Wechsel so wichtig? Normative Sätze sind Aussagen, die zu einem bestimmten Verhalten auffordern. Sie sind die Grundlage für Normen: gesellschaftliche Regeln, die unser Zusammenleben bestimmen.

Diese Sätze lassen sich aber nicht direkt durch Tatsachen begründen (Aussagen zum Sein). »Als naturalistischen Fehlschluss (im engeren Sinne) bezeichnet man den Versuch, normativ-moralische Aussagen zu legitimieren durch deskriptive Aussagen, die Naturzusammenhänge beschreiben.« (13)

### Der Irrtum der frühen Medienkompetenz

Angewendet auf die Forderung nach »früher Medienkompetenz« der Kinder, ließe sich auch von einem »soziologischen« Fehlschluss sprechen:

1. Die Digitalisierung ergreift alle Bereiche der Gesellschaft.
2. Kinder sind Teil dieser Gesellschaft.
3. Deshalb sollten sie möglichst früh lernen, mit digitalen Medien umzugehen.

Diese Logik baut aber unausgesprochen auf einer weiteren Voraussetzung auf, die einen subjektiven Charakter hat: »Kinder können von einem frühzeitigen Umgang mit digitalen Medien nur profitieren.« Dieser Prämisse lässt sich aber entgegnen: Aus neurobiologischer und entwicklungspsychologischer Sicht ist es wahrscheinlich, dass das Gegenteil der Fall ist, was wir in unserem Buch an vielen Stellen beschreiben (14).

Diese Überlegungen führen zum nächsten Punkt, der Forderung nach einer »frühen Medienkompetenz«. Wie wir in den Kapiteln 8 und 9 zeigen, beruht der kompetente Umgang mit Medien auf einer Vielzahl von Fähigkeiten. Deren Grundlage sind unter anderem Selbstreflexion, Abstraktionsvermögen und Impulskontrolle. Wie sollen dazu Drei- bis Fünfjährige in der Lage sein, die ganz am Anfang ihrer kognitiven Entwicklung stehen? Piaget spricht ja von der »präoperativen Phase«, gekennzeichnet durch »magisches Denken« und »Egozentrismus« (Kapitel 4, Denken lernen).

Kinder erwerben in diesem Alter nur eine rudimentäre »Wischkompetenz«; eine sinnvolle Nutzung digitaler Medien scheint ausgeschlossen zu sein. Denn die genannte »Fähigkeit« steht nur für die Bedienung einer intuitiven Benutzeroberfläche, mehr nicht! Der Grund: Mit einem Tablet Fotos zu schießen, Geräusche zu »sammeln« oder Bild-Collagen mit einem Smartphone zu machen – das alles hat in unseren Augen nichts mit Medienkompetenz zu tun. Auch wenn Digital-Befürworter solche Aktivitäten als »sinnvolle« Beispiele anführen. Genauso wie USB-Mikroskope, angeschlossen an einen Laptop: Sie zaubern zwar exotische Bilder von Fasern auf den Bildschirm ... Aber: Wer Kinder mit Lupen zum Detektivspiel ausschickt, erweitert ebenfalls ihren Horizont mit einer einfachen, robusten und günstigen Technologie, die alle Kinder selbst in der Hand haben. So entstehen wirklichkeitsgesättigte Erlebnisse, ganz ohne teure IT-Anwendungen.

Überhaupt die Kosten! Die Lebenswirklichkeit der Kinder prägt auch die Tatsache, dass 2017 nach einem Bericht der *ZEIT* über 100 000 Vollzeit-Fachkräfte fehlen, um eine kindgerechte Betreuung in Deutschland möglich zu machen. Kostenpunkt: fast fünf Milliarden Euro pro Jahr (15).

Warum dann Geld für fragwürdige Digitaltechnik ausgeben und nicht in dringend benötigte Köpfe investieren? Ganz abgesehen von dem peinlichen Umstand, dass Erzieherinnen und Erzieher viel zu wenig verdienen angesichts ihrer Verantwortung und Arbeitsbelastung.

## Naturerfahrung und Empathiefähigkeit – Kinder brauchen Wurzeln

Fazit: Wir sind Schneckenforschern begegnet, haben Statistiken gewälzt und ein Gedankenexperiment angestellt. Das hat schnell deutlich gemacht: Wir brauchen einen 30-Stunden-Tag, um die aktuelle Mediennutzung der Kinder so in den Alltag einzubinden, dass »sie parallel ihre Umwelt über direkte, unmittelbare Erfahrungen [erkunden]« (Daniel Bialecki). Parallel? Die Zahlen aus der aktuellen KIM- und KiGGS-Studie beweisen das Gegenteil: Digitale Medien bilden mit dem Fernsehen eine unheilige Allianz, um die Lebenszeit der Kinder aufzufressen. Rein quantitativ stoßen wir an Grenzen, wenn wir alles gleichzeitig wollen: reale Welterfahrung und frühe Medienkompetenz. Eine nutzlose Parallelität lässt sich nur durch gefährliches Multitasking erreichen. Wir müssen uns entscheiden, klare Prioritäten setzen.

Da helfen uns die vorsichtigen Formulierungen der amerikanischen Wissenschaftler, die Kinder ins Naturcamp geschickt haben – ohne Computer, Fernseher und Handy. Ihre Feldstudie stößt uns auf ein tiefer gehendes, qualitatives Problem, wobei sich eine neue Perspektive öffnet: Digitale Medien könnten die Fähigkeit von Kindern gefährden, »nonverbale Signale menschlicher Emotionen zu verstehen«. Das erinnert sofort an McLuhans Satz »The medium is the message«, der langsam zum Leitmotiv unseres Buches wird. Denn digitale Medien greifen tief in unseren Alltag ein, ihre Technologie wirkt unmittelbar auf die sozialen Beziehungen in unserer Gesellschaft – völlig unabhängig von den transportierten Inhalten.

Am wenigsten sind Kinder in der Lage, sich gegen diesen Einfluss zu wehren. Sie reißt der Strudel der Virtualität mit sich, sie verlieren an Empathiefähigkeit – und das geschockte amerikanische Publikum ist fast jeden Monat mit der Nachricht konfrontiert, dass ein Jugendlicher in einer Schule um sich geschossen hat. Und Deutschland erlebte 2009 den Amoklauf von Winnenden ... Sicher, das ist sehr polemisch formuliert, aber Übertreibung macht anschaulich. Denn: Offensichtlich vernachlässigen wir es, bei unseren Kindern soziale Kompetenzen aufzubauen, zum Beispiel untergraben wir ihre Empathiefähigkeit – damit der Tanz ums »goldene Tablet« auch in Schulen und Kindergärten stattfindet.

Fest steht: »Zwischen dem siebten und zwölften Lebensjahr ist es für Kinder entscheidend, soziale Aktivitäten zu entwickeln, zu erarbeiten und auszuleben – mit Menschen, die ihnen nicht so nahestehen wie die eigene Familie«, erklärt der Psychologe Fischer. Es sollte »sehr viel Interaktion« zwischen echten Menschen stattfinden. Eben genau die Face-to-Face-Kommunikation, die der starre Blick auf Bildschirme immer mehr verdrängt. Falsche Prioritäten! Das zeigt auch ein Bild, das Herbert Renz-Polster und Gerald Hüther entwickelt haben (sehr lesenswert: *Wie Kinder heute wachsen*) (16):

»Kinder brauchen feste Wurzeln. Offenbar wissen das nicht alle Eltern, auch nicht alle Erzieher oder gar alle Bildungspolitiker. Sie halten das, was man an jedem Baum sehen, messen und zählen kann, also die Äste oder die Blätter oder auch nur die Früchte, für wichtiger als die verborgenen Wurzeln. Deshalb richten sie ihre ganze Aufmerksamkeit darauf, ihre oder die ihnen anvertrauten Kinder so zu erziehen, dass sie möglichst große und zahlreiche Äste, bunte Blätter und nützliche Früchte entwickeln.«

Dann gestalten die beiden Autoren ihr Bild konsequent weiter: Sie setzen die Wurzeln der Kinder mit sicheren emotionalen Beziehungen gleich, die sie zu Menschen eingehen, bei denen sie groß werden. Scheitern diese Beziehungen, »bleiben auch ihre Äste, Blätter und Früchte nur eine Kümmerversion«, so Renz-Polster und Hüther. Wenn ein erster Sturm im Leben kommt, fehlt das stabile Wurzelwerk – und diese Kinder fallen als Erwachsene leicht um.

»Äste, Blätter und Früchte« – das sind in unserem Kontext Fähigkeiten und Kenntnisse, die in der digitalen Welt notwendig sind. Wie wird eine Suchmaschine bedient? Was ist eine Festplatte? Wie funktioniert ein Browser? Prima, wenn wir das eines Tages alles beherrschen, und zwar nicht in einer »Kümmerversion«. Die droht aber, wenn wir Kinder lieber über Tablets wischen lassen, als bewusst einen intensiven Austausch mit ihnen zu suchen – unmittelbar von Mensch zu Mensch.

Doch mit einer »Kümmerversion« ließe sich noch leben. Viel verheerender sind die Folgen einseitiger Digitalität, wenn tatsächlich soziale Kompetenz zerstört wird oder gar nicht entsteht. Dann kommt der erste Sturm – und die perfekt digitalisierten Kinder krachen um, weil sie seelisch keine tiefen Wurzeln schlagen durften.

# TEIL 2

# Weiterführende Schulen, Ausbildung und Studium

# 6. Lernen verlernen

## Wie digitale Medien Motivation zerstören

Wer kennt sie nicht, die lustigen Postkarten mit skurrilen Einsichten in unser Leben? Eine Grundschülerin sitzt vor dem Laptop, blickt den Betrachter schlau an, und die viel zu große Brille rutscht ihre Nase herunter. Dazu der Spruch: »Bildung kommt von Bildschirm und nicht von Buch, sonst hieße es ja Buchung.«

Bildung kommt von Bildschirm? Die ironische Wendung spielt auf den Anspruch an, den heute digitale Medien haben. Nicht Vergnügen, Shopping oder Spaß stehen im Vordergrund. Nein – wir können getrost die Bildung unserer Kinder Computern anvertrauen. Das Stichwort dazu lautet: E-Learning! Was versteckt sich hinter dieser Bezeichnung, die sich mühsam als »elektronisches Lernen« übersetzen lässt? Simone Kimpeler und ihre Kollegen beschreiben E-Learning als »eine Form des Lernens und Lehrens, die durch Informations- und Kommunikationstechnologien zur Aufzeichnung, Speicherung, Be- und Verarbeitung, Anwendung und Präsentation von Informationen unterstützt oder ermöglicht wird«. Die Lernprozesse seien »durch netzbasierte Kommunikationsformen und durch kollaborative Arbeitsumgebungen« erweitert. »Lernende bekommen so unabhängig von Raum und Zeit die Grundlagen für den Wissensaufbau zur Verfügung gestellt«, so die Autoren, die beim Büro für Technologiefolgen-Abschätzung beim deutschen Bundestag arbeiten (1).

### E-Learning – die ideale Ergänzung zu herkömmlicher Bildung?

Diese Form des Lernens findet Daniel Bialecki gut. Wir hatten ihn bereits in Kapitel 5 (Digital schnell entwurzelt) kennengelernt, als er die Auffassung vertrat: E-Learning findet parallel zur Erkundung der realen Welt statt. An dieser Position hatten wir gewisse Zweifel, weil wir in unserem Gedankenexperiment zeigen konnten, dass Digital Natives eigentlich einen 30-Stunden-Tag brauchen. In einem Beitrag für www.lehrer-online.de umreißt Bialecki wesentliche Argumente, die für E-Learning in der Schule sprechen (2). Er soll in diesem und dem nächsten Kapitel zu Wort kommen. Dabei setzen wir uns kritisch mit seinen Positionen auseinander. Jetzt geht es um die Stichworte »Feedback«, »Motivation« und »mobiles Lernen«.

**Stichwort** »**Feedback**«: Bialecki kritisiert das klassische Schulbuch. Er stellt fest: »Oftmals gibt es hier nur einen Lösungsweg und kein direktes Feedback. Im schlimmsten Fall erfahren die Schülerinnen und Schüler erst in der Klassenarbeit, dass sie das Thema nicht richtig verstanden haben.« E-Learning bietet für ihn die Möglichkeit, Feedbackschleifen einzubinden. So erfahren Schüler viel schneller, wie weit sie auf ihrem Lernweg gekommen sind. Weiter schreibt Bialecki: »Wenn dann noch ein kleiner Test erscheint, der das Gelernte abfragt, sofort Feedback vermittelt und durch ein ausgeklügeltes Belohnungssystem Anreize schafft, weiterzumachen, wird das Lernen auf einmal irgendwie ›cool‹.«

In dieselbe Kerbe schlägt Jason Hreha, Director of Product im Unternehmen Quixey, das eine App-Suchmaschine auf den Markt gebracht hat. Er hat in Stanford/USA Neurowissenschaften studiert. Sein Argument: In den meisten Lebensbereichen gibt es wenig oder nur verspätet Feedback, es fehlt an Anerkennung für gute Leistungen. »Da kann Technologie helfen«, stellt Hreha fest. Der Director of Product skizziert dazu zwei Visionen (3): Schüler erhalten an einem Smartboard unmittelbar Feedback für ihre Arbeit, um sich sofort zu korrigieren. Oder: Bildung wird zu einem Spiel (»Gamification«), in dem Schüler Punkte sammeln und auf diese Weise höhere Levels erreichen. Ein Stückchen selbstkritisch schreibt Hreha: »Beide Visionen lassen sich als seelenlos und deprimierend bezeichnen, aber wahrscheinlich motivieren beide Lernumgebungen stärker als die verschlafenen Klassenzimmer von heute.«

Ganz klar: Mufflige Lehrer kennt jeder, Feedback und Wertschätzung können in Schulen Mangelware sein. Aber müssen wir das Kind gleich mit dem Bad ausschütten? In Kapitel 3 (Impulskontrolle) haben wir die Forschungen des Psychologen Walter Mischel vorgestellt: Wer auf Belohnungen warten kann, hat seine Impulskontrolle besser in der Hand – und ist später im Leben erfolgreicher. Wer aber gleich nach dem Marshmallow greift, genießt nur kurzfristig das Leben … Der englische Begriff dafür lautet: »instant gratification«, was sich mit »sofortiger Belohnung« übersetzen lässt. Was kann daran falsch sein? Wie immer im Leben lautet die Antwort: »Zu viel, zu häufig und zu stark!«

Lernen durch Belohnung – das ist das Grundkonzept des Behaviorismus, wie wir es schon in Kapitel 5 (Digital schnell entwurzelt) anklingen ließen:

> »Der Behaviorismus [sieht] den Menschen generell als passives, von Reizen gesteuertes Wesen an und versucht, den Zusammenhang zwischen Reiz und Reaktion zu erforschen, um eine Verhaltensänderung vorhersagen zu können. Ein Lernen im Sinne des Behaviorismus liegt dann vor, wenn sich eine Verhaltensänderung (engl.: behavior, dt.: Verhalten) im Sinne eines ›richtigen‹ Verhaltens vollzieht.«

So beschreibt Nicole Flindt in ihrer Dissertation diese Denkrichtung, die mit einem positiven Reiz (Belohnung) erwünschtes Verhalten (Lernen) fördern will (4). Das haben Behavioristen mit Tierexperimenten herausgefunden. Dabei besteht die Gefahr, dass wir uns nur noch anstrengen, wenn wir schnell in einen Marshmallow beißen dürfen. Prof. Ralf Lankau bringt das so auf den Punkt (5): »Lernende sind angekommen im Käfig der Behavioristen und dürfen zeigen, wie gut sie funktionieren. Dafür werden sie belohnt und durch die sofortige Belohnung auf Belohnung konditioniert.« Lankau arbeitet an der Hochschule Offenburg, Fachbereich Mediengestaltung.

Seine Aussage sollte viele Illusionen zerstören. Doch es gibt auch Lernfelder, auf denen solche Drill-and-Practice-Programme sinnvoll sein können. Laut Flindt sind das »bestimmte Trainingszwecke, beispielsweise als Vokabeltrainer nach erfolgtem eigenständigen Lernen der Vokabeln oder als Zusatzkomponente in einem Lernsystem«. Faktenwissen ließe sich »relativ gut« antrainieren, allerdings unter der Voraussetzung, dass Schüler bereits Wissen im jeweiligen Gebiet erworben haben. »Dadurch eignen sich Drill-and-Practice-Systeme gerade nicht für das Erlernen von komplexen Zusammenhängen«, so Flindt.

Wer diese Form der Konditionierung zu häufig einsetzt, muss mit bitteren Konsequenzen rechnen, die Lankau schildert:

> »So werden Menschen an das ›Lernen mit der Maschine‹ gewöhnt, von Maschinen und Programmen gesteuert. So wird aus dem ›Lernen als individuellem, ergebnisoffenem Prozess‹ ein automatisiertes und vollständig protokolliertes Lernverhalten samt personalisiertem Lernprofil. Die Maschine ist Lehrer und Lernbegleiter, Taktgeber, Trainer, Coach und Motivator. So verlernen schon Kinder das Lernen aus eigenem innerem Antrieb (intrinsische Motivation), verlernen das selbstbestimmte, eigenständige Handeln.«

Damit kein Missverständnis entsteht: Feedback und Wertschätzung sind unverzichtbar, im gesamten Leben, und ganz besonders in allen Bildungsprozessen. Beides gewinnt aber erst seinen wahren Wert, wenn echte Menschen ein ernst gemeintes Lob aussprechen oder freundlich Kritik üben. Das können auch Lehrer im persönlichen Gespräch leisten, wenn sie in der Klasse nicht nur Fachwissen abfragen. Durch ernst gemeintes Feedback entsteht ein sozialer Kontext, der von Selbstreflexion und Empathie geprägt sein kann.

Zu einer ähnlichen Einschätzung kommt auch Hreha, der überraschend am Ende seines Textes schreibt: »Lasst uns nicht die große Kompetenz guter Lehrer vergessen! Sie arbeiten ohne technische Hilfsmittel und bieten ihren Schülern die Gelegenheit, in einem sozial engagierten Umfeld zu lernen, natürlich auch mit einem unmittelbaren Feedback.« Es sei einfach, von eindrucksvollen technischen Lösungen zu träumen. Allerdings würden »begeisterte und erfahrene Menschen« viel besser in der Lage sein, solche Aufgaben zu übernehmen. »Auf der Suche nach besseren Bildungstechnologien«, so Hreha, »kann es sein, dass ›no technology‹ die beste Lösung darstellt.«

**Stichwort »Motivation«:** Daniel Bialecki geht davon aus, dass Kinder mit einer »ausgeprägten Anfangsmotivation« an Laptops und Tablets herangehen, weil diese Geräte eine »enorme Faszination« ausüben. »Koppeln gute Online-Lernprodukte dies mit Interaktivität und Belohnungssystemen wie Levels oder Bestenlisten«, so Bialecki, »werden Kinder angespornt, weiter zu lernen und haben Spaß bei dem, was sie tun.«

Bei diesen Fragen stehen unsere »kognitiven Triebfedern« zum Lernen im Mittelpunkt. Wir wollen aber erst einen Blick in die Geschichte der Motivationsforschung werfen (6). Sie hilft uns, besser einzuschätzen, ob »Belohnungssysteme wie Levels oder Bestenlisten« geeignete Instrumente sind, um Schüler zu Leistungen zu motivieren.

Schon der Kirchenvater Augustinus forderte in der Spätantike (4./5. Jahrhundert): »Nur wer selbst brennt, kann Feuer in anderen entfachen.« Begeisterungsfähigkeit als Tugend! Diese Idee ist immer noch aktuell, wie uns bereits Jason Hreha klargemacht hat. Brennt ein Lehrer für sein Fach, kommt es nicht mehr auf technologische Krücken an. Seine Begeisterung kann Schüler anstecken – und sie wandern leichten Herzens über pädagogische Brücken, um die Welt in ihrer Vielfalt zu entdecken. Motivation durch Vorbild, ohne jeglichen digitalen Schnickschnack.

Wie erreichen aber Lehrer die Herzen der Kinder? Mit ähnlichen Fragen beschäftigte sich Elton Mayo, dessen Arbeiten Klassiker der Motivationsforschung geworden sind: Er wollte Anfang der 1930er-Jahre herausfinden, wie sich die Beleuchtung auf die Produktivität von Mitarbeitern auswirkt, und zwar in den Hawthorne-Werken der Western Electric Company/USA. Das erstaunliche Resultat: In allen Räumen der Fabrik wurde mehr produziert, egal wie die Arbeitsplätze ausgeleuchtet waren. Mayo erklärte dieses Phänomen, indem er die sozialen Aspekte der Studie betonte: Die Mitarbeiter wurden befragt, es entstand eine positive Gruppenidentität. Nach den Interviews kamen sie besser mit ihren Kollegen klar, sie hatten sich einfach viele Sorgen vom Herzen geredet. Da spielte die richtige Beleuchtung keine Rolle mehr.

**Erster Zwischenbefund: Eine positive Atmosphäre im Klassenzimmer ist viel wichtiger als jede Technik.**

Wer ein verständnisvolles Umfeld zum Lernen schafft, demotiviert keine Schüler. Sie wollen auch ohne digitales Spielzeug die Welt erkunden, das gehört zu ihrem entwicklungspsychologischen Programm. Kinder sind von Natur aus wissbegierig, sie starten ins Leben mit einer hohen Motivation, ihre Umwelt und sich selbst zu erforschen. Diesen natürlichen Drang gilt es zu pflegen und zu fördern.

Ein weiterer Meilenstein der Motivationsforschung: 1960 formulierte Douglas McGregor seine X-Y-Theorie. Die X-Theorie beschreibt Verhältnisse, die wir in einem traditionell-hierarchischen Unternehmen antreffen. Ihre Annahme lautet: Der Mensch ist von Natur aus faul und lässt sich nur von außen motivieren, etwa durch Sanktionen oder Belohnungen (extrinsische Motivation). Wer kennt das nicht aus der eigenen Schulzeit? So einen Spruch haben schon viele Schüler gehört: »Wer den Karren jetzt nicht aus dem Dreck zieht, der wird überrollt« – unlogisch, aber angsteinflößend, oder?

Dieses Menschenbild lehnt McGregor ab, er stellt ihm seine Y-Theorie gegenüber: Der Mensch setzt sich gerne eigene Ziele, die er freiwillig verfolgt. Eine sinnvolle Arbeit ist die Grundlage für Zufriedenheit; Kreativität und ein Bewusstsein für Verantwortung begleiten sein Handeln. Diese Haltung definiert Prof. Udo Rudolph (TU Chemnitz) als »intrinsische Motivation« (7): »Ein intrinsisch motiviertes Verhalten [wird] um seiner selbst willen ausgeführt; die Ausführung des Verhaltens wird also als angenehm oder positiv erlebt.« Solche hellen Momente gibt es auch, wenn etwa ein engagierter Deutschlehrer ein Zeitungsprojekt anstößt – und so bei Schülern die Freude am Journalismus weckt.

**Zweiter Zwischenbefund: Belohnungssysteme wie Levels oder Bestenlisten treten an die Seite der ständigen Feedbackschleifen, deren Fragwürdigkeit wir bereits diskutiert haben.**

Ihre negativen Effekte werden durch solche äußerlichen Anreizsysteme verstärkt, weil sie der X-Theorie von McGregor folgen. Dieses Bild vom faulen Menschen ist eine Konsequenz aus den Forschungen des Behaviorismus, wie Rudolph schreibt:

»Bei den behavioristischen Ansätzen zur Motivation haben wir gesehen, dass die Anwesenheit eines äußeren Anreizes (…) die Auftretenshäufigkeit eines Verhaltens erhöht. Dieses Verstärkungsprinzip kann auch als extrinsische Motivation bezeichnet werden, weil die Verstärkung des Verhaltens entweder ›von außen‹ kommt oder einen Stimulus darstellt, den der Lerner sich selber gönnt, wenn er beschließt, sich selbst für ein Verhalten zu verstärken.«

Das bedeutet: Belohnungssysteme wie Levels oder Bestenlisten beruhen auf einer Theorie, die ein negatives Menschenbild voraussetzt. Seit McGregor sollte diese X-Theorie eigentlich überholt sein ... Warum greift dann modernes E-Learning auf solche Mechanismen zurück?

Diese Frage wird noch wichtiger, wenn wir die Konsequenzen aus der X- und der Y-Theorie vergleichen: Laut X-Theorie müssen in der Wirtschaft Führungskräfte alle Schritte des Arbeitsprozesses genau vorgeben, sie erreichen ihre Ziele nur durch Druck und Sanktionen. Ganz anders sieht das die Y-Theorie: Bei einem kooperativen Führungsstil sind Mitarbeiter besser in der Lage, ihre beruflichen Potenziale zu nutzen. Das Unternehmen kann leichter seine Ziele umsetzen, wenn Mitarbeiter wirklich ihre Persönlichkeit entfalten. Dann übernehmen sie auch gerne Verantwortung – und entwickeln Eigeninitiative.

### Dritter Zwischenbefund: Was für Unternehmen gilt, hat auch eine große Bedeutung für die Schule.

Wenn sich die X-Theorie überlebt hat, sollten wir die Y-Theorie auch im Klassenzimmer anwenden. Dann entfalten Schüler Eigeninitiative, weil sie aus intrinsischer Motivation handeln – und nicht ein unerbittliches Ranking in der Klasse stattfindet. Nach dem fatalen Motto des Rennfahrers Dale Earnhardt, den wir schon zitierten: »Second place is just the first place loser«, der Zweite ist immer der erste Verlierer.

Mayo forschte vor 87 Jahren, die Erkenntnisse von McGregor sind 57 Jahre alt! Und: In letzter Zeit ist eine gewaltige Menge an Literatur entstanden, die sich mit Lernprozessen beschäftigt – auf der Grundlage intrinsischer Motivation. Erstaunlich, dass E-Learning-Anbieter bei diesem Forschungsstand damit werben, Schüler nach ihrer Leistung zu »ranken«. Mit dieser Methode setzen sie voll auf die extrinsische Motivation!

Was kann daran verkehrt sein? Es ist wieder eine Frage von Maß und Ziel: Wir alle handeln im Alltag aus sehr unterschiedlichen Motiven, die Rudolph in einem »Kontinuum« verortet:

»Es scheint naheliegend, intrinsische und extrinsische Motivation als ein Kontinuum anzusehen, dessen Endpunkte als entweder ausschließlich intrinsisch oder ausschließlich extrinsisch bezeichnet werden könnten. Diese Auffassung ist aber unzutreffend, denn extrinsische und intrinsische Motivation schließen sich nicht gegenseitig aus: So ist es möglich, dass ein Verhalten

- ausschließlich extrinsisch motiviert oder
- ausschließlich intrinsisch motiviert oder
- sowohl extrinsisch wie intrinsisch motiviert ist.«

Angesichts dieser Gemengelage aus Motiven hat sich die Wissenschaft die Frage gestellt, welche Form der Motivation bessere Lernergebnisse bewirkt. Rudolph führt dazu die Forschungen zweier Wissenschaftler an: Prof. Adele Eskeles Gottfried (California State University Northridge) und Prof. Albert Bandura (unter anderem Stanford University).

Gottfried fand heraus, dass intrinsisch motivierte Schüler besser lernen. Ihre Form der Motivation löste ein Verhalten aus, das im Lernprozess besonders nützlich ist: Die Kinder beachteten Anweisungen sorgfältig, sie wiederholten neue Informationen und übten neues Wissen in verschiedenen Situationen ein. Rudolph stellt fest, »dass es nicht die intrinsische Motivation an sich ist, die das Lernen fördert, sondern damit einhergehende Verhaltensweisen«.

Bandura entwickelte in den 1970er-Jahren das Konzept der »Selbstwirksamkeit«. Seine Erkenntnis: Lernerfolg und intrinsische Motivation stehen in einer Wechselwirkung, es handelt sich um keine Einbahnstraße. Wer Lernfortschritte als Erfolg erlebt, hat höhere »Erfolgserwartungen« (Rudolph) an die Zukunft – und vor allem erwartet er von sich die Fähigkeit, Ereignisse in der Umwelt durch eigenes Handeln zu kontrollieren. Das nennt Bandura »Selbstwirksamkeit«. Rudolph: »Eine hohe wahrgenommene

==Selbstwirksamkeit ( … ) wird wiederum die intrinsische Motivation des Lernenden stärken,== da die Person ja die Ursachen des eigenen Handelns und der resultierenden Handlungsergebnisse in höherem Maße auf sich selbst zurückführt.«

**Vierter Zwischenbefund: Die Psychologie macht einen klaren Unterschied zwischen extrinsischer und intrinsischer Motivation. Wer intrinsisch motiviert lernt, kommt zu besseren Ergebnissen. Die Belohnungssysteme des E-Learnings können die intrinsische Motivation zerstören.**

Die »Belohnungssysteme« des E-Learings sind viel weniger fruchtbar als die intrinsische Motivation, wenn es um den Lernprozess der Schüler geht. Sie sind aber nicht nur weniger fruchtbar! Sie können sogar die intrinsische Motivation zerstören, wie weitere Experimente von Psychologen ans Tageslicht gebracht haben. »Eine Vielzahl von Studien [deutet darauf hin], dass eine bereits vorhandene hohe intrinsische Motivation durch externe Belohnungen (also durch eine Stärkung der extrinsischen Motivation) abgeschwächt oder gar ganz zum Verschwinden gebracht wird«, schreibt Rudolph.

Ein vernichtender Befund für die Rankingsucht unserer Zeit, besonders wenn sie sich an Schulen austobt, um Kinder in Bestenlisten zu erfassen. Nur weil dafür ein Algorithmus leicht zu schreiben ist … Wie solche Systeme in ein paar Jahren arbeiten könnten, zeigt Dave Eggers in seinem Roman *Der Circle* (8):

> »›Okay‹, sagte Jackie und drehte sich zu dem Big Board um. ›Holen wir Jennifer Batsuuri von der Achievement Academy auf den Bildschirm.‹ Der Name erschien zusammen mit einem Schulfoto von Jennifer. ( …) Neben ihrem Foto rotierten zwei numerische Zähler. Die Zahlen stiegen an, bis sie langsamer wurden und stoppten, die obere bei 1 396, die untere bei 179 827. ›Da schau her. Glückwunsch, Jennifer!‹, sagte Jackie

mit Blick auf den Bildschirm. Sie drehte sich zu Mae um. ›Da haben wir eine Spitzenschülerin der Achievement Academy. Sie liegt auf Platz 1 396 von 179 827 Highschoolschülern in Iowa.‹«

Bleibt zu klären, warum Belohnungen von außen die intrinsische Motivation untergraben.

Mark R. Lepper, David Green und Richard E. Nisbett führten Anfang der 1970er-Jahre ein Feldexperiment durch, um diese Frage zu beantworten (9). Sie schufen folgende Situation: 51 Kinder zwischen drei und fünf Jahren zeigten eine ausgeprägt intrinsische Motivation, wenn sie mit Malen beschäftigt waren. Die Wissenschaftler teilten die Kinder in drei Gruppen ein:

> Gruppe 1 wurde eine Belohnung angekündigt, wenn sie wieder malen würde.
> Gruppe 2 erhielt zwar eine Belohnung, sie wurde aber den Kindern vorher nicht angekündigt.
> Gruppe 3 (Kontrollgruppe) wurde weder eine Belohnung in Aussicht gestellt noch eine Belohnung angekündigt.

Ein paar Tage nach dieser Intervention ließen Lepper und seine Kollegen die Kinder wieder malen, boten ihnen aber auch spielerische Alternativen an. Dabei ermittelten sie die Wahrscheinlichkeit, mit der die Kinder erneut zu den Malsachen griffen. Das Resultat: Die Gruppe 3 zeigte weiter eine intrinsische Motivation zum Malen, ganz ohne Belohnung. Gruppe 2 verhielt sich genauso, denn sie wusste vorher nichts von einer Belohnung. Aber in der belohnten Gruppe 1 ging das Interesse am Malen signifikant zurück. »Dieser Effekt wird auch als ›korrumpierende Wirkung extrinsischer Motivation‹ bezeichnet«, erklärt Rudolph dieses Phänomen.

Die Stärke des Korruptionseffekts hängt davon ab, wie Menschen eine Belohnung wahrnehmen. Es gibt zwei Möglichkeiten, die Prof. Edward L. Deci beschrieben hat:

➤ **Information:** Wir betrachten die Belohnung als Bestätigung der eigenen Aktivität, das heißt, wir werden in unserer Autonomie und Kompetenz gestärkt. Dann kann die intrinsische Motivation zunehmen.

➤ **Kontrolle:** Erleben wir unser Verhalten aber als kontrolliert und abhängig von einer Belohnung, dann sinkt die intrinsische Motivation deutlich.

Rudolph schreibt vor diesem Hintergrund über das Experiment mit den malenden Kindern: »Bei den Kindern, denen eine Belohnung angekündigt wurde, ist es viel wahrscheinlicher, dass diese zu dem Schluss gelangen, sie hätten die Handlung um der Belohnung willen durchgeführt.« Die Belohnung hätte ihre Handlungsweise kontrolliert – und ihre intrinsische Motivation ging daher in den Keller.

**Stichwort »mobiles Lernen«:** Wir sehen noch einen weiteren Weg, um Kindern jede Freude am Lernen zu verderben – das gut gemeinte Dauerbombardement mit Bildung, egal ob Schulzeit oder Ferien. Unter der Überschrift »Mobiles Lernen« schreibt Bialecki: »Stehen ein Internetzugang sowie ein entsprechendes Endgerät zur Verfügung, können Kinder überall und zu jeder Zeit lernen. Verregnete Urlaube oder Wartezeiten an Flughäfen lassen sich so sinnvoll nutzen.«

Überall und jederzeit – so sieht »mobiles Lernen« aus, das auch der Apple Service Provider GRAVIS in seinem Blog propagiert (10). Da ist die Headline zu lesen: »Mit Spaß in den Urlaub – iPad-Apps für Kinder«. Dazu zählt unter anderem für die Vier- bis Elfjährigen die LÜK Lern-App: Mit ihr sollen die Kinder »selbstständig lernen und am Ende selbst kontrollieren, ob sie Fehler gemacht haben«. Eltern haben die Möglichkeit, passend zum Alter verschiedene Aufgabenpakete zu erwerben.

Kleiner Nebenaspekt: GRAVIS gibt einen wichtigen Tipp, völlig selbstlos, nur auf das Wohl der Kinder bedacht. Eltern sollten für die Urlaubsfahrt mit dem Auto »Vollversionen ohne Werbeeinblendungen« kaufen, »da ja meist kein Erwachsener auf der Rückbank sitzt, um Klicks auf Werbebanner zu verhindern«. So lässt sich das Geschäft mit Apps auch ankurbeln ... (Kapitel 2, Im Kreuzfeuer der Werbung). Auf Kosten der Kinder, die das Hamsterrad der Bildung auch im Urlaub nicht verlassen. Sie müssen immer weiterrennen, die obligatorischen Nachhilfestunden gehören schon zum Ferienprogramm. Vielleicht noch eine Kinder-Uni? Oder ein Intensivkurs in japanischer Buchhaltung?

Dabei laufen wir Gefahr, unsere Kinder dauerhaft zu überlasten, weil sie keine lernfreien Räume mehr kennen. Genauer: Räume ohne formalisierte Lernprozesse, die nur überprüfbares Wissen vermitteln wollen. Denn Kinder lernen ja wirklich überall und jederzeit: Wenn sie durch einen Wald rennen, Kaulquappen im Teich fangen oder dem Rauschen der Meereswellen lauschen. Alles eine Frage der Balance: Wenn Kinder im Schuljahr gute Leistungen erreichen sollen, ist es für sie besser, die Ferien ohne Lern-Apps zu verbringen. Dann tanken Kinder wieder auf – und ihre intrinsische Motivation geht nicht so schnell verloren.

## OECD-Studie: »Keine nennenswerten Verbesserungen«

Als unser Buch 2015 in der ersten Auflage erschien, veröffentlichte die OECD einen Bericht, der eigentlich eine Brücke schlagen sollte zwischen Computern und dem Lernen von Schülern. Jedenfalls klingt diese Idee im englischen Titel an: »Students, Computers and Learning: Making the Connection«. Was kam aber heraus? »Die Ergebnisse zeigen keine nennenswerten Verbesserungen in der Schülerleistung in Lesen, Mathematik oder Naturwissenschaften in den Ländern, die stark in IKT (Informations- und Kommunikationstechnologie) für Bildung investiert hatten«, schreibt Andreas Schleicher in seinem Vorwort (11). Und eine australische Zeitung zitiert ihn mit den Worten: »Wir müssen es als Realität betrachten, dass Technologie in unseren Schulen mehr schadet als nützt.«

## E-Learning zerstört Motivation und fördert Hyperaktivität

Fazit: Mit verführerischen Parolen werben die Anbieter von E-Learning. Schnelles Feedback fördere den Lernprozess, »Belohnungssysteme« motivierten Kinder, sich durch Lernprogramme zu klicken. Unsere Diskussion macht aber deutlich: Hinter diese Argumente sind große Fragezeichen zu setzen. Psychologen haben die Rattenlogik des Behaviorismus hinter sich gelassen; die Motivationsforschung beweist seit vielen Jahrzehnten, dass intrinsische Motivation eine wertvolle Triebfeder zum Lernen ist – und dieser kognitive Mechanismus zum Stillstand kommt, wenn Kinder zu viele Belohnungen erhalten. Daran zeigt sich die korrumpierende Wirkung extrinsischer Motivation. Und E-Learning versucht, mit Bestenlisten genau diese schädliche Form der Motivation anzukurbeln. Ein großer Irrtum, den Wissenschaftler schon häufig nachgewiesen haben.

Stichwort »mobiles Lernen«. Diese Form der Bildung steht für einen Weg, der zu immer mehr Hyperaktivität bei Kindern führt. Was für ein Bildungswahn! Ferien sind dazu da, das Gehirn zu lüften. Kinder müssen verdauen, was sie im Schuljahr an Lernstoff aufgenommen haben. Lassen wir sie doch einfach in Ruhe! Lassen wir sie toben, spielen und die Welt entdecken. Ohne ökonomischen Optimierungszwang. Ohne »sinnvoll genutzte Zeit«! Denn Urlaub ist sinnvoll, wenn die Zeit ohne Nutzen bleibt.

Zwar lautet ein Sprichwort aus Großbritannien »Ein müßig Gehirn ist des Teufels Werkstätte«. Aber wir halten es mehr mit dem dänischen Philosophen Søren Kierkegaard, der festgestellt hat: »Müßiggang ist nichts Übles, ja man muss sagen: Ein Mensch, der für diesen keinen Sinn hat, zeigt damit, dass er sich nicht zur Humanität erhoben hat.«

Humanität fehlt in einem Bildungssystem, das immer mehr nach ökonomischen Regeln funktioniert, getrieben von einem überzogenen Effizienz-Begriff. Denn: Lernen im Urlaub ist supereffizient, so wird keinerlei Zeit verschwendet. Der Chinese steht ja bekanntlich vor den Toren Europas! Wir behaupten dagegen voller Defätismus: Kinder brauchen im Urlaub Erholung und keine Lern-Apps – soll doch GRAVIS weniger Geld verdienen.

## Was das Gehirn sagt

### Thema: Motivation

Der Normalfall sieht für mich so aus: Auf das limbische System wird aus zwei Richtungen eingewirkt. Zum einen wird es beeinflusst vom Erfahrungsschatz aus dem Gedächtnisspeicher des Großhirns, zum anderen durch aktuelle Lerninhalte, die aus den Sinnessystemen kommen. Das limbische System hat die Aufgabe, diese Informationen aus den beiden Eingangskanälen zu vergleichen und geeignete auszuwählen. Auf diese Weise wird der »Neuheitswert« eines Lerninhaltes bestimmt – und die neue Botschaft wandert über einen Regelkreislauf ins Großhirn, wodurch meine kognitiven Fähigkeiten zunehmen (siehe dazu einschlägige Lehrbücher der Neurowissenschaft).

Das geht aber schief, wenn digitale Medien ins Spiel kommen. Ein digitaler Sinnesreiz schleicht sich auf verkürztem Weg direkt ins Limbische System ein – und trickst den so wichtigen zweiten Eingangskanal aus, den Gedächtnisspeicher des Großhirns. Er ist für die Korrektur des inneren Antriebs (Motivation) zuständig, um ihn nicht übers Ziel schießen zu lassen. Ohne diese sinnvolle Kontrolle gerät mein »limbisches Belohnungssystem« außer Rand und Band, im schlimmsten Fall entsteht Suchtverhalten. Und: Meine neuronale Verarbeitung von Lerninhalten verkürzt sich, eine solide Langzeitspeicherung wird unmöglich.

# 7. Anfassen statt angucken

## Warum Schüler am Bildschirm keine realen Lernerfahrungen machen

Kommt Bildung wirklich von »Bild«-schirm? Im letzten Kapitel haben wir erhebliche Zweifel an dieser flapsigen Herleitung entwickelt. Denn wir konnten zeigen, dass überzogene Feedbackschleifen nur »gut gemeint« sind – jedoch das Gegenteil von »gut« darstellen. Auch die Motivation zum Lernen hängt nicht von Bestenlisten oder bunten Animationen ab. Entscheidend ist die intrinsische Motivation, die unsere Schulen nicht frühzeitig zu Grabe tragen dürfen. Außerdem haben wir erörtert, welche Grenzen einer behavioristischen Lerntheorie gesetzt sind, wenn sie lediglich als Drill-and-practice-Programm zum Einsatz kommt, etwa beim E-Learning von Vokabeln.

Jetzt geht es mit der Diskussion um das »richtige Lernen« weiter: Wir werden uns wieder mit Argumenten auseinandersetzen, die Daniel Bialecki für das E-Learning ins Felde führt (1). Die Stichworte sind: »individueller Lernfortschritt«, »Multimedialität« und »gemeinsames Lernen«.

### Besser lernen durch individualisierte Lernsoftware?

**Stichwort »Individueller Lernfortschritt«:** »Kinder lernen unterschiedlich schnell ( ... ). Gute Lernsysteme, die über das Internet genutzt werden, reagieren auf diese unterschiedlichen Voraussetzungen flexibel und direkt«, schreibt Bialecki. »Unterschiedliche Levels, Wiederholungen oder das selbstständige Organisieren der Lerneinheiten ermöglichen das individuelle Lernen.«

Individuelles Lernen? Was das auf der Ebene der Daten bedeutet, schildern Jörg Dräger und Ralph Müller-Eiselt, die das Geschäftsmodell von Jose Ferreira beschreiben (Firma Knewton): »Mithilfe von Big Data will er über jeden so viel wie möglich erfahren, um mit diesem Wissen und einer sich anpassenden Lernsoftware den Unterricht zu personalisieren.« (2)

Sein Argument: Im Gegensatz zu Lehrern in großen Klassen ist die Software Knewton in der Lage, »jedes Detail zu jedem Schüler« zu speichern. Konkret heißt das:

> »Knewton durchleuchtet jeden, der das Lernprogramm nutzt. Die Software beobachtet und speichert minutiös, was, wie und in welchem Tempo ein Schüler lernt. Jede Reaktion des Nutzers, jeder Mausklick und jeder Tastenanschlag, jede richtige und jede falsche Antwort, jeder Seitenaufruf und jeder Abbruch wird erfasst.«

Genau dieser Rückkanal ist die Achillesferse automatisierter Lernsysteme, die biometrische Messungen an Schülern ergänzen können. Das Ergebnis sind minutiöse Lernprotokolle, die sich versilbern lassen. Dräger und Müller-Eiselt nennen Ferreiras Geschäftsmodell »individuelle Bildung für alle im Tausch gegen Daten von jedem«. Und: Venture-Kapitalisten hätten bereits mehr als 150 Millionen Dollar in die Firma Knewton investiert.

Prof. Ralf Lankau schreibt zum Thema Individualisierung: »Algorithmen und Software haben keinerlei Vorstellung von Individualität oder Persönlichkeit.« Die Wahrheit sei, »dass die nächsten Aufgaben und Übungen aus einem vorgegebenen Pool nach den bisherigen Lernleistungen und anhand von Mustererkennung, Statistik und Wahrscheinlichkeitsrechnung ausgewählt werden« (3).

Die Konsequenzen laut Lankau:

> **Audiovisuelle Medien:** Inhalte werden in digitale Module zerlegt, wodurch sie durch IT besser zu steuern sind. Audiovisuelle Medien treten in den Vordergrund, obwohl schon Konfuzius wusste: »Ich sehe und vergesse. Ich höre und erinnere. Ich tue und verstehe.«

> **Standardisierung:** Lernprozesse werden vereinheitlicht, damit sie leichter zu prüfen sind. Alles wird protokolliert, neben den Lernergebnissen auch Daten zum Verhalten: »Stressresistenz, Aufmerksamkeitsspannen, Fehlerquotienten«, nennt Lankau.

> **Lernbegleiter:** Der »personenzentrierte Unterricht« wird auf »maschinenzentrierte Lern- und Prüfformen« umgestellt. »Lehrer werden (wahlweise) zum Lernbegleiter, Internetmentor oder Video-Tutor degradiert«, so Lankau.

> **Technisches Personal:** Lehrer werden weniger gebraucht, dafür aber Techniker wie Administratoren oder Programmierer. Sie halten die Rechner in Schuss, die an die Stelle der Lehrer treten.

Diese Form technischer Individualisierung soll auch dazu beitragen, die Selbstverantwortung der Schüler zu stärken. Gewiss …, sie ist ein hohes Gut in unserer Gesellschaft. Doch die Dominanz neoliberaler Ideen hat in den vergangenen Jahrzehnten dazu geführt, dass jede Form des Scheiterns zum persönlichen Versagen erklärt wurde. Damit ließ sich eine schleichende Entsolidarisierung der Gesellschaft ideologisch verbrämen. Es entstand eine zunehmend ungleiche Verteilung von Einkommen und Vermögen – stilisiert zum Ausdruck von »Leistungsgerechtigkeit«. Diese Ideologie dringt jetzt auch in den Bildungsbereich ein. Jeder Schüler schmiedet sein eigenes Glück, »individuell« betreut durch Lernprogramme wie Knewton.

Wir kommen aber zu der Einschätzung: »Individualisierung« ist nur die bunte Verpackung von »Atomisierung«, also der Auflösung sozialer Beziehungen, wie sie eigentlich positiv in Klassengemeinschaften gelebt werden sollten.

## Multimedia kontra Konzentrationsfähigkeit

**Stichwort »Multimedialität«:** Laut Bialecki würden Onlineangebote einen »großen Reiz für Kinder« darstellen: »Finden Kinder etwas spannend und zeigen Interesse, lernen sie gern, und das Wissen verankert sich nachhaltig im Gedächtnis.« Zugleich würden »durch das Nebeneinander von Text, Bild, Film, Ton und interaktiven Elementen mehrere Sinne gleichzeitig angesprochen, was den Lernerfolg zusätzlich pusht«.

Dann stellt er eine Frage, auf die ein Leser nur mit »Ja!« antworten kann:

> »Durch Multimedialität und Interaktivität wird trockener Schulstoff lebendig, anschaulich, greifbar – denn wer versteht schon die DNA, wenn sie im Schulbuch beschrieben ist? Wäre es nicht viel schöner, erst ein anschauliches Video zu sehen und im Anschluss die Erklärung noch einmal schriftlich zu lesen?«

Wer die Schweizer Psychologin Dr. Brunsting zu diesem Thema befragt, stößt auf eine völlig andere Sicht der Dinge. Sie befürchtet eine »Überreizung des Gehirns«, wenn auf zu vielen Kanälen Signale auf die Schüler einströmen: »Es prasselt so viel auf das Gehirn ein, dass es sich teilweise >abmeldet<, um der Flut zu entgehen.« Da sei eine »Mediendiät« gefragt, »Ruhe, Konzentration und Achtsamkeit« wären eigentlich nötig – statt eines multimedialen Feuerwerks.

Lankau kommt zu einer ähnlichen Einschätzung und findet für das Phänomen drastische Worte: »Diese Form von Edutainment ist ein großer Ablenkungsmechanismus. Die Kinder werden medial eingespeichelt, was zu Lasten von Konzentration und Aufmerksamkeit geht.« Es stelle sich für Menschen immer die Frage, worauf sie ihre Aufmerksamkeit richten. »Davon geht bei bunten, vertonten

Bildern sehr viel verloren, etwa 75 Prozent«, so der Medienexperte. Denn: Unsere Aufmerksamkeit lässt sich nicht aufsplitten, wie es die Idee des Multitaskings suggeriert.

Am Ende wüssten die Kinder vielleicht, dass ein 3-D-Hai durchs Klassenzimmer geschwommen ist. »Aber vom eigentlichen Thema des Biologieunterrichts haben sie nichts mitbekommen«, argumentiert Lankau. Er warnt vor einem falschen Spaß-Begriff beim Lernen, wenn es mit locker-flockigem Edutainment verwechselt wird: »Warum trauen wir uns nicht zu sagen: Lernen ist anstrengend?« Freude stelle sich von selbst ein, wenn Kinder sagen: »Ich kann das jetzt! Ich kann das auch alleine machen!« Der Medienexperte ist überzeugt: Wir sollten Schülern vermitteln, dass es eine große Freude ist, zum Beispiel eine mathematische Gleichung zu lösen. Das bringt wahren Spaß beim Lernen – und nicht ein hübsch animierter Haifisch!

## Wir schlittern in die selbst gewählte Unselbstständigkeit

Ein weiterer Punkt: »Wenn wir älter werden, schaffen wir den Transfer vom Text in eigene Vorstellungswelten«, so Lankau, »und wenn wir dazu nicht mehr in der Lage sind, werden wir abhängig wie im Mittelalter.« Da habe der Pfarrer den Menschen erklärt, welche Heiligen sie auf einem Bild sehen – und welche Bedeutung die Darstellung hat. »Das konnten die Menschen nicht kontrollieren, sie mussten der Autorität vertrauen«, sagt der Medienexperte. Rufen wir heute Prediger aus dem Internet auf die Kanzel, um vermeintliche Wahrheiten verkünden zu lassen? Hat Google immer recht?

»Wir treten damit in ein Zeitalter der selbst gewählten Unselbstständigkeit ein – gewissermaßen einer das ganze Leben lang dauernden Kindheit«, schreibt Max Celko in seinem Essay »Hyperlocality: Die Neuschöpfung der Wirklichkeit« (4). Sein Thema ist das global vernetzte »Internet der Dinge«. Celko warnt vor den Konsequenzen, wenn komplexe Systeme unseren Alltag beherrschen werden, die automatisiert in unser Leben eingreifen.

»Selbst gewählte Unselbstständigkeit« – diese Formulierung erinnert natürlich an Immanuel Kant (1724–1804), der 1784 einen berühmten Text geschrieben hat. Titel: »Beantwortung der Frage: Was ist Aufklärung?«. Da heißt es ganz deutlich (5):»Faulheit und Feigheit sind die Ursachen, warum ein so großer Theil der Menschen [ … ] gerne Zeitlebens unmündig bleiben; und warum es Anderen so leicht wird, sich zu deren Vormündern aufzuwerfen. Es ist so bequem, unmündig zu seyn. Habe ich ein Buch, das für mich Verstand hat, einen Seelsorger, der für mich Gewissen hat, einen Arzt, der für mich die Diät beurteilt, u.s.w., so brauche ich mich ja nicht selbst zu bemühen.«

Heute könnte Kant bei seiner Aufzählung noch Lernvideos ergänzen … Daher fordert der Königsberger Philosoph: »Sapere aude!« – »Wage zu denken!«

Seine Schlussfolgerung: »>Habe Mut, dich deines eigenen Verstandes zu bedienen!< ist also der Wahlspruch der Aufklärung.« Deshalb muss es das höchste Ziel aller Pädagogik sein, junge Menschen zum Nachdenken über die Welt zu erziehen – und sie allmählich zu befähigen, auch das eigene Verhalten kritisch zu hinterfragen. Ohne spaßiges Edutainment.

## Digitale Medien und intrinsische Motivation

Doch didaktische Pyrotechnik ist viel interessanter für Pädagogen: »Digitale Medien versprechen und verschaffen meist einen Sofortgewinn; sie sind cool, funny und spannend. Schnell stellt sich Erfolg ein«, sagt Brunsting. Ihr Einwand: Richtiges Lernen verschaffe nie einen Sofortgewinn; manchmal gehe es schneller, manchmal langsamer. Es sei aber immer mit einer gewissen Anstrengung verbunden. »Die spüren Sie allerdings nicht, wenn Sie sehr motiviert sind«, so die Psychologin. Damit spielt sie auf die Kraft intrinsischer Motivation an, wie wir sie in Kapitel 6 (Lernen verlernen) beschrieben haben.

Genau auf diese Erfahrung kommt es an – und nicht auf eine kurzfristige Lustmaximierung per Video! Das lässt sich auch bei dem Erziehungswissenschaftler Prof. Herbert Gudjons nachlesen (6): »Eine besondere Note bekommt das Prinzip der Selbststeuerung dadurch, dass nicht nur Elemente wie Spaß am Lernen, also das Lustprinzip, betont werden.« Viel entscheidender sei ein Begriff der neueren Lernpsychologie: die Volition. Damit meint Gudjons die willentliche Ebene unseres Handelns: »Effektives eigenes Lernen ist gebunden an willentliche Kontrollprozesse in der Motivation.«

Welche Rolle spielen diese Kontrollprozesse? Das erläutert Gudjons an ein paar Beispielen: Ziel der Anstrengung ist es, die Aufmerksamkeit längere Zeit auf einen Lerngegenstand zu richten. Dazu ist alles auszublenden, was den Erfolg des Lernens infrage stellt. Auch Emotionen sollte ein Schüler im Griff haben; Niederlagen dürfen nicht zu viel Ärger auslösen, stattdessen sind neue Wege zu suchen. Dabei ist es notwendig, Misserfolge einfach auszuhalten. Schließlich sollte ein Schüler die unmittelbare Lernumgebung gestalten und kontrollieren, etwa durch den Verzicht auf WhatsApp-Nachrichten.

Wenn diese Aspekte der Volition erfüllt sind, erwartet Gudjons ein gutes Lernergebnis: »Der Lohn einer solchen Einbindung der Selbststeuerung in Verantwortlichkeit und Verbindlichkeit ist auf die Dauer eine Steigerung der Könnenserfahrung und damit des grundlegenden Gefühls der Selbstwirksamkeit.« Die »Könnenserfahrung« der Schüler und Schülerinnen wachse mit ihrer methodischen Kompetenz.

Das bedeutet: Wer dicke Bretter bohren kann, ist beim Lernen erfolgreich! Wer sich durch einen komplizierten Stoff durchbeißt, erlebt Selbstwirksamkeit. Darunter versteht die Psychologie, dass Menschen davon überzeugt sind, etwas lernen oder eine bestimmte Aufgabe ausführen zu können. Selbstwirksamkeit ist auch Teil der intrinsischen Motivation (Kapitel 6, Lernen verlernen).

Kein Wunder, dass dieser Begriff Brunsting wichtig ist: »Selbstwirksamkeit ist für eine gesunde psychische Entwicklung ganz entscheidend. Wer keine oder zu wenig Selbstwirksamkeit erlebt, wird früher oder später depressiv.« Diese seelische Fähigkeit verkümmert aber, wenn Schüler zu viel Zeit am Bildschirm verbringen. Davon ist die Schweizer Psychologin überzeugt.

Denn: »In dieser Zeit lassen sich junge Menschen vom Bildschirm steuern. In den vielen Stunden haben sie keine Gelegenheit, sich selbst zu steuern.« Mancher Schüler schaffe es nicht, den Bildschirm auszuschalten, »was ein großer Schritt zur Selbstregulation wäre«, so Brunsting. Ihr Fazit: »Durch so viel Bildschirmsteuerung kommen junge Menschen nicht mehr dazu, sich selbst etwas auszudenken. Sei es, weil die Zeit nicht reicht; sei es, weil das Gehirn keine eigenen, tragenden Ideen mehr hat.« Selbstwirksamkeit, ade!

»Könnenserfahrungen« (Gudjons) sehen ganz anders aus, sie scheinen aber am Computer in keiner Weise »vorprogrammiert« zu sein. Lankau verweist in dieser Diskussion auf die musikalische Ausbildung: »Wenn Kinder ein Instrument lernen, kann ich nicht behaupten: Das macht viel Spaß, morgen wird das Kind ganz toll musizieren.« Das sei einfach eine Frage der Disziplin: »Das Kind muss jeden Tag eine halbe Stunde üben, ob es Lust hat oder nicht.« Alles, was wir in unserer Persönlichkeit verinnerlichen wollen, sei einfach anstrengend, so der Medienexperte. »Ich bin kein Freund der Spaßkultur.«

Prof. Fischer sieht das ganz ähnlich: »Ich wünsche mir, dass Schule den Kindern beibringt, im Leben etwas durchzuziehen.« Sie sollten nicht einfach wegklicken, wenn es schwierig wird. Der Psychologe vergleicht das mit der Arbeit, »in der realen Welt ein Loch zu schaufeln«. Fischer: »Nach 300 Spatenstichen kann sich jeder vorstellen, dass das so noch vier Stunden weitergeht. Genau das müssen wir alle erfahren, denn das Leben ist nicht immer lustig.«

## Nachhaltiges Wissen durch Multimedia?

Greifen wir eine weitere Formulierung Bialeckis auf: Durch Multimedialität verankere sich Wissen »nachhaltig im Gedächtnis«. Wirklich?

Neben den Behaviorismus trat im 20. Jahrhundert der Kognitivismus, dessen Vertreter zu völlig anderen Einsichten in den Lernprozess kamen. Der Begriff »Einsicht« ist dabei wörtlich zu verstehen, denn Kognitivisten versuchen, Einblicke in den »internen, psychomentalen Prozess« (Flindt) zu gewinnen, der bei Lernenden abläuft. Nicole Flindt erklärt das in dieser Weise:

> »Der Lernende wird gerade nicht als rein passives, von äußeren Reizen gesteuertes Wesen angesehen, was ein entscheidender Unterschied zu den Annahmen des Behaviorismus darstellt. Stattdessen stellen kognitive Theorien den lernenden Menschen mit seinen eigenen, individuellen und internen Denk- und Verstehensprozessen in den Vordergrund.«

Aus Laborratten werden Menschen: Auf der einen Seite ist die Qualität der Informationsverarbeitung davon abhängig, wie diese Informationen aufbereitet und angeboten werden. Auf der anderen Seite kommt es darauf an, zu welchen kognitiven Prozessen Lernende in der Lage sind – und wie sie diese Abläufe selbstbestimmt steuern. Das erinnert nicht zufällig an das Vier-Stufen-Modell von Piaget, das wir in Kapitel 4 (Denken lernen) kennengelernt haben: Das Gehirn unterliegt ständig einem Reorganisationsprozess, der alte Denk- und Handlungsmuster korrigiert und neue Erfahrungen integriert. Das zeigen besonders die Erkenntnisse der modernen Gehirnforschung (Gastbeitrag »Zu Risiken und Chancen fragen Sie das Gehirn«).

Vor diesem Hintergrund stellt sich die Frage: Lassen sich multimediale Lerninhalte nachhaltig im Gedächtnis verankern? Wir vermuten: eher nicht! Unsere Argumente finden wir in einer Unterabteilung des Kognitivismus, dem sogenannten handlungstheoretischen Ansatz: Seine Vertreter beschäftigen sich »mit dem Zusammenhang zwischen sinnbezogenen ›äußeren‹ Handlungen und ›inneren‹ psychischen Tätigkeiten«, wie Flindt schreibt. Für sie seien »die inneren geistigen Handlungen verkürzte Spiegelbilder der äußeren Handlungen«. Die Konsequenz: Der Mensch stärkt sein Bewusstsein, indem er sich aktiv mit seiner Umwelt auseinandersetzt.

Was passiert aber, wenn eine animierte Doppelhelix über den Bildschirm schwebt? Lankau holt etwas aus, um diese Frage zu beantworten: »Wenn Sie sich die intellektuelle Entwicklung des Menschen anschauen, stehen am Anfang viele Bilder.« So blättern Kleinkinder einfach in Büchern mit bunten Zeichnungen. Je älter die Kinder werden, desto geringer wird der Anteil bildhafter Darstellungen, die sich in ihren Büchern finden. Etwa ab einem Alter von zehn Jahren sind sie in der Lage, reine Textbücher zu lesen. Das spiegelt den »eigentlichen Prozess der Intellektualisierung« wider, sagt Lankau. »Ich habe dann konkrete Zeichen, Buchstaben und ganze Worte vor Augen.« Die Kinder fangen an, sich völlig neue Welten vorzustellen: »Dieser Transfer von schwarzen Buchstaben in Vorstellungswelten führt zur intellektuellen Freiheit.« Wir entwickelten die Fähigkeit »zu denken, zu imaginieren und zu phantasieren«, so Lankau.

Seine Kritik an der Multimedialität: »Wenn ich alles schon visualisiert vorfinde, muss ich diesen ganzen Transferprozess nicht leisten.« Schüler würden »mit vorgefertigten Bildern abgespeist«, sie erlebten »keinen eigenen Prozess«, der in ihnen selbst abläuft. Lankau: »Wenn ich mir eine Doppel-Helix vorstelle und mich frage: Wie dreht die sich? Dann sind das innere Bilder, das ist eine echte kognitive Leistung.« Wer die Doppelhelix nur als Film kennenlernt, ist im Nachteil: »Dann könnte ich auch einen Werbeclip anschauen, bei dem ich fertig formatierte Bilder erhalte.«

Gut, ein Einwand könnte lauten: Die Doppelhelix ist fürs menschliche Auge unsichtbar, ihre Animation macht sie anschaulich. Das leistet aber genauso eine Abbildung im Schulbuch, die eine sinnvolle Startbahn ist, um mit dem Gehirn zu imaginativen Prozessen »abzuheben«. »Fliegen« muss der Schüler selbst!

Es gibt aber auch E-Learning-Beispiele, die ohne Not junge Menschen aus der realen Welt herausreißen – und damit den Erkenntnissen moderner Lerntheorie widersprechen. Ein Beispiel ist die Methode WebQuest, die Sonja Gerber auf ihrer Website vorstellt (7). Die Diplom-Handelslehrerin erklärt, was WebQuest bedeutet: »abenteuerliche Spurensuche im Internet«. Dabei kommt es immer auf die Umsetzung an, die mehr oder minder gut gelungen sein kann.

## Fallbeispiel: Additive Farbmischung mit WebQuest

Machen wir uns also auf die Spurensuche: Auf dem niedersächsischen Bildungsserver NiBiS stoßen wir auf die »Kooperations- und Lernumgebung« NiLS. Dort finden sich viele WebQuest-Anwendungen, die immer nach einem ähnlichen Schema ablaufen. Greifen wir das Thema additive Farbmischung heraus (8):

**Schritt 1 – Thema:** »Wie mischen sich Lichtfarben?« lautet die Frage in einer PowerPoint-Präsentation, die der Lehrer vorführt. Erst ist verschwommen eine Musikband im bunten Bühnenlicht zu sehen, dann reduziert sich die Darstellung immer weiter, bis am Ende ein roter, ein blauer und ein grüner Lichtkegel übrig sind. Die Lichtstrahlen überschneiden sich, und in einer Zeichnung entstehen daraus leere Schnittmengen, in denen sich die Farben mischen sollen. Als Lösung werden den Kindern zwölf Farben angeboten, von Magenta über Gelb bis Blau. Ein »interaktiver Mediator-Baustein« gibt den Schülern die Möglichkeit, vermutete Farbmischungen anzuklicken. Sie lassen sich dann in freie Kästchen manövrieren, die sich zwischen den drei Hauptfarben der Lightshow befinden.

**Schritt 2 – Aufgabenstellung und Arbeitsprogramm:** Onlinearbeitsblätter nehmen die Schüler bei der Hand, und zwar in drei Schwierigkeitsgraden. Google und Wikipedia werden für selbstständige Recherchen empfohlen, es gibt einen Hinweis auf den Suchbegriff »Farbmischung Applet«, der zu entsprechenden Tools führt.

Ein Simulationsprogramm aus der »Mediothek« ist ebenfalls im Angebot sowie ein Link, über den Schüler zu Goethes Farbenlehre gelangen.

**Schritt 3 – Arbeitsprozess:** Es bilden sich Lerngruppen, die Zeitplan, Umsetzung und Details für sich klären. Der Lehrer berät, gibt Tipps und sorgt dafür, dass die Schüler bei ihrer Aufgabenstellung bleiben.

**Schritt 4 – Präsentation:** In »Autorenprogrammen« stellen die Schüler ihre Ergebnisse vor, sie nutzen dazu ein vorgefertigtes Word-Dokument, in das sie die ermittelten Farbbezeichnungen eintippen.

**Schritt 5 – Evaluation:** Mit ihr bewerten die Schüler den Lernprozess, sie schließt diese WebQuest-Einheit ab.

Und wir selbst sitzen etwas ratlos vor dem Rechner, tausend Fragen im Kopf: Warum sollen Schüler den Umweg übers Internet wählen? Reichen nicht ein paar farbige Lampen aus, um ihnen das Thema additive Farbmischung näherzubringen? Erinnert sei an den »handlungstheoretischen Ansatz«, der reale Sinneswahrnehmungen mit »Handlungen in einer greifbaren Realität« verbindet. Im Begriff »Handlung« steckt nicht zufällig die »Hand« – und der Begriff bildet auch nicht zufällig mit dem Verb »be-greifen« eine Wortfamilie. Kognitive Prozesse wurzeln in praktischen Erfahrungen, so begreifen wir die Welt.

Diese Zusammenhänge sind seit Jahrhunderten bekannt, schon Johann Heinrich Pestalozzi (1746–1827) forderte, beim Lernen »Herz, Hirn und Hand« zu verbinden. Diese Idee erläutert Dr. Arthur Brühlmeier (9): »Bei der Bildung physischer Kräfte (Hand, ›Kunst‹) geht es um Körperkraft, Geschicklichkeit, Gewandtheit und praktische Anwendung, wobei hier ein untrennbarer Zusammenhang besteht mit der Entwicklung der Geisteskräfte.«

Der WebQuest zur additiven Farbmischung bietet nur einen schwachen Abklatsch der Realität: Die zur Auswahl stehenden Farben sind fest definiert, das »Mischen« übernimmt im Internet ein Applet zur Farbmischung, das nur begrenzt sinnliche Erfahrungen auf einem Bildschirm bietet. Daher läuft der Lernprozess völlig abstrakt ab, losgelöst aus der realen Welt der Farben – und verbunden mit einem hohen technischen Aufwand: von der PowerPoint-Präsentation bis zu den Rechnern, um ins Internet zu kommen. Alles sehr modern, alles sehr störanfällig!

Unser Vorschlag: zwei Experimente, die eine additive Mischung von Farben direkt vor Augen führen und nicht im abstrakten Raum des Internets angesiedelt sind. Wichtig dabei: Diese Versuche können Schüler ohne großen Aufwand selbst durchführen; sie gelingen in der Regel mit »gutem Erfolg« (in Kleingruppen mit zwei Schülern an einer Lernstation). Und: Alle Materialien sind einfach und preiswert zu beschaffen, die Experimente sind robust angelegt, im Gegensatz zur oft störanfälligen IT-Gerätschaft. »Spielerisch forschend wird so das naturwissenschaftliche Interesse bei den Schülerinnen und Schülern geweckt und gefördert«, so Bärbel Fromme von der Universität Bielefeld (10).

**Experiment 1:** Die Schüler bringen an drei gleichen Schreibtischlampen vor der Glühbirne unterschiedliche Farbfolien an: rot, grün und dunkelblau. Der jeweilige Lichtstrahl wird auf eine weiße Wand gerichtet, wobei sich die unterschiedlichen Farben überlagern. Erst das Licht aus zwei, dann aus drei Lampen (eine reale Alternative zum Bandprojekt bei »WebQuest). Die Schüler experimentieren jetzt mit unterschiedlichen Farbkombinationen (Rot + Grün = ? / Blau + Rot = ? / Blau + Grün = ?). Die Ergebnisse werden notiert und es wird gemeinsam mit dem Lehrer nach einer Erklärung der Phänomene gesucht.

**Experiment 2:** Der gute, alte Overheadprojektor kommt zu neuen Ehren. Die Schüler füllen ein zylindrisches Glas mit Wasser, etwa ein

Senfglas oder eine Vase. Dieses Glas stellen sie in die Mitte des Over-headprojektors, seine Lampe wird eingeschaltet und schon entsteht rundherum im Raum ein Regenbogen. Weißes Licht aufgespalten durch ein Spektrum! Wenn das Glas mit einer Pappe abgedeckt wird, tritt der Regenbogen noch eindrucksvoller in Erscheinung.

Klingt verdammt nach »Old School« (Overhead! Furchtbar!), führt aber zu Lernprozessen, die sich wirklich im Gehirn der Kinder ver-ankern. Denn: Sie erfahren primäre Sinneseindrücke, sorgen selbst für den Aufbau der Versuche und erleben so ihre Selbstwirksamkeit (»Wow, wir haben einen Regenbogen ins Zimmer gezaubert!«). Das gelingt sicher nicht ganz perfekt ... Eben wie im wirklichen Le-ben – und nicht steril wie bei den grafischen Onlineanwendungen, die scheinbar mit künstlerischer Perfektion ihre Ergebnisse erzielen.

Um die Farben zu mischen, legt jedes Kind einen eigenen Weg zu-rück, auf dem es selbst Erfahrungen sammelt. Google sortiert nicht die Ergebnisse, Versuch und Irrtum begleiten das Kind – und es kommt auch zu Enttäuschungen. Macht aber nichts, weil wir durch solche kognitiven Konflikte lernen: Alte Wissens- und Verhaltens-muster werden verworfen, das Gehirn reorganisiert sich selbst und erreicht ein höheres Niveau der Komplexität. Bedingung: Es muss eine feste Rückbindung an echte Erfahrungen in einer Realität ge-ben, die wir mit allen Sinnen wahrnehmen.

Das gilt besonders für Kinder, weshalb wir als weitere These for-mulieren:

**Wer bei einem Lernprozess die Wahl zwischen realen und virtuellen Hilfsmitteln hat, sollte sich für die Realität ent-scheiden – und auf E-Learning so oft wie möglich verzichten.**

Unser Beispiel »additive Farbmischung« untermauert diese The-se eindrücklich. Es macht deutlich, was ein wichtiger Knackpunkt beim E-Learning ist. Natürlich lassen sich auch andere WebQuests finden, die didaktisch sinnvoll sein mögen. Wir sollten aber in den Schulen digitalfreie Zonen schaffen, weil unser Alltag längst digitalisiert ist – mit tief greifenden Konsequenzen.

## Das Team am Bildschirm – menschliche Interaktion: Fehlanzeige

**Stichwort »gemeinsames Lernen«:** Daniel Bialecki hält Gruppenarbeit für eine wertvolle Lernform. Allerdings schreibt er: »Diese Teamarbeit ist auch online, durch virtuelle Klassenzimmer oder Wikis, umsetzbar und beeinflusst das Lernverhalten der Schülerinnen und Schüler nachweisbar positiv.« Die Schüler würden auf gemeinsamen Plattformen arbeiten, gesteuert von einem Lehrer. »Informationen, Dokumente und Bilder können gemeinsam genutzt werden. Gleichzeitig ist der Austausch durch Chats und Foren möglich.«

Stellen wir uns diese Gruppenarbeit beim Thema additive Farbmischung vor. Zwei Szenarien sind denkbar:

**Szenario 1:** Jeder Schüler sitzt vor seinem eigenen Rechengerät, wie es das Modell der Laptop-Klasse vorsieht. Alle greifen auf dieselbe Plattform zu, auf der ein Lehrer das gesamte Material abgelegt hat: die PowerPoint-Präsentation zur Bühnen-Lightshow, die Recherche-Hinweise sowie alle Word-Dateien, die zu bearbeiten sind. In einem Wiki tragen die Schüler ihre Ergebnisse zusammen. Widersprüche oder unterschiedliche Sichtweisen diskutieren sie in einem Forum, das der Lehrer eingerichtet hat. Per Chat kommunizieren sie untereinander und tauschen sich über den Fortschritt ihrer Recherchen aus. Das Beste ist aber: Die Schüler können überall an dem Projekt »Additive Farbmischung« teilnehmen, verstreut über die gesamte Schule, Stadt oder Welt. Zumindest in der Theorie ... Wenn es keine Probleme mit der komplexen Technik gibt, ist in diesem virtuellen Klassenzimmer nichts zu hören – nur das emsige Tippen auf der Tastatur. Klack, klack, klack. Prima, die gesamte Kommunikation lässt sich übers Internet abwickeln.

Sicher, das ist überspitzt dargestellt. Es sollte aber nachdenklich stimmen, besonders angesichts der vermuteten Geräuschlosigkeit. Wir erinnern uns nämlich an das Experiment von Yalda T. Uhls, die Kinder ohne digitale Medien in ein Naturcamp schickte (Kapitel 5, Digital schnell entwurzelt). Das Ergebnis ihrer Feldstudie legte nahe, »dass die digitale Bildschirmzeit, auch wenn sie zur sozialen Interaktion genutzt wird, die Zeit reduzieren könnte, in der sich die Fähigkeit entwickelt, nonverbale Signale menschlicher Emotionen zu verstehen«. Verspielen Laptop-Klassen ihre Chance, soziale Kompetenzen im wirklichen Leben aufzubauen?

**Szenario 2:** 30 Kinder verteilen sich in Sechsergruppen auf fünf Rechner, um wie in Szenario 1 am Thema additive Farbmischung zu arbeiten. Wer diese Form der Gruppenarbeit kennt, hat sicher ähnliche Szenen vor Augen: Wenn es gut läuft, unterstützen die passiven Mitglieder den Tastatur-Bediener und wechseln sich mit ihm ab. Wenn es schlecht läuft, sitzt die Mehrzahl gelangweilt daneben und lässt die »Streber« arbeiten.

Dabei bleibt die Aufmerksamkeit allein auf den Bildschirm gerichtet – und das Internet wird zum »Pseudo-Lehrer«, wie es Lankau ausdrückt. »Vor mir sitzt im Bildschirm mein Boss, der mir erklärt, wie die Welt funktioniert.« Darauf würden Kinder am Rechner konditioniert. Der Preis dafür ist hoch: »Die Kinder glauben dem Computer«, so Lankau, »sie diskutieren nicht mehr mit ihren Mitschülern, wie sich Farben gut mischen lassen.« Geschweige denn, dass die Kinder selbst eine Lampe für Experimente aufstellen. Auch mit dem Lehrer würde nichts mehr verhandelt. Statt munter in der Gruppe zu interagieren, verlagern die Schüler ihre Kommunikation ins Internet.

Beide Szenarien sind ernüchternd, gemeinsames Lernen an Rechnern scheint eine Illusion zu sein. Die Welt wird bereits von Facebook regiert; Chats, SMS oder WhatsApp-Nachrichten sind der millionenfache Alltag unserer Kinder. Dann passiert im Klassenzimmer derselbe Sozial-GAU wie zu Hause: Alle sitzen vereinzelt vor Rechnern, um durch »soziale« Netzwerke die Fähigkeit einzubüßen, realen Umgang mit echten Menschen zu pflegen. Und das jetzt auch noch in der Schule! Daher fordern wir: Klassenzimmer sollen digitalfreie Zonen sein, damit eine echte soziale Interaktion stattfindet. Auf sie sind junge Menschen täglich angewiesen, um gesund erwachsen zu werden. Ohne seelische Defekte!

Was geschieht, wenn die Kinder auch in der Schule verstummen? Sich auf Bildschirme konzentrieren, um lediglich in Chats zu kommunizieren? Teamwork bedeutet im richtigen Leben Face-to-Face-Kommunikation. Wie viele Stunden verbringen wir in Meetings? Wie viele Diskussionen gibt es in Projekten? Wie oft scheitern wir an der Aufgabe, unseren Kollegen mit Wertschätzung zu begegnen? Wie groß sind die sozialen Reibungsverluste, weil sich Mitarbeiter nicht riechen können? Vor allem, weil sie nie gelernt haben, negative Gefühle in Schach zu halten? Fragen über Fragen.

Dabei ist klar: Die sozialen Defizite in unserer Gesellschaft beheben Kinder nicht, indem sie sich per Chat austauschen – oder gelangweilt dasitzen, wenn ein Kollege in die Tastatur hackt. Solche Situationen verhindern, dass das virtuelle Gegenüber als ganzer Mensch wahrgenommen wird, mit allen seinen seelischen Untiefen. Dazu bedarf es zum Beispiel der direkten Konfrontation, die sich mit einem ungeliebten Klassenkameraden ergeben kann: Wenn er gegen eine Lampe stößt und sich die Farben nicht mehr wie gewünscht mischen – dann entstehen kognitive Konflikte in der realen Welt, die alle Beteiligten voranbringen. Es sei denn, der Lehrer verpasst solche Chancen der sozialen Entwicklung. Etwa, weil er gerade vier abgestürzte Rechner in Gang bringen muss …

## Vom Kognitivismus zum radikalen Konstruktivismus oder: Sind Lehrer überflüssig?

Fazit: Der Kognitivismus öffnete neue Türen, um Lernprozesse besser zu verstehen. Denn er knüpfte unter anderem an die Forschung von Jean Piaget an. Die moderne Neurobiologie hat seine Erkenntnisse deutlich erweitert, indem sie die fortlaufende Selbstorganisation des Gehirns beschrieben hat. Diese Vorgänge prägen unseren lebenslangen Lernprozess (Gastbeitrag: »Zu Risiken und Chancen fragen Sie das Gehirn«). Aus dem Kognitivismus hat sich eine weitere Denkschule entwickelt, der »radikale Konstruktivismus«. Ernst von Glasersfeld (1917–2010) war einer seiner Begründer; der amerikanische Philosoph stellte unter anderem drei zentrale Behauptungen auf (11):

> ➤ Wir nehmen unser Wissen nicht passiv auf, nicht über unsere Sinnesorgane (und damit auch nicht durch Kommunikation mit anderen Menschen).
> ➤ Der denkende Mensch baut sein Wissen immer selbst auf.
> ➤ Wir sind nicht in der Lage, eine objektive Realität zu erkennen. Vielmehr organisieren wir unsere subjektiven Erfahrungen durch kognitive Prozesse.

Diese Weltsicht hat Konsequenzen für eine neue Pädagogik, die Nicole Flindt so beschreibt: »In seiner Ausprägung als Lerntheorie betrachtet der Konstruktivismus Lernen als aktive, vom Lernenden selbstständig durchzuführende Tätigkeit. Jeder Lerner konstruiere sein Wissen in einem kreativen Prozess aus den angebotenen Informationen.«

Damit tritt der Lehrer in den Hintergrund, klassischer Frontalunterricht dürfte nicht mehr stattfinden. Jeder Schüler sollte die Chance bekommen, selbstständig Wissen über sich und die Welt aufzubauen. Seine kognitiven Prozesse sind zu fördern, etwa durch praktische Tätigkeiten, zum Beispiel durch das Experiment mit den Lichtfarben, das die Schüler selbst durchführen. Reale Erfahrungen in einer authentischen Umgebung zählen – und nicht abstrakte Abenteuer im Internet. Der Lehrer unterstützt diese Lernvorgänge, indem er einen positiven Rahmen für eigenständiges Arbeiten schafft, etwa durch Gruppenarbeit. So wandelt sich zwar seine Rolle, aber seine große Bedeutung für die Schüler bleibt voll erhalten.

Ein solches Unterrichtskonzept beruht auf Punkten, die aus der Sicht des Konstruktivismus wichtig sind, um eine gute Lehr- und Lernsituation zu gestalten:

➤ **Sozialer Kontext:** »Lernen muss in situ vonstattengehen« (Flindt). In diesem Satz steckt ein lateinischer Fachbegriff, der sich mit »am ursprünglichen Ort« übersetzen lässt. Dieser ursprüngliche Ort ist die Grundlage für das Konzept des »situierten Lernens«: Individuelles Lernen findet im sozialen Kontext statt, weil die Beteiligten im wechselseitigen Austausch ihr Wissen aktiv »konstruieren«. Das geschieht face-to-face am besten – und nicht in Onlineforen oder Chats, die keine vollständige Kommunikation ermöglichen. Dabei geht es um die positive Wechselbeziehung, die zwischen dem Einzelnen (Kognition) und seiner sozialen Umgebung (Situation) besteht. Lernen ist immer ein soziales Ereignis – und wer in seinem Studium Hunderte Stunden in Lerngruppen verbracht hat, kann das mit Sicherheit bestätigen. »Gelernt wird am besten in Zusammenarbeit mit anderen Lernenden und im Austausch der Lernenden untereinander«, so Flindt.

➤ **Aktiver Prozess:** »Lernen soll als aktiver Prozess in der Auseinandersetzung mit Aufgaben geschehen« (Flindt). Wissen lässt sich nicht eins zu eins vom Lehrer auf die Schüler übertragen. Vielmehr geht es darum, im Unterricht gemeinsam auszuhandeln, welche Bedeutung bestimmte Inhalte haben (»situiertes Lernen«). Das erfordert Diskussion und soziale Interaktion, die kaum zu erleben sind, wenn alle Schüler hinter Laptops abtauchen – oder in Computerräumen unterrichtet werden.

> **Authentische Situation:** »Lerninhalte müssen kontextgebunden und in authentischen Situationen angeboten werden« (Flindt). Wie entsteht Authentizität? Beim Mischen der Lichtfarben mit »echten« Lampen? Oder beim Einsatz eines Applets »Farbmischung« im Internet? Schon bei Piaget haben wir gelernt, dass kognitive Prozesse eine konkrete Rückkopplung mit der Realität nötig haben. Der Grund: Lernen findet immer statt, wenn Sinneswahrnehmungen und aktives Handeln in der realen Welt Hand in Hand gehen. Das hatte auch Pestalozzi erkannt. Daher sollten Schüler so wenig wie möglich am Rechner sitzen, weil ihnen E-Learning oft nur Surrogate der Wirklichkeit präsentiert. Warum ins Internet schweifen, wenn das Gute liegt so nah? Lichtfarben mit Lampen mischen, Exkursionen in den Wald oder Seifenkisten bauen? In diesen lebensnahen Aktivitäten steckt so viel Biologie-, Physik- und Kunstunterricht! Da sollte uns der Hype ums E-Learning nicht blenden – und blind für kreatives Lernen »am ursprünglichen Ort« machen.

Wer die Kapitel 6 und 7 Revue passieren lässt, wird jetzt verstehen, warum wir uns die Überschrift »Lernen verlernen« ausgedacht haben – und warum sie sogar ihren Weg aufs Cover gefunden hat. Aus unserer Sicht scheint E-Learning nur einen begrenzten Nutzen zu stiften, wenn es in deutschen Klassenzimmern Einzug hält. Die Nachteile überwiegen in vielen Fällen, was wir mithilfe von Bialeckis Argumenten diskutiert haben, und zwar zu den Themen Feedback, Motivation, mobiles Lernen, individueller Lernfortschritt, Multimedialität sowie gemeinsames Lernen. Diese Einschätzung ist natürlich unsere subjektive Konstruktion der Wirklichkeit! Wir wollen damit eine Diskussion anstoßen, ob IT-Anwendungen Kindern tatsächlich das Heil der Welt bringen.

Erinnert sei in diesem Zusammenhang an den Nürnberger Trichter: Mit ihm verbindet sich ironisch die Vorstellung, jeden Schüler mit Wissen abfüllen zu können, egal wie intelligent und lernwillig er ist. Will das nicht auch locker-flockiges Edutainment erreichen? Indem es Wissen über Bildschirme den Kindern »eintrichtert«?

Was dabei aber verloren geht, ist die kognitive Fähigkeit der Menschen, eigenständig Wissen zu konstruieren. Wir verlernen das Lernen! Und wie heißt es so schön auf einer Werbemarke aus dem Jahr 1910: »Fehlt dir's an Weisheit in manchen Dingen, lass dir von Nürnberg den Trichter bringen.«

## Was das Gehirn sagt

### Thema Langzeitgedächtnis

Mein Langzeitgedächtnis befindet sich in den ausgedehnten Assoziationsfeldern des Großhirns. Bis dorthin ist es ein weiter Weg, der bei den Sinnesorganen beginnt. Sie nehmen Informationen auf, die ich lernen soll. Die nächste Station ist mein limbisches System, um die Lerninhalte meinem Kurzzeitgedächtnis mitzuteilen. Dabei spielt auch mein Stirnhirn eine wichtige Rolle, weil es den sogenannten Arbeitsspeicher bereitstellt. Dieser Weg wird sehr anstrengend, wenn die limbische Aktivierung gering ausfällt – mangels intrinsischer Motivation. Daher freue ich mich immer, wenn Lehrer diese intrinsische Aktivierung fördern. Das gelingt ihnen, indem sie den Lernprozess mit handlungsbezogenen Tätigkeiten und sozialer Interaktion bereichern (siehe einschlägige Lehrbücher der Neurowissenschaft).

Digitale Medien stressen aber erheblich den Arbeitsspeicher des Stirnhirns, weil sie ihn gleichzeitig mit zu vielen Reizen bombardieren. Dadurch erlahmt unmerklich die Konzentration – und auch die willentliche Bereitschaft schwindet, die neuen Lerninhalte mit vorhandenem Wissen zu kombinieren. Sie lassen sich nur erschwert vorbahnen, assoziieren und integrieren. Daraus entsteht für mich langfristig ein großer Nachteil, denn meine synaptischen Verschaltungen im assoziativen Großhirn verarmen. Das Ergebnis: Denkfähigkeit und Motivation nehmen ab.

# 8. Medienkompetenz

## Irrwege zum Heiligen Gral – oder was Kinder in der virtuellen Welt wirklich brauchen

Menschen in grauer Vorzeit glaubten, dass Bäume, Wolken und Winde beseelte Wesen seien. Ein magisches Denken, das auch CDU-Politiker an den Tag legen: »Wenn erst jeder Schüler seinen (Lern-) Computer mit in den Unterricht bringt, werden alle Beteiligten dazu gezwungen sein, sich mit dem Internet auseinanderzusetzen«, schreibt der Bundestagsabgeordnete Thomas Jarzombek (1). So würden in der Schule die »Bildungschancen des Netzes« genutzt. Jarzombek war der Vorsitzende der Projektgruppe »Medienkompetenz«, die im Rahmen der Enquete-Kommission »Internet und digitale Gesellschaft« gearbeitet hat. Der Abschlussbericht wurde im April 2013 veröffentlicht.

Allein die Anwesenheit von Tablets entfaltet eine magische Wirkung, egal ob Schüler oder Lehrer damit umgehen können. Egal ob ein pädagogisches Konzept für den Computereinsatz existiert. Egal ob bereits über Risiken und Nebenwirkungen debattiert wurde. Folgerichtig fordert die Enquete-Kommission (2): »Es sollen nicht mehr die Schulen, sondern die Schüler ausgestattet werden. Jede Schülerin und jeder Schüler soll einen eigenen Laptop oder einen eigenen Tablet-PC bekommen, preisgünstig produziert in großen Losen und unterstützt durch staatliche Mittel.«

Das lässt sich auch als staatlich subventioniertes Konjunkturprogramm lesen, das die Kommission ins Leben rufen will, um der IT-Industrie unter die Arme zu greifen. Und so überrascht es auch nicht, dass Jarzombek kein Pädagoge ist, sondern Wirtschaftswissenschaften studiert hat.

Auf seiner Website teilt er stolz mit: »Nach dem Vordiplom 1996 habe ich mich selbstständig gemacht mit IT-Dienstleistungen. Im Laufe der Zeit ist meine Firma gewachsen und betreibt heute den IT-Service für eine ganze Reihe mittelständischer Unternehmen in Düsseldorf.« Wie soll er sich da kritisch mit dem Nutzen digitaler Bildung auseinandersetzen?

Werden wir wieder sachlich: Jarzombek und seine Kollegen in der Projektgruppe haben genau zusammengefasst, wie moderne Medienkompetenz aussehen sollte. Diesen Punkten können wir nur zustimmen, weshalb wir sie an dieser Stelle vollständig zitieren (siehe Kasten).

## Welche Kompetenzen die Enquete-Kommission erwartet:

- Grundlagenkenntnis: Beherrschen der Kulturtechniken Schreiben und Lesen

- Technische Fähigkeiten (Umgang mit Hard- und Software, Grundverständnis vom Aufbau des Internets, Grundkenntnisse im Programmieren etc.), die vor allem auf das Verstehen von Zusammenhängen und die Befähigung zum Selbstlernen abzielen

- Kritisches Hinterfragen von Inhalten (Quellen einschätzen, Absichten von Sendern erkennen, Sensibilisierung für Werbebotschaften etc. Dies ist ebenso für den Umgang mit klassischen Medien wichtig – zum Beispiel Zeitungsprojekte, die auch für den Umgang mit Onlineinhalten positive Effekte haben können)

- Kompetenter Umgang mit der Informationsflut (Grundverständnis der Funktionsweise von Suchmaschinen; Vermeiden einseitiger Informationsauswahl, stattdessen sinnvolle Nutzung der Meinungsvielfalt im Netz)

- Risikobewusstsein (Kostenfallen, Datenschutz, Betrug, Missbrauch)

- Kreativität bei dem Umgang mit und dem Schaffen von Inhalten, aber auch Grundsätzliches wie Werte und soziale Kompetenz (Problembewusstsein für Cyberbullying; sich verantwortungsvoll bewegen in einem mehr oder weniger anonymen Raum etc.)

- Informationskompetenz, also die Fähigkeit, Informationen zu bewerten und zu nutzen, Unbedeutendes auszusortieren sowie einschätzen zu können, wie viele Informationen situationsbezogen angegeben werden müssen/können

- Befähigung zum Erstellen eigener Inhalte (Webseite, Blog, Film, Musik, eventuell Softwareentwicklung). Technische Fähigkeiten sollten dabei technologieneutral und unabhängig von Herstellern vermittelt werden

Dieser Katalog an Kompetenzen lässt nichts zu wünschen übrig – er erinnert aber sehr an eine »Eier legende Wollmilchsau« des digitalen Zeitalters. Wer sich als Erwachsener kritisch an die Nase fasst, wird schnell merken, wie weit er von vielen dieser Ziele entfernt ist. Klar, umso wichtiger scheint es, diese Fähigkeiten in Schülern zu wecken. Doch das ist nur die halbe Wahrheit.

### Der Ruf nach früher Medienkompetenz – die Studie ICILS 2013

Sortieren wir in Ruhe die Fakten: Eine aktuelle Studie scheint den Ruf nach »früher Medienkompetenz« zu untermauern. Sie heißt: International Computer and Information Literacy Study (ICILS 2013), ihre Ergebnisse wurden im November 2014 vorgestellt (3). Deutschland beteiligte sich mit einer repräsentativen Stichprobe, 2 225 Schüler aus der achten Klasse nahmen an den Tests teil. Außerdem wurden 1 386 Lehrer dieser Klassenstufe befragt. Weltweit waren 21 Länder aus vier Kontinenten dabei, mit einem Schwerpunkt in Europa.

Wichtig ist dabei das Alter der Schüler: Sie waren zwischen 13 und 14 Jahre alt! Da sei jetzt schon an Piaget erinnert (Kapitel 4, Denken lernen): In der formal-operatorischen Phase beginnen 13- oder 14-jährige Kinder, in ihrem Denken Strukturen zu bilden, die es ihnen ermöglichen, komplexe Probleme differenziert zu betrachten und zu lösen. Die Betonung liegt auf dem Wort »beginnen«. Das sollten wir als Gedanken immer an Bord haben, wenn wir jetzt durch die Ergebnisse von ICILS 2013 segeln – und einige Untiefen kennenlernen. Das Urteil der Studie über deutsche Schüler klingt vernichtend:

>»Entwicklungsbedarfe zeigen sich für Deutschland vor allem aufgrund der geringen Anteile an Schülerinnen und Schülern auf der höchsten Kompetenzstufe. Zudem erreichen etwa 30 Prozent der Achtklässlerinnen und Achtklässler in Deutschland nur die untersten beiden Kompetenzstufen I und II. Damit verfügt ein nicht unerheblicher Teil der Jugendlichen nur über rudimentäre beziehungsweise basale Fertigkeiten und Wissensstände hinsichtlich des kompetenten Umgangs mit neuen Technologien.«

Um die Tragweite dieser Einschätzung zu verstehen, müssen wir nachlesen, was unter den Kompetenzstufen zu verstehen ist:

➤ **Kompetenzstufe I:** Sie umfasst »rudimentäre rezeptive Fertigkeiten und sehr einfache Anwendungskompetenzen«. Beispiel: das Anklicken eines Links oder einer E-Mail (Anteil der Schüler international: 17,0 Prozent. Deutschland: 7,4 Prozent).

➤ **Kompetenzstufe II:** Sie steht für den »Umgang mit basalen Wissensbeständen sowie sehr einfache Fertigkeiten«. Beispiel: das Ausschneiden, Kopieren und Einfügen von Textteilen (Anteil der Schüler international: 22,7 Prozent. Deutschland: 21,8 Prozent).

> **Kompetenzstufe III:** Auf dieser Stufe können Schüler »mit Hilfestellungen Informationen ermitteln, diese bearbeiten sowie einfache Informationsprodukte erstellen«. Beispiel: einfache Textdokumente (Anteil der Schüler international: 37,6 Prozent. Deutschland: 45,3 Prozent).

> **Kompetenzstufe IV:** Auf dieser Stufe beherrschen die Kinder »das eigenständige Ermitteln und Organisieren von Informationen«. Beispiel: selbstständiges Erstellen »von elaborierten Dokumenten und Informationsprodukten« (Anteil der Schüler international: 20,7 Prozent. Deutschland: 24,0 Prozent).

> **Kompetenzstufe V:** Auf dieser Stufe geht es um »sehr elaborierte computer- und informationsbezogene Kompetenzen, zu denen das sichere Bewerten und Organisieren selbstständig ermittelter Informationen sowie das Erzeugen von inhaltlich und formal anspruchsvollen Informationsprodukten gehört« (Anteil der Schüler international: 2,0 Prozent. Deutschland: 1,5 Prozent).

**Zwischenergebnis 1:** 29,2 Prozent der Schüler verharren auf den Kompetenzstufen I und II. Ihnen sagen die Autoren der Studie eine harte Zukunft voraus: »Diese Schülergruppe wird es voraussichtlich schwer haben, erfolgreich am privaten, beruflichen sowie gesellschaftlichen Leben des 21. Jahrhunderts teilzuhaben.« Ein Drittel der Schüler auf dem Weg ins gesellschaftliche Abseits? Das glauben wir überhaupt nicht! Doch zu dieser Frage kommen wir wieder später.

**Zwischenergebnis 2:** 45,3 Prozent aller deutschen Schüler stehen auf der Kompetenzstufe III, was bedeutet: Sie sind nur »mit Hilfestellungen« in der Lage, am Computer zu arbeiten. Wo es hängt, zeigen die Autoren, indem sie eine Beispielaufgabe hinzufügen: »Gehe zur WebDocs-Internetseite«. Und jetzt dürfen wir uns wirklich staunend die Augen reiben: Die Schüler bekamen eine E-Mail zu sehen, die eine URL-Adresse enthielt – allerdings ausgeschrieben und nicht als Link zum Anklicken. Sie mussten also diese Zeile in die Adressleiste des Browsers eintippen oder per Copy & Paste einfügen. Das erschreckende Resultat: Nur 50 Prozent der Schüler waren dazu in der Lage. Medienkompetenz geht anders.

Birgit Eickelmann ist die deutsche Leiterin der ICILS-2013-Studie – in einem Interview mit www.faz.net fasst sie die erschreckenden Resultate zusammen:

»Wir wissen, dass ein Drittel der Achtklässler gerade einmal in der Lage ist, einen Link anzuklicken, allenfalls noch, eine Datei zu speichern. Da kann man ja nicht von einem kompetenten Umgang mit neuen Technologien sprechen. Das Schreiben von WhatsApp-Nachrichten oder das Posten von Facebook-Nachrichten hat ja mit kompetentem Umgang mit neuen Technologien nichts zu tun. Dass wir Informationen selektieren, dass wir sie richtig bewerten, dass wir sie einordnen und ihre Tragweite erfassen können, das ist ein großes Stück Arbeit. Das erreicht man nicht, indem man hundert WhatsApp-Nachrichten am Tag schreibt.«

## Von wegen Digital Natives – die KIM-Studie 2012

Doch diese Ergebnisse sind nicht erstaunlich, was die KIM-Studie 2012 bestätigt (4). Ihre Autoren haben zwar ermittelt, dass die Medienkompetenz mit steigendem Alter zunimmt. Aber zu Luftsprüngen besteht kein Anlass: Sechs- bis Siebenjährige können höchstens eine DVD abspielen. »Bei den Acht- bis Neunjährigen kommt dann langsam der Gang ins Internet und das Ausdrucken von Texten oder Bildern hinzu«, schreiben die Autoren der Studie. Und nur ein Drittel der Zehn- bis Elfjährigen ist in der Lage, Dateistrukturen auf dem Rechner nachzuvollziehen oder Inhalte aus dem Internet herunterzuladen.

»Bei den Ältesten, den Zwölf- bis Dreizehnjährigen, sind dann alle Fertigkeiten am stärksten ausgeprägt, aber selbst hier werden nicht alle Anwendungsbeispiele beherrscht bzw. überhaupt ausgeübt.« Weitere »Anwendungsbeispiele« waren: »Bilder vom Handy auf den Computer laden«, »Lieder auf den MP3-Player laden«, »etwas ausdrucken«. Diese Altersgruppe überschneidet sich mit der Stichprobe aus der ICILS-2013-Studie.

Dann stechen die Wissenschaftler ihre Nadel in einen mythischen Begriff – und mit einem Knall entweicht viel heiße Luft. Es geht um die viel beschworenen Digital Natives. Das sind die »digitalen Ureinwohner«, die selbstverständlich mit Internet und Smartphone aufgewachsen sind. Also Kinder und Jugendliche, die vor und nach der Jahrtausendwende auf die Welt kamen. Den Begriff »Digital Natives« prägte zum ersten Mal 1996 John Perry Barlow in seiner »Unabhängigkeitserklärung des Cyberspace« (5): »Eure eigenen Kinder versetzen Euch in Angst und Schrecken, weil sie die Eingeborenen in einer Welt sind, wo Ihr selbst nur Einwanderer seid.«

Damit war ein Mythos geboren, an den heute noch viele Menschen glauben: »In der Diskussion um Medienkompetenz bei Kindern wird ganz automatisch davon ausgegangen, dass Kinder heute sehr früh in der Lage sind, viele verschiedene Medienanwendungen bedienen zu können«, heißt es in der KIM-Studie 2012. »Den Kindern wird sogar oftmals eine höhere technische Medienkompetenz attestiert als den Eltern oder anderen Erwachsenen.« Was für ein gewaltiger Irrtum, wenn wir an die Ergebnisse der zwei Studien denken. Denn auch die Autoren der KIM-Studie 2012 stellen fest:

»Medienkompetenz umfasst zweifellos weit mehr als die technische Bedienfertigkeit. Unabhängig davon zeigt die Abfrage konkreter Handlungen, dass die Bedienung von Mediengeräten nicht allen Kindern leichtfällt. Es ist also ein Trugschluss, dass Kinder, die im Medienzeitalter aufwachsen, diese Technik auch automatisch bedienen können.«

## Alarmstufe rot: wenig Computereinsatz im deutschen Unterricht!

Zurück zur ICILS-2013-Studie: Ein weiterer Befund ließ in Deutschland die Alarmglocken läuten. »In keinem anderen ICILS-2013-Teilnehmerland setzen Lehrkräfte Computer seltener im Unterricht ein als in Deutschland«, heißt es in der Studie. In Kanada nutzen 73 Prozent der Lehrer Computer täglich, in Holland sind es 57,8 Prozent, in Kroatien 16,8 Prozent – und das Schlusslicht ist Deutschland mit 9,1 Prozent.

Entsprechend kräftig war das Rauschen im Blätterwald: »Peinliches Studienergebnis für Deutschland«, »Ein Drittel der Schüler ist abgehängt«, »Deutschland ist digital nur im Mittelfeld? Kein Wunder!« – so lauteten die Schlagzeilen.

Postwendend kam die Reaktion aus dem Bundesministerium für Bildung und Forschung (6): »Dringend notwendige Veränderungen und Verbesserungen« mahnte die Staatssekretärin Cornelia Quennet-Thielen an. »Ein Schlüssel für den Erfolg wird es sein, die Lehrerinnen und Lehrer für Computer- und Informationstechnologien zu gewinnen«, so die Staatssekretärin. »Dazu unterstützt der Bund die Länder mit der Qualitätsoffensive Lehrerbildung, für die er in den kommenden zehn Jahren bis zu 500 Millionen Euro zur Verfügung stellt.« Davon erhofft sich Quennet-Thielen einen »Innovationsschub auch beim Einsatz digitaler Medien«.

Natürlich darf im Chor der digitalen Bildung eine Stimme nicht fehlen, die das Wörtchen »früh« erklingen lässt. Diese Aufgabe übernahm die ehemalige Bildungsministerin von Rheinland-Pfalz, Vera Reiß (7): »Die Zukunft innovativ und verantwortungsvoll mitgestalten kann nur, wer den jungen Menschen **schon früh** das Rüstzeug hierfür mit auf den Weg gibt [Hervorhebung durch die Autoren].« So ihr Kommentar zu den ICILS-2013-Ergebnissen. »Rheinland-Pfalz begleitet die Schülerinnen und Schüler auf direktem Weg ins digitale Zeitalter – ohne Umwege.«

Die Bildungsministerin verweist auf die 2,9 Millionen Euro, mit denen ihre Landesregierung das Programm »Medienkompetenz macht Schule« unterstützt, 2014 und 2015. Eindrucksvolle Zahlen: 503 Schulen bekamen in Rheinland-Pfalz über 10 000 Notebooks und mehr als 1 200 Smartboards. 51 000 Lehrer nahmen an entsprechenden Fortbildungen teil – und fast 300 Schulen mit 70 000 Nutzern arbeiten schon mit der landeseigenen Lernplattform moodle@ RLP. So steht's zumindest in der Pressemitteilung des Bildungsministeriums. Übrigens: Im Durchschnitt erhielt so jede der 503 Schulen etwa 20 Notebooks, was die Zahlen weniger eindrucksvoll erscheinen lässt.

Kommen wir wieder auf die ICILS-2013-Studie zu sprechen. Reflexhaft war auch die Reaktion des IT-Branchenverbandes Bitkom. Überschrift: »Niemanden als Digital-Analphabeten zurücklassen«. Hauptgeschäftsführer Dr. Bernhard Rohleder behauptet: »Heute, im 21. Jahrhundert, gehört eine Programmiersprache als zweite Fremdsprache unabdingbar dazu. Beim Informatikunterricht geht es um Gestaltungskompetenz beim Umgang mit Kommunikations- und IT-Systemen. Computer, Smartphones, Tablets dürfen keine Blackbox sein.« Ziel müsse es sein, Kindern und Jugendlichen unsere Welt verständlich zu machen. »IT-Kenntnisse gehören heute dazu wie Lesen, Schreiben und Rechnen«, so Dr. Rohleder.

Und der frühere Bitkom-Präsident Prof. Dieter Kempf gab schon im Mai 2014 die Marschrichtung vor (8): »Wir brauchen eine digitale Agenda für unsere Schulen.« Sein Verband fordert: »Jeder Schüler soll ein mobiles Endgerät wie einen Tablet-Computer oder ein Notebook zur Verfügung haben, in jedes Klassenzimmer gehört ein Smartboard.« Das kennen wir schon, das schreibt auch die Enquete-Kommission »Internet und digitale Gesellschaft«, fast mit denselben Worten. Dabei taucht wieder der Schlüsselbegriff »frühzeitig« auf:

»Die **frühzeitige Medienerziehung** und eine umfangreiche Geräteausstattung im Unterricht sind entscheidend, damit alle Schülerinnen und Schüler die Chancen der digitalen Gesellschaft nutzen können. Dabei gehören separate Computerräume jedoch zunehmend der Vergangenheit an. Heute ist ein eigener mobiler Computer für jede Schülerin und jeden Schüler der Schlüssel zu den Wissensquellen im World Wide Web [Hervorhebung durch die Autoren].«

Das passt bestens zu den Aussagen von Kempf: »Es geht nicht um die Ausbildung von Programmierern. Wir müssen unsere Kinder mit den Kulturtechnologien vertraut machen, die unser Leben prägen.« Gleichzeitig sollen E-Books und andere digitale Lernmittel stärker zum Einsatz kommen. »Ein ›Digitaler Ranzen‹ würde nicht nur das Gewicht reduzieren, das schon unsere Kleinsten in die Schule schleppen müssen. Ein Digitaler Ranzen würde das Lernen auch aktueller, motivierender und individueller gestalten«, argumentiert der ehemalige Bitkom-Chef. Prima: In Deutschland ziehen Politik und Wirtschaft an einem Strang!

Dann meldete sich auch Udo Beckmann zu Wort, kurz vor der Bekanntgabe der ICILS-2013-Ergebnisse. Er ist der Vorsitzende des Verbands Bildung und Erziehung (VBE). »Die IT-Ausstattung der Schulen ist mittelalterlich«, sagt Beckmann. »Wer digitales Lernen in den Schulen ernsthaft installieren will, muss eine zeitgemäße Ausstattung aller Schulen, von der Grundschule bis zu den berufsbildenden Schulen, sichern.«

## Ein Markt wird erschlossen: Kindergärten und Schulen

Damit schließt sich der Kreis. Ob Politik, Wirtschaft oder Bildungssektor – die einzige Antwort auf ICILS 2013 lautet: Tablets für jeden Schüler, E-Books in jeden Schulranzen, Smartboards in jedes Klassenzimmer – und das geschieht am besten ab der ersten Klasse, damit alle Kinder »frühzeitig« lernen, mit Computern besser umzugehen.

Aber warum eigentlich erst die Schulen als neuen Markt erschließen? Microsoft zeigt, wo die Reise hingehen kann: 2003 hat der Software-Riese die Initiative »Schlaumäuse – Kinder entdecken Sprache« gestartet. Bis heute hat das Unternehmen seine Software an 8000 Kindertagesstätten (Kitas) »verschenkt«. Das Produkt soll die Lesekompetenz fördern. Zielgruppe: Fünf- bis Siebenjährige. Solche »Good will«-Aktionen flankiert das Bundesministerium für Bildung und Forschung, das den Einsatz digitaler Medien im Kindergarten unterstützt. Bis 2012 nahmen etwa 24000 Erzieher an der Fortbildung »Basisqualifizierung Medienkompetenz« teil.

Darüber berichtete Meike Lorenz in der *Wirtschaftswoche* (*WiWo*) – unter der Überschrift »Warum das Tablet in den Kindergarten gehört« (9). Klar, dass es dann am Ende des Textes heißen muss: »Die 8000 Einrichtungen, die inzwischen mit den Schlaumäusen arbeiten, decken nur einen Bruchteil der Einrichtungen ab, die es in Deutschland gibt. Die Zahl beläuft sich auf etwa 43000 Kitas und Kindergärten.« Dazu die *WiWo*-Redakteurin in ihrem letzten Satz: »Der Flickenteppich ›Bildung in Deutschland‹ hat mit der Digitalisierung ganz sicher eine Baustelle mehr bekommen, an der es sich zu arbeiten lohnt.«

Wer vor diesem Hintergrund den Diskurs um digitale Bildung verfolgt, könnte schnell glauben, Margaret Thatcher sei von den Toten auferstanden – und habe sich direkt in die Debatte eingeschaltet. Ihr TINA-Prinzip beherrscht die Bühne: »There Is No Alternative.« Wir müssen Kindergärten und Schulen mit Tablets fluten, sonst steht der Untergang des Abendlandes bevor. Und wer will daran schuld sein?

Über allen Argumenten schwebt das Mantra vom »Verlust der internationalen Wettbewerbsfähigkeit«. Sie sei bedroht, weil Deutschland eine digitale Wüste bleibe: »Wir sehen, dass wir in Deutschland international an verschiedenen Stellen den Anschluss verloren haben. Unsere Lehrer nutzen weit unterdurchschnittlich digitale Technologien im Unterricht«, sagt Birgit Eickelmann im bereits oben zitierten Gespräch mit www.faz.net.

## Eine kritische Stimme: Josef Kraus

So scheint ganz Deutschland in der Hand von Digital-Fans zu sein … Ganz Deutschland? Nein, es regt sich auch vereinzelt Widerspruch:»Natürlich müssen wir unseren Schülern auch den Umgang mit den neuen Medien beibringen. Aber ich warne vor der totalen Computerisierung und Digitalisierung des Klassenzimmers«, sagt Josef Kraus, der ehemalige Präsident des Deutschen Lehrerverbandes (DL).»Wir dürfen damit nicht schon in der Grundschule anfangen, nicht in jedem Schulfach, und wir brauchen keine Laptop-Klassen«(10).

Kraus warnt davor, dass»eine totale Digitalisierung die Flüchtigkeit der Schüler« fördern könnte.»Der Mangel an Konzentration und Durchhaltevermögen ist eine weitere Folge«, so der Ex-DL-Präsident.»Außerdem suchen die Schüler nur noch das, was genau in ihr Weltbild passt.« Kraus wirft der Politik vor, nur an die Förderung der Digitalisierung zu denken. Stattdessen wäre es sinnvoller, in Schulbibliotheken zu investieren, um die Lesefähigkeit der Kinder zu fördern.

Schon 2010 sagte Kraus laut DL-Website:

»Das Entscheidende an schulischer Bildung ist, dass junge Leute statt rudimentärer, medial aufbereiteter Häppcheninformation und Häppchenkommunikation eine umfassende Schulung in der Sprache und in der Unterscheidung von wichtiger und unwichtiger Information erfahren. Dazu gehört gerade auch die Auseinandersetzung mit großen, zeitlosen Werken der Geistesgeschichte.«

Den IT-begeisterten Müttern und Vätern schrieb er bei dieser Gelegenheit ins Stammbuch: »Falls Eltern hier anders denken, so müssen sie sich fragen lassen, ob sie von schulischer Bildung nicht mehr erwarten als Just-in-time-Info und Download-Knowledge.«

Gut – das klingt erst einmal nach konservativer Kritik am Fortschritt. Doch genau diese Fragen haben auch wir diskutiert, und zwar in den Kapiteln 6 und 7. Mit dem klaren Ergebnis: E-Learning gehört auf den Prüfstand! Denn viele Überlegungen sprechen dafür, dass Kinder das Lernen verlernen, wenn im Bildungsprozess zu früh auf digitale Medien gesetzt wird. Daher ziehen wir ganz andere Schlussfolgerungen aus der ICILS-2013-Studie als Bitkom und Co. Unsere These lautet:

**Kinder müssen eine bestimmte kognitive Entwicklung durchlaufen haben, bevor sie sinnvoll mit Computern arbeiten. Das dürfte ab einem Alter von etwa 12 bis 14 Jahren der Fall sein. Vorher kann die Konfrontation mit digitalen Medien mehr schaden als nutzen.**

## Piagets Entwicklungsstufen und Medienkompetenz bei Kindern

In Kapitel 4 (Denken lernen) haben wir die zentralen Erkenntnisse vorgestellt, die Jean Piaget bei der Beobachtung von Kindern gewonnen hat (Vier-Stufen-Modell). Zur Erinnerung: Die dritte, die »konkret-operatorische Phase«, fällt in die Zeit zwischen dem siebten und zwölften Lebensjahr. Sie kann also vor der 8. Klasse abgeschlossen sein, was aber nicht zwingend der Fall sein muss. Die Übergänge sind fließend, was auch die neuere Forschung belegt (»Modell überlappender Wellen«, Robert S. Siegler).

Die 13- bis 14-Jährigen der ICILS-2013-Studie stehen am Anfang ihrer vierten Phase, der »formal-operatorischen Phase« (ab zwölf Jahren). Bemerkenswert war, dass in diesem Lebensabschnitt Kinder zum ersten Mal in der Lage sind, wirkliche Denkoperationen durchzuführen – und ihre Urteile eher auf Logik als auf Wahrnehmung aufbauen. Ihr Abstraktionsvermögen nimmt langsam zu, es fällt ihnen aber noch schwer, sich systematisch über hypothetische Situationen Gedanken zu machen.

In unseren Augen passt das zu den Ergebnissen, die Wissenschaftler über die Medienkompetenz der Kinder gewonnen haben: Bei der ICILS-2013-Studie landeten 29,2 Prozent der Schüler auf den basalen Kompetenzstufen I und II.

Außerdem kamen 45,3 Prozent nicht über die Kompetenzstufe III hinaus. Fast die Hälfte aller Schüler ist nur mit Hilfestellung in der Lage, am Computer zu arbeiten. Und die KIM-Studie 2016 zeigte, dass nur ein Drittel der Zehn- bis Elfjährigen Dateistrukturen verstehen oder Downloads vornehmen können. Alles kein Beinbruch! Alles nur eine Frage der kognitiven Entwicklung!

Wir sollten einsehen, dass das kindliche Gehirn eine Großbaustelle ist, bis zum Alter von 12 und 14 Jahren – und weit darüber hinaus. Allmählich reifen kognitive Funktionen, allmählich werden die Kinder erwachsen und lernen, über sich und die Welt nachzudenken. Da nützt es nichts, Grundschülern ein Tablet in die Hand zu drücken, in der illusorischen Erwartung, sie würden so »früh« Medienkompetenz aufbauen. Wer das fordert, macht sich auf die Suche nach dem Heiligen Gral der Digitalität – und wird ihn kaum finden.

Die zitierten Studien zeigen deutlich: Selbst Digital Natives beherrschen keine digitalen Medien – und schon gar nicht im Sinne der vielen Kompetenzen, die auch die Enquete-Kommission aufgezählt hat. Vielmehr beherrschen die digitalen Medien diese »Eingeborenen«, wenn sie zu »früh« mit ihnen konfrontiert werden. Das hat unser Gedankenexperiment mit dem 30-Stunden-Tag plausibel gezeigt (Kapitel 5: Digital schnell entwurzelt).

Nach Piaget beginnt das vierte Stadium ab dem zwölften Lebensjahr. Er nannte diesen Entwicklungsabschnitt die »formal-operatorische Phase«. Die Gehirnreife der Kinder ist jetzt so weit, dass sich komplexere Probleme differenziert betrachten und lösen lassen. Den Schülern erschließt sich langsam eine analytische Ebene, um die Welt besser zu verstehen. Daher kommt die Neurobiologin Prof. Gertraud Teuchert-Noodt zu dem Schluss, dass ab der »formal-operatorischen Phase« weniger Gefahren für das kindliche Gehirn existieren:

> »Dramatische Folgen dürften ausbleiben, wenn es ab dem 12. bis 14. Lebensjahr zu einer gemäßigten ersten Nutzung digitaler Medien kommt. Vorausgesetzt, die Jugendlichen haben bis dahin ihren kognitiven Rucksack gut gefüllt ... mit reichen Erfahrungen aus unserer realen Umwelt.« (Gastbeitrag »Zu Risiken und Chancen fragen Sie das Gehirn«)

Diese Aussage macht Mut: »Eine Kindheit ohne Computer ist der beste Start ins digitale Zeitalter.« So lautete die erste These in unserem Buch. Und jetzt löst sich die scheinbare Paradoxie in Luft auf: Wir wollen Kinder nicht zu »Digital-Analphabeten« machen, wie es Dr. Rohleder (Bitkom) befürchtet, falls nicht jeder Schüler ein Tablet im Ranzen hat. Im Gegenteil: Wir wollen, dass kritische, selbstbewusste und informierte Bürger im Internet unterwegs sind.

Dazu ist es wichtig, Kinder im richtigen Lebensabschnitt mit digitalen Kompetenzen auszustatten. Glaubt jemand wirklich, Grundschüler würden die »Meinungsvielfalt im Netz« sinnvoll nutzen? Oder Inhalte »kritisch« hinterfragen und dabei beweisen, dass sie zu einem »kompetenten Umgang mit der Informationsflut« in der Lage sind? Das sind laut Enquete-Kommission wesentliche »Ziele«, die eine moderne Medienerziehung zu verfolgen hat.

Doch die ICILS-2013-Studie hat das Gegenteil bewiesen, was uns zu ketzerischen Fragen führt: Wurde eigentlich die richtige Altersgruppe getestet? War es nicht aus entwicklungspsychologischer Sicht zu erwarten, dass Achtklässler so jämmerlich abschneiden? Fällt die Studie nicht ein vorschnelles Urteil, wenn ihre Autoren behaupten, rund ein Drittel der Kinder würde es »voraussichtlich schwer haben«, am »gesellschaftlichen Leben des 21. Jahrhunderts« teilzunehmen?

Oder anders gefragt: Lassen wir in Deutschland 13- bis 14-Jährige zur Fahrprüfung zu? Warum gelten Kinder unter 14 Jahren als strafunmündig? Und warum dürfen junge Erwachsene erst mit 18 Jahren zur Bundestagswahl gehen?

Die Frage nach der richtigen Altersgruppe wirft weitere Fragen auf: »Dies ist eine Bildungsstudie und von keinen weiteren Interessen geleitet«, versichert Studienleiterin Eickelmann der Website www.faz.net. Doch gerade die untersuchte Altersgruppe scheint negative Ergebnisse herauszufordern. Denn sie ist nicht in der Lage, die nötigen Kompetenzen für das digitale Zeitalter zu entwickeln. Das sieht die Biologie einfach nicht vor – und kein Mensch sollte daraus überforderten Kindern einen Vorwurf machen. Oder den Lehrern, den Eltern und den Bildungspolitikern! Die kognitive Reife junger Menschen lässt sich nicht beschleunigen, wie es beim Film das Zeitrafferverfahren möglich macht.

Angesichts dieser Tatsachen hoffen wir, dass bei der ICILS-2013-Studie keine »weiteren Interessen« im Spiel waren. Doch der Aufschrei des IT-Branchenverbandes Bitkom stimmt nachdenklich: Die Lösung sollen Tablets für alle Schüler sein, von der Grundschule bis zum Gymnasium. Plus E-Books, plus Smartboards in jedem Klassenzimmer, plus WLAN-Netze und ihre Wartung, plus Lernsoftware à la »Schlaumäuse« von Microsoft, plus Fortbildungen für alle Lehrer, plus, plus, plus … Ganz klar: Hier gibt es vor allem auch einen ökonomischen Aspekt. Da wird ein Multi-Milliarden-Markt ins Auge gefasst.

Stellt sich die Frage: Wann könnten Kinder wirklich bereit sein, digitale Kompetenzen zu erwerben? Folgen wir Teuchert-Noodt, könnte es ungefähr ab dem zwölften Lebensjahr sinnvoll sein, dass sich Kinder ernsthaft mit digitalen Medien auseinandersetzen. Dabei geht es nicht um die längst verinnerlichte Wisch- und Bedienkompetenz, sondern um Fähigkeiten, wie sie auch der Enquete-Kommission vorschweben. Diese Einschätzung entspricht auch dem Vier-Stufen-Modell von Piaget – und dem Bildungsplan 2004, den Baden-Württemberg für seine Schulen entwickelt hat. Warum gerade das Fach Deutsch ein Vorbild ist, schildern wir im nächsten Kapitel.

## Kinder brauchen digitalfreie Zonen – und gute Pädagogen

Fazit: Wir wollen Kinder auf das digitale Zeitalter vorbereiten, alles andere wäre blinde Maschinenstürmerei. Die Digitalisierung der Welt lässt sich nicht aufhalten, und Hans Magnus Enzensberger vertritt eine exotische Position, wenn er in der *FAZ* fordert (11): »Wer ein Mobiltelefon besitzt, werfe es weg. Es hat ein Leben vor diesem Gerät gegeben, und die Spezies wird auch weiterexistieren, wenn es wieder verschwunden ist.«

Dennoch ist genau zu prüfen, wo wir digitale Medien im Bildungsbereich einsetzen. Die Frage muss immer lauten: Wann verhindern sie Prozesse, die sie vorgeben zu fördern? Unsere These dazu:

**Wir brauchen mindestens in Kindergarten und Grundschule digitalfreie Zonen, damit Kinder Lernerfahrungen machen, die zu ihrer kognitiven Entwicklung passen.**

Aus der ICILS-2013-Studie ziehen wir ganz andere Schlüsse als Wirtschaft und Politik, soweit sie der Branchenverband Bitkom und die Enquete-Kommission Gesellschaft und Digitalität repräsentieren:

➤ Wir brauchen nicht für jeden Schüler Tablets in deutschen Schulen.
➤ Wir brauchen auf keinen Fall Smartboards in allen Klassenzimmern.
➤ Wir brauchen keine »digitalen Ranzen« (Kempf, Bitkom).

Warum brauchen wir all das nicht? Aus entwicklungspsychologischer Sicht scheint es uns sinnvoll zu sein, weder die Kindergärten noch die Grundschulen zu digitalisieren. Beide Institutionen haben die Aufgabe, in einer realen Umgebung grundlegende Fertigkeiten zu vermitteln. Dazu sind »digitalfreie Zonen« nötig – pädagogisch gestaltete Freiräume, in denen Kinder die Welt real begreifen (Kapitel 6 und 7).

Diese pädagogische Gestaltung kostet viel Geld. Doch unsere Gesellschaft versucht immer wieder, mit Technik Probleme zu lösen, die auf ganz anderen Ebenen des Bildungssystems angesiedelt sind. Eigentlich sind kreative Pädagogen gefragt, um in Kindergärten und Grundschule ihre wertvolle Arbeit zu machen. Dafür fehlt aber die gesellschaftliche Wertschätzung, was auf dem Gehaltszettel sichtbar wird.

Norbert Hocke leitet den Vorstandsbereich »Jugendhilfe und Sozialarbeit« in der Gewerkschaft Erziehung und Wissenschaft (GEW). Er erklärte der Website www.focus.de (12), die Politik habe es »viele Jahre lang verschlafen, für attraktive Rahmen- und Arbeitsbedingungen im Erzieherberuf zu sorgen«. Die Gehälter seien kaum gestiegen, obwohl die Anforderungen an Erzieher stark zugenommen haben.

»Das Lohn- und Gehaltsgefüge in diesem Segment ist überhaupt nicht mit dem anderer Berufe zu vergleichen, bei denen die Ausbildung ähnlich lang dauert.« Zahlen seiner Gewerkschaft illustrieren diese Aussage: Seit Februar 2017 verdienen Erzieherinnen in der ersten Gehaltsstufe brutto 2 578,24 Euro, in der sechsten und höchsten Stufe sind es 3 592,24 Euro (13). Was da wohl netto hängen bleibt?

Was für ein Widerspruch: Die frühkindliche Bildung im Kindergarten wird in Sonntagsreden gefeiert. Experten betonen seit Jahren, wie wichtig sie für alle weiteren Schritte im Bildungssystem ist. Gleichzeitig werden die Erzieher mit Gehältern abgespeist, für die IT-ler nicht einmal den Rechner hochfahren würden. Und: Gerade unser Buch zeigt ja in vielen Kapiteln, wie essenziell die menschliche Interaktion zwischen Kindern und Erwachsenen ist. Gerade Erzieherinnen fällt da eine zentrale Rolle zu, um Kinder fürs 21. Jahrhundert fit zu machen.

Daher lauten unsere Fragen: Muss Steuergeld wirklich immer in gesellschaftliche Bereiche fließen, die über die schlagkräftigste Lobby verfügen? Warum wird lieber in Technik statt in Köpfe investiert? Könnte sich die Bitkom nicht für höhere Gehälter im Kindergarten starkmachen?

Die Situation sieht ganz anders aus, wenn Kinder auf eine weiterführende Schule gehen. Dann wird der Einsatz digitaler Medien immer sinnvoller, je älter die Kinder werden. Mit 12 bis 14 Jahren haben sie die kognitiven Grundlagen erworben, um sich die nötigen Kompetenzen für das digitale Zeitalter zu erarbeiten. Diese Fähigkeiten müssen weit über eine reine Wisch- oder Bedienkompetenz hinausgehen, mit der heute Digital Natives Erwachsene beeindrucken. Zu Unrecht, wie wir in diesem Kapitel gezeigt haben.

Im nächsten Kapitel wollen wir uns anschauen, welche Kompetenzen in Zukunft gefragt sind, um digitale Medien ohne Schaden einzusetzen. So werden sie zu einem partizipativen Instrument, mit dem Bürger selbstbewusst ihre Gesellschaft gestalten. Das geht aber nur, wenn wir das ökonomisch aufgeplusterte Trugbild »früher Medienkompetenz« durchschauen.

**Für uns ist klar: Was Hänschen nicht lernt, lernt Hans viel besser!**

# 9. Fit für die Zukunft

## Nicht Technik zählt, sondern der kritische Verstand – welche Fähigkeiten am Computer tatsächlich notwendig sind

»333, bei Issos Keilerei« – ein Lernspruch, an dem viele Jahrzehnte kein Schüler vorbeikam, sobald er sich mit griechischer Geschichte zu beschäftigen hatte. Historische Daten büffeln war noch nie attraktiv, im digitalen Zeitalter scheint es völlig überflüssig zu sein. Warum sollte jemand mit der Jahreszahl 333 v. Chr. ein geschichtliches Ereignis verbinden? Daher fragt Ferdinand Knauß in der *Wirtschaftswoche* (*WiWo*) (1):

> »Ist das nicht wurscht? Einmal ›Issos‹ oder ›333 vor Christus‹ in die Suchmaske von Google eingeben, schon erfährt jeder ganz ohne Paukerei, wie das Heer Alexanders des Großen die Perser unter Dareios in Kleinasien in die Flucht schlug.«

Oft zu hören ist auch diese Überlegung: »Guck mal her, hier in meinem Smartphone findest du das Wissen der Welt.« Aus diesem mobilen Zugang zum Internet wird geschlossen: Heute brauchen wir nur die Kompetenz, eine geeignete Suchstrategie auszuwählen. Das Lernen von Fakten hat sich erledigt. Das ist ein weiterer Mythos der Digitalität, seine Folgen sind an deutschen Hochschulen zu besichtigen. Frage des Dozenten: »Wann wurde die DDR gegründet?« – Antwort: »1961.« Wahrscheinlich hatte der Student gerade ein YouTube-Video über den Mauerbau gesehen …

Warum sprechen wir von einem Mythos? Folgen wir einfach den Gedanken von Knauß: Er fragt sich, was der faktenfreie Digital Native mit den Begriffen »Alexander«, »Dareios«, »Makedonien« oder »Perser« anfängt. Diese Wörter tauchen alle im entsprechenden Wikipedia-Artikel auf. »Jeder Satz des Eintrags wird ihn nur zusätzlich verwirren«, so Knauß.

Das gilt für alle Gebiete des Wissens. Wir brauchen ein Grundgerüst aus Fakten, um ein stabiles Haus aus Kenntnissen über die Welt zu bauen. Erst wer grundlegendes Wissen erworben hat, dem erschließen sich detaillierte Informationen. Der Rohbau verwandelt sich in ein schönes Eigenheim.

## Kompetenzen bilden – Wissen ohne Vorbildung ist wertlos

Welche Blüten die Wissen-der-Welt-per-Klick-Vorstellung treibt, können Dozenten täglich in ihren Veranstaltungen erleben. Beispiel: Volkswirtschaftslehre, Geld- und Währungspolitik. »Faktenfreies« Präsentieren mit PowerPoint geht so: Eine Grafik wird aus dem Internet in die Folie kopiert. Sie stellt dar, wie eine Wirtschaft durch Deflation in den Abgrund taumelt. Als ein Faktor wird genannt: »Konkurrenzparadoxie«. Was das sei, fragt der Dozent die Vortragenden. Schweigen im Saale ... Dabei hätte sich der Begriff aus dem Kontext erschließen lassen. Und das ging so weiter. Es folgten in anderen Präsentationen Formulierungen wie »differenzierter Ernennungsmodus« und »Legislaturperiode«. Ja, sogar die »Legislaturperiode« stellte sich als intellektuelle Nuss heraus, die nur schwer zu knacken war.

Was war geschehen? Der Zugriff auf das Wissen der Welt erfolgte per Copy & Paste: Die Begriffe schmückten nur die Folien – ihr Verständnis schien für die Studenten nicht wichtig zu sein. Sonst hätten sie weitergegoogelt! Kein Wunder, dass 75,8 Prozent der deutschen Lehrer fürchten, dass Schüler »unreflektiert Inhalte aus dem Internet kopieren« (ICILS-Studie 2013). Das betrifft auch ganze Referate, Hausarbeiten oder Dissertationen – Karl-Theodor zu Guttenberg hat dazu Maßstäbe gesetzt, als er sein Amt als Verteidigungsminister verspielte: wegen einer abgeschriebenen Doktorarbeit!

Warum wird Faktenwissen nicht mehr geschätzt? Ferdinand Knauß gibt eine Antwort, indem er auf die pädagogische Debatte um Kompetenzen eingeht:

>»Anstelle des angeblich unnützen Wissens sollen Kompetenzen, also Fähigkeiten, erworben werden, die unmittelbar auf die zu lösenden Probleme der künftigen Arbeitsmarktteilnehmer anzuwenden sind. Der Kompetenzbegriff eröffnete den Autoren der Lehr- und Studienpläne ein unendlich weites Feld der Beliebigkeit.«

Das modische Stichwort dabei lautet: »Employability« – auf Deutsch »Beschäftigungsfähigkeit«. Wer nur in Kompetenzen denkt, vernachlässigt die Basis menschlicher Erkenntnisfähigkeit, die aus Fakten, Zahlen und Wissen über die Welt besteht. Diese Basis erodiert, wenn Kinder in der Illusion aufwachsen, Wissen sei auf Knopfdruck abrufbar – und habe nichts mehr mit eigener Anstrengung zu tun. Denn Lernen ist anstrengend, auch wenn die Propagandisten des E-Learnings glauben, das Problem durch Edutainment zu lösen. Knauß: »Wissen, egal ob auf Pergament, Papier oder auf Servern gespeichert, bleibt tote Materie, wenn es sich nicht mehr durch Menschen in Geist verwandelt.« Auf diese Verwandlung in Geist kommt es an, und zwar durch aktive kognitive Prozesse, wie wir sie in Kapitel 7 (Anfassen statt angucken) geschildert haben. Da helfen keine bunt animierten Lernvideos.

Knauß bezweifelt übrigens, dass die Konzentration auf Kompetenzen besonders leistungsfähige Arbeitskräfte hervorbringt. Er schreibt über diese jungen Menschen:

>»Dass sie dadurch zu produktiveren Arbeitskräften werden, kann man hoffen – aber auch bezweifeln. Nicht zu bezweifeln ist, dass ein Mensch, der wenig weiß, eher glaubt, was ihm gesagt wird, weil kritisches Denken ohne Wissen kaum möglich

ist. Eine Gesellschaft des Unwissens, auf die wir möglicherweise zusteuern, droht damit auch eine Gesellschaft der Unmündigkeit zu werden.«

Damit wird deutlich: Was wir jetzt über Kompetenzen schreiben, bedarf eines starken Fundaments aus Wissen. Dann lässt sich überlegen, welche Kompetenzen für das digitale Zeitalter nötig sind. Zunächst haben wir im letzten Kapitel die Digital Natives entzaubert. Die ICILS-Studie 2013 zeigt, wie wenig kompetent 13- bis 14-Jährige mit dem Computer umgehen. Das fanden wir nicht schlimm, weil aus entwicklungspsychologischer Sicht kein anderes Ergebnis zu erwarten war.

## Kompetenzbildung am Beispiel Deutschunterricht

Wie sich ab diesem Alter aber Kompetenzen positiv entwickeln, beweist ein Blick in den Bildungsplan 2016 von Baden-Württemberg (2). Uns interessieren die Bildungsstandards im Fach Deutsch. Deutsch? Was hat dieses Fach mit digitalen Medien zu tun? Eine Menge, wenn wir genauer hinschauen.

Für die 5./6. Klasse im Gymnasium werden als »zentrale Schreibformen« genannt: »erzählend (zum Beispiel Nacherzählung, Geschichten zu Bildern und anderen Impulsen), beschreibend (zum Beispiel Textbeschreibung)«. Diese Anforderungen scheinen angemessen zu sein für die dritte »konkret-operatorische Phase« nach Piaget (sieben bis zwölf Jahre). Keine tiefere Analyse von Inhalten, keine abstrakte Reflexion. Stattdessen fordert der Bildungsplan, dass Kinder in diesem Alter etwa »Geschichten zu Bildern verfassen«.

Springen wir weiter in die 7./8. Klasse, also genau in die Altersgruppe der ICILS-2013-Studie. Jetzt heißt es über die »zentralen Schreibformen«: »informierend (zum Beispiel Inhaltsangabe), analysierend und interpretierend (zum Beispiel Charakterisierung literarischer Figuren, Interpretationsaufsatz, auch gestaltend)«. Klar, in diesem Alter beginnt die »formal-operatorische Phase« (ab zwölf Jahren): Kinder sollten lernen, »analysierend und interpretierend« zu arbeiten. Diese Anforderungen gehen über anschauliches Erzählen hinaus, stellen aber keine hohen kognitiven Hürden dar. Die stellt der Bildungsplan später auf.

Nun zur 9./10. Klasse: Die Jugendlichen sind zwischen 15 und 16 Jahre alt – und voll in der »formal-operatorischen Phase« (ab zwölf Jahren) angekommen. Allmählich flauen auch die Stürme der Pubertät ab, rationales Denken kann sich entwickeln. Das spiegelt sich auch in den Kompetenzen für das Fach Deutsch, die »zentralen Schreibformen« lauten: »interpretierend (zum Beispiel Interpretationsaufsatz, auch gestaltend)«.

Der intellektuelle Anspruch steigt mit dem Alter, was sich leicht einsehen lässt. Sollten wir nicht genauso über die »goldene« Medienkompetenz nachdenken, um die gerade ein großer Tanz aufgeführt wird? Diese Frage stellt sich besonders scharf, sobald wir einen Blick in die Kompetenzen der 11./12. Klassen werfen, die auf das Abitur vorbereiten. Da heißt es unter dem Stichwort »zentrale Schreibformen«: »analysierend und interpretierend (zum Beispiel Interpretationsaufsatz, auch Textvergleich); Essay«.

Essay? Diese Textform beschreibt das Lexikon als »kürzere, anspruchsvollere, subjektiv gefärbte Abhandlung über ein bestimmtes Thema aus Kunst, Wissenschaft oder Philosophie«. Ebenso wird zum Punkt »Texte interpretieren« für die 11./12. Klasse gefordert: »komplexe Deutungen eines Textes formulieren und das eigene Textverständnis erläutern und begründen, auch mithilfe von eigenen und fremden Deutungshypothesen«. Da ist Selbstreflexion gefragt! Und: die Einnahme einer distanzierten Perspektive sowie die Abstraktion von der eigenen Subjektivität.

Genau das können Kinder der 5./6. Klasse nicht leisten, weshalb es bei ihnen schlicht unter dem Stichwort »Texte interpretieren« heißt: »zwischen Sachtexten und literarischen Texten unterscheiden«. Da sollten natürlich Oberstufenschüler auf einem höheren Level unterwegs sein; im Fach Deutsch erreichen sie in der

11./12. Klasse ihre höchste Kompetenzstufe! Und sie dürfen bald zur Bundestagswahl gehen, weil sie mit 18 Jahren volljährig sind.

## Die Kompetenzforderungen der Enquete-Kommission

Legen wir einfach die Liste der Enquete-Kommission daneben, die alle nötigen Kompetenzen für das digitale Zeitalter liefert (ausführlich zitiert in Kapitel 8, Medienkompetenz). Wenn wir das machen, stoßen wir auf eine Erkenntnis, die eigentlich selbstverständlich sein sollte. Denn unter anderem fordern die Abgeordneten (3):

➤ Kritisches Hinterfragen von Inhalten
➤ Kompetenten Umgang mit der Informationsflut
➤ Risikobewusstsein (Kostenfallen, Datenschutz, Betrug, Missbrauch)
➤ Kreativität beim Umgang mit und dem Schaffen von Inhalten
➤ Informationskompetenz, also die Fähigkeit, Informationen zu bewerten und zu nutzen
➤ Befähigung zum Erstellen eigener Inhalte

Das sind alles sinnvolle Kompetenzen, aber bitte erst für Kinder, die älter als 12 bis 14 Jahre sind! Daher tauchen ähnliche Anforderungen für Deutsch auf, wenn die Kinder die 8. bis 12. Klasse erreicht haben. Kein Zweifel: Der Bildungsplan aus Baden-Württemberg berücksichtigt die kognitive Entwicklung der Kinder. Warum sollte das nicht auch für den Umgang mit digitalen Medien gelten? Warum sollten wir wegen der ICILS-2013-Studie Kinder mit Erwartungen überfrachten, die ihr Gehirn überhaupt nicht erfüllen kann? Nur damit sich Millionen Tablets verkaufen lassen, gefördert durch staatliche Subventionen?

Haben wir jetzt Äpfel mit Birnen verglichen? Das denken wir nicht. Denn wer im Deutschunterricht die genannten Kompetenzen erwirbt, ist sicher auch fit fürs Internet. Erst eine analytische Lesekompetenz erschließt die virtuelle Informationsvielfalt. Ex-DL-Präsident Kraus bringt das auf den Punkt: »Wer sich im Buch nicht auskennt, wer sich in einer Bibliothek nicht auskennt, der wird sich auch im Internet nicht auskennen.«

## Kompetenzen im digitalen Zeitalter

Nun können wir den Blick zusätzlich in die Gesellschaft schweifen lassen – und uns weiter mit Kompetenzen beschäftigen, die für viele Gruppen gleichermaßen wichtig sind: Heranwachsende ab 12 oder 14 Jahren, Schulabgänger, Auszubildende, Studierende, Berufstätige oder Rentner.

Alle Gruppen brauchen spezielle Fähigkeiten, um das digitale Zeitalter zu bewältigen. Grundlage ist immer *digitale Kompetenz* (Digital Literacy), die wir bisher etwas abschätzig als Wisch- und Bedienkompetenz bezeichnet haben. Doch ohne diese Kompetenz findet keiner den Einschaltknopf am Smartphone! Das heißt: Wir alle müssen lernen, eine ganze Reihe von Geräten zu bedienen, vom Smartphone über Tablets und Laptops bis zum klassischen PC auf dem Schreibtisch. Ihre Software ist aus einer User-Perspektive zu verstehen und anzuwenden.

Dabei kommt es inzwischen darauf an, vernetzte Strukturen zwischen den vielfältigen Geräten zu begreifen. Ob dafür »Programmieren als zweite Fremdsprache« (Ex-Wirtschaftsminister Sigmar Gabriel) nötig ist, wagen wir zu bezweifeln. Das Wischen auf Tablets lernen Kinder heute schon »nebenher« – um diese Kompetenz müssen wir uns wenig Sorgen machen.

Weit entscheidender ist die *informationelle Kompetenz* (Information Literacy): Das ist ein alter Begriff der 1970er-Jahre, der ursprünglich aus dem amerikanischen und britischen Bibliothekswesen kommt. Er stammt aus einer Zeit, in der Recherchen über Karteikartensysteme liefen. Es ging darum, in konventionellen Bibliotheken relevante Bücher zu identifizieren, sie im Regal zu finden und vor dem Tod durch Verstauben zu retten. Ganz ohne Internet! Wie Autofahren ohne Navi! Diese informationelle Kompetenz forderten vor allem Universitäten von Studierenden, die das wissenschaftliche Arbeiten lernen sollten.

Doch mit dem Siegeszug des Internets eroberte diese Kompetenz weitere Felder der Gesellschaft, zumal es in der digitalisierten Wirtschaft immer wichtiger wird, mit Informationen vernünftig zu arbeiten. Daher beschreibt die *Alexandria Proclamation* diese Fähigkeit auf folgende Weise (4):

>»Informationelle Kompetenz bildet das Herzstück des lebenslangen Lernens. Sie befähigt Menschen in allen Bereichen der Gesellschaft, Informationen zu suchen, zu bewerten, zu nutzen und selbst zu schaffen. Das versetzt sie in die Lage, persönliche, soziale, berufliche und bildungsbezogene Ziele zu erreichen. Dabei handelt es sich um ein grundlegendes Menschenrecht in der digitalen Welt, das global den sozialen Zusammenhalt fördert.«

Dieser Erklärung war ein wissenschaftliches Kolloquium vorausgegangen, das 2005 in der Bibliothek von Alexandria/Ägypten stattgefunden hatte.

Wie sieht aber die konkrete Praxis aus? Wie lernen wir im Alltag, kompetent mit Informationen umzugehen? Ein wichtiger Schritt für Schüler und Studierende ist es, die Kunst der Konzentration zu pflegen – trotz der Vielzahl digitaler Impulse, die über Bildschirme auf sie einströmen.

## Der Kampf um die Konzentrationsfähigkeit

Welche Kämpfe da auszufechten sind, zeigt ein Gespräch mit jungen Leuten, die an einer Hochschule in Baden-Württemberg studieren. Sie schildern sehr ähnliche Erfahrungen beim Schreiben ihrer Bachelorarbeit:

➤ »Wenn ich einmal im Fluss war, habe ich fünf oder zehn Minuten geschrieben. Dann kurz aufs Handy geschaut und anschließend weitergeschrieben. Ich schreibe etwas, weiß nicht mehr weiter – und schon fällt der Blick auf mein Handy.«

➤ »Bei mir ist es auch ganz schlimm, ich schweife schnell ab. Ich bin dann gleich im Internet: Die Onlinebestellungen sind während der Bachelorarbeit gestiegen, zum Beispiel bei Klamotten.«

➤ »Bei Internetrecherchen ist nicht nur ein Tab offen, sondern gleich fünf weitere. Da sieht man schnell: Ach, schon wieder eine Nachricht. Ach, und jetzt könnte ich noch meine E-Mails checken. Und wenn das Handy eine Nachricht anzeigt oder bimmelt, lässt sich das auch nicht ignorieren.«

➤ »Am Anfang hatte ich immer ganz viele Tabs offen, auch die Klassiker wie Facebook, E-Mail usw. Neben dem Rechner lag noch das Handy. Sobald mir ein Gedanke querkam, habe ich mich ablenken lassen. Zum Beispiel auf Amazon nachgeschaut, was etwas kostet.«

Aber dann setzt bei vielen Studierenden ein Lernprozess ein, der eigentlich bereits in der Schule stattfinden sollte. Denn es kann schon eine Leistung sein, »wirklich einmal fünf Stunden nicht aufs Handy zu schauen«, wie es eine Studentin berichtet. Allerdings nur wegen des enormen Zeitdrucks, weil sich der Abgabetermin mit riesigen Schritten näherte. Das macht deutlich: Zeitmanagement ist unverzichtbar im digitalen Zeitalter, wird aber oft nicht ernst genommen. »Unter Druck arbeite ich am besten«, ist häufig zu hören. Welche Qualität herauskommt, wenn Nächte zum Tag werden, spielt keine Rolle mehr.

Doch das Klischee der »Generation abgelenkt« trifft nicht auf alle zu, die als Digital Natives geboren wurden. Konzentration durch einen kompetenten Umgang mit Zeit – diese Fähigkeit haben sich zum Beispiel zwei der Studierenden bei ihrer Bachelorarbeit erarbeitet:

➤ »Die ganze Zeit habe ich zu Hause geschrieben und ganz bewusst mein Handy ausgeschaltet. Weil ich weiß, dass ich leicht abzulenken bin. Deshalb arbeitete ich eine oder zwei Stunden ohne Unterbrechung, und erst in einer Pause habe ich das Handy wieder eingeschaltet. Wir erhalten heute mindestens alle fünf Minuten eine Nachricht. Geschieht das nicht, sind wir besorgt. Daher habe ich das Handy mit voller Absicht abgeschaltet, um mein Unterbewusstsein bewusst zu umgehen.«

➤ »Ich habe mich auch komplett abgekapselt, vor allem, wenn ich meine volle Konzentration für den Anfang brauchte oder ein neues Kapitel begonnen habe. Da wollte ich nicht einmal am Computer sitzen. Er war zwar an, mit allen Informationen; es durfte aber kein Facebook offen sein. Ich brauchte einfach Ruhe und ein Blatt Papier. Dabei hat es mich sogar gestört, wenn jemand in den Raum kam. Alles, was ablenkt, war ausgeschaltet. Gerade wenn die Konzentration nachlässt, merkt man schnell: >Okay, ich schau da jetzt mal rein. Und zack! – ist man weg.<«

Damit platzt ein weiterer Mythos der Digitalität, der da lautet: Multitasking sei die basale Fähigkeit für die Arbeit mit Computern. Das Gegenteil ist der Fall: »Wir können unser Großhirn ausquetschen wie Zitronen und müssen dennoch schmerzlich feststellen, dass Konzentration und Ergebnis beim mehrfach parallelen Arbeiten unweigerlich leiden«, schreibt Joachim Müller-Jung in der *FAZ* (5). Multitasking führt schnell zu einer Oberflächlichkeit, die Erkenntnisse auf ein Comicformat reduziert. Oberflächlich wird die Wahrnehmung der Welt – und die Wahrnehmung der eigenen Arbeit. Multitasking führt zu schwachen Ergebnissen, die zwar an der Oberfläche funkeln – wie manche PowerPoint-Präsentation. Doch für ein schnelles Ergebnis opfern wir unsere Fähigkeit zur tieferen Konzentration. Dazu meint der buddhistische Mönch Thích Nhât Hạnh (6): »Achtsamkeit wirft ihr Licht auf alle Dinge. Achtsamkeit bringt die Kraft der Konzentration. Achtsamkeit führt zu tiefer Einsicht.« Wer Kinder unter zehn Jahren Achtsamkeit und Konzentration lehrt, schafft seelische Grundlagen, damit sie später mit digitalen Medien effizient und produktiv arbeiten. Stichwort »Impulskontrolle«. Das lernen sie an keinem Tablet oder Smartphone. Diese Geräte bombardieren sie nur mit Reizen, die sie überfluten und ihr Gehirn überfordern (Kapitel 2, Im Kreuzfeuer der Werbung).

Dagegen entwickelt sich Achtsamkeit in der Natur, wenn wir im Schulgarten Zucchini oder Kürbisse pflanzen. Dann beobachten wir, wie sie größer und größer werden, um sie schließlich mit Bedacht zu ernten. Das ist kein ökologischer Romantizismus, sondern die beste Vorbereitung, um später konzentriert am Rechner zu arbeiten. Realität schlägt Virtualität!

## Kritikfähigkeit kontra kritiklose Konsumenten

»Es ist dem Untertanen untersagt, den Maßstab seiner beschränkten Einsicht an die Handlungen der Obrigkeit anzulegen«, soll der preußische Innenminister Gustav von Rochow im 19. Jahrhundert gesagt haben. Von dieser »beschränkten Einsicht« ist es nur ein kurzer Weg zum TINA-Prinzip unserer Zeit (»There Is No Alternative«), das auch die Debatte um digitale Bildung zu beherrschen droht. In jeder Streitfrage gibt es Alternativen! Viel bequemer ist es aber, den Untertanen ihre beschränkte Einsicht vor Augen zu führen. Dann lässt sich bis zur nächsten Bundestagswahl »durchregieren« (auch so ein entlarvendes Wort).

Ganz klar: Kritikfähigkeit ist ein hohes Gut in der Demokratie – und daher eine zentrale Kompetenz im Umgang mit digitalen Medien. Gerade weil sie sich oft durch eine funkelnde Oberfläche auszeichnen, unter der sich Werbung, Marketing und politische Manipulation verbergen. Wie leicht wir uns in die Irre führen lassen, zeigt die Erfahrung einer Studentin: »Die Optik ist ein wichtiger Aspekt, an dem ich mich oft orientiert habe. Wie sieht eine Website aus? Wenn ich dann das Gefühl habe, sie wirkt unprofessionell, habe ich sie nicht zitiert. Das kann schon an der Farbenkombination oder den Schriftarten gelegen haben.«

Im Umkehrschluss heißt das: Glaubwürdigkeit ist an Design gebunden – und nicht an Inhalte! So fallen wir täglich auf edle Mogelpackungen ohne brauchbaren Inhalt herein. Kritikfähigkeit beginnt, wenn sich Schüler und Studierende nicht mehr von solchen glänzenden Mogelpackungen blenden lassen. Ein weiter Weg, wenn wir an die Erziehung zum »kritiklosen Konsumenten« denken, die bereits vor der Grundschule einsetzt – durch angeblich »kindgerechte« Inhalte, die Spezialagenturen crossmedial in die kleinen Köpfe hämmern (Kapitel 2, Im Kreuzfeuer der Werbung).

## Fake News, Teil 1:
## Sein und Schein – Besuch von Ministerin Johanna Wanka

Es ist eigentlich ein Beispiel für intelligente Zusammenarbeit:
»20 Kilometer trennen ihre Klassenräume voneinander, doch das hindert sie nicht am gemeinsamen Lernen: Vor einer virtuellen Tafel tauschen sich Schülerinnen und Schüler des Leininger-Gymnasiums in Grünstadt per Internet mit Mitschülern des Wormser Gauß-Gymnasiums über ihre Erfahrungen mit einer Partnerschule in Ruanda aus. (…) Dazu diskutieren sie vor der Webcam mit ihren Online-Klassenkameraden und kleben virtuelle Notizzettel an das sogenannte ›neXboard‹.«
Der Text steht auf der Website des Bundesbildungsministeriums, er wird illustriert durch ein Foto, das die Schüler in Aktion zeigt vor einem gewaltigen 4k-Bildschirm. Alles prima! Wirklich?

Die Schüler demonstrieren fotogen ihre Zusammenarbeit, als Bildungsministerin Johanna Wanka im Juni 2017 das Grünstädter Gymnasium besucht, um die »Schul-Cloud« zu starten. Das Ganze ist eine reine Medieninszenierung: Wenig später ist zu beobachten, wie drei Männer den schweren Bildschirm wieder aus der Schule tragen. Diebstahl am hellichten Tage? Brauchen die Schüler nicht diesen Bildschirm für das Ruanda-Projekt? Nein, die Firma »neXboard« hat für diesen einen Tag die »virtuelle Tafel« zur Verfügung gestellt, als Leihgabe. »Kostet 10 000 Euro, das kann sich keine Schule leisten«, ist als Auskunft zu hören.

So produziert das Bundesbildungsministerium selbst Anschauungsmaterial, an dem Schüler in der Oberstufe ihre Medienkompetenz schärfen können. Aber Hand aufs Herz – wer den Abtransport der »virtuellen Tafel« nicht erlebt hat, glaubt immer noch an diese Fake News.

Wie nötig die Unterscheidung von »Sein und Schein« ist, lässt sich immer wieder bei studentischen Prüfungsarbeiten erleben: Eine Studentin hatte ausgerechnet, wie es durch private Altersvorsorge möglich würde, im Ruhestand gewaltige Rentenzahlungen zu erhalten. Auf kritische Nachfrage zeigte sie die Website, von der die starken Zahlen kamen. Ein Versicherungsmakler hatte sie ins Netz gestellt.

Bei der Frage nach Quellen kann es auch passieren, dass Studierende die verblüffende Antwort geben: »Aus Google!« Die Aussage wird auch nicht korrigiert, wenn der Dozent nachhakt. Diese Naivität wird ergänzt durch das Copy-&-Paste-Syndrom! Da muss es Aufgabe der Schule sein, Kinder etwa ab zwölf Jahren für diese Phänomene zu sensibilisieren! Dann entwickelt sich eine altersgemäße Medienkompetenz.

Wie wichtig Kritikfähigkeit ist, zeigt auch Prof. Volker Lingnau (7). Er stellt die Frage »Gibt es die lilafarbene Kuh?«. Dazu sein humorvolles Gedankenexperiment: »Auf einer Zugfahrt durch die Schweiz wacht ein Reisender nur einmal auf und sieht eine lilafarbene Kuh. Welche Erkenntnisse können zulässigerweise aus dieser Beobachtung gewonnen werden? Es ist offensichtlich, dass der allgemeine Satz, alle Kühe haben die Farbe Lila, genauso unzulässig ist wie die Behauptung mit räumlicher Einschränkung, also >in der Schweiz haben alle Kühe die Farbe Lila<. Doch auch weitere Konkretisierungen führen zu keinen gültigen Schlussfolgerungen.«

Nehmen wir also Platz in Lingnaus Zugabteil und verfolgen, wie sein origineller Gedankengang weitergeht: Falsch könnte es schon sein, aus der Existenz einer lilafarbenen Kuh zu schließen, dass in der Schweiz viele Kühe so aussehen. Wir haben ja nur eine solche Kuh gesehen. Nächster Schritt: Wir treffen eine zeitliche Einschränkung, sodass wir behaupten, nur während der Zugfahrt eine lilafarbene Kuh gesehen zu haben. Das ist zwar korrekt, weil sich für die Zeit vor und nach der Zugfahrt keine Aussage treffen lässt. Aber eine generalisierende Feststellung ist so auch nicht möglich. Lingnau: »Der einzig zulässige, weil nicht wahrheitserweiternde Schluss liegt in der genauen Wiedergabe des beobachteten Sachverhalts.«

Glücklich werden wir damit aber nicht: Wir könnten zwar festhalten, während der Zugfahrt genau eine lilafarbene Kuh entdeckt zu haben. Aber eventuell stehen davon mehr auf Schweizer Wiesen … Und wer kann sich sicher sein, dass die Kuh auf beiden Seiten lila war? Niemand. Daher lautet nach Lingnau die einzige, akzeptable Aussage: »Während meiner Bahnfahrt gab es in der Schweiz mindestens eine Kuh, die auf mindestens einer Seite lilafarben war.«

Mit dieser Geschichte landen wir in einem Teilgebiet der Philosophie, der Erkenntnistheorie. Und siehe da: Uralte Fragestellungen gewinnen im digitalen Zeitalter eine neue Bedeutung. So argumentierte David Hume (1711–1776) (8):

»Alle Folgerungen aus der Erfahrung setzen als ihre Grundlage voraus, dass die Zukunft der Vergangenheit ähnlich sei und ähnliche Kräfte mit ähnlichen Sinnesqualitäten verbunden sein werden.«

Weil diese Annahme empirisch nicht haltbar ist, folgert der Philosoph:

>»Es ist daher unmöglich, dass irgendein Erfahrungsbeweis [die] Ähnlichkeit der Vergangenheit mit der Zukunft erweisen könnte. Mag der Gang der Dinge bislang noch so regelmäßig gewesen sein, so kann das allein nicht beweisen, dass es auch in Zukunft so bleiben werde.«

Jahre zuvor hatte John Locke (1632–1704) über dasselbe Problem nachgedacht – und einen anderen Schluss gezogen (9):

>»Wer in den gewöhnlichen Dingen des Lebens nichts gelten lassen wollte als den direkten, klaren Beweis, hätte auf dieser Welt nur die einzige Gewissheit, dass er bald zugrunde gehen werde. Die Bekömmlichkeit von Speise und Trank würde ihm für eine Probe nicht ausreichend begründet erscheinen, und ich möchte wohl wissen, was er überhaupt noch tun könnte, wenn es nur aus Gründen geschehen sollte, die für keinerlei Zweifel und Einwand mehr Raum lassen.«

Wer hat recht? Darüber sollten Schüler nachdenken – als Vorbereitung auf das digitale Zeitalter. Wer Denkgewohnheiten infrage und Sachverhalte auf den Kopf stellt, wird auch in der Lage sein, differenzierte Ergebnisse bei Internetrecherchen zu erzielen. Informationelle Kompetenz beginnt, wenn die endlosen Ergebnislisten von Google systematisch durchkämmt werden, um valide Informationen zu finden. Der Blick für geeignete Quellen entscheidet – und nicht das blitzschnelle Eintippen von Suchbegriffen bei Google.

Nie war Philosophie so wertvoll wie heute! Medienkompetenz beginnt mit der Reflexion der Welt und vor allem mit dem Nachdenken über die eigene Innenwelt. Wer sich durch Locke und Hume durchbeißt, lässt sich weniger verführen, wenn digitale Sirenen ihre Gesänge anstimmen. Er gewinnt einen kritischen Abstand zu medialen Einflüsterungen aller Art, egal ob online oder offline. Denn: Gerade im digitalen Zeitalter müssen wir lernen, gut verpackte Informationen nicht für bare Münze zu nehmen. Der Skeptiker Hume lehrt uns, wie beschränkt unsere Möglichkeiten sind, Wahrheiten zu erkennen.

## Fake News, Teil 2: Politische Hetze in »sozialen« Netzwerken

Wie schwierig auf den ersten Blick Fake News zu erkennen sind, zeigte 2016 eine Facebook-Nachricht, die auf einer wahren Vorgeschichte aufbaut, um die Plausibilität der Meldung zu erhöhen. Raffiniert!

Im Sommer 2016 hatte ein Flüchtling bei Würzburg mehrere Bahnreisende mit Axt und Messer schwer verletzt. Auf der Flucht wurde er von der Polizei erschossen. Renate Künast (Bündnis 90/Die Grünen) schrieb dazu auf Twitter: »Tragisch und wir hoffen für die Verletzten. Wieso konnte der Angreifer nicht angriffsunfähig geschossen werden??? Fragen!« Das löste einen Shitstorm aus ... Künast wurde unterstellt, zu viel Mitleid mit dem Täter zu zeigen.

Und die Ausläufer dieses Sturms nutzten Fälscher im Dezember 2016, um ihre eigene Nachrichtensuppe zu kochen. Hintergrund war der Mord an einer Freiburger Studentin, die vorher vergewaltigt wurde. Als Angeklagter steht gerade ein afghanischer Flüchtling vor Gericht. Die Fälscher brachten auf Facebook ein Bild der Politikerin in Umlauf, versehen mit dem angeblichen Zitat: »Der traumatisierte junge Flüchtling hat zwar getötet, man muss ihm aber jetzt trotzdem helfen.« Drei Tage dauerte es, bis Facebook diese Fake News löschte ... in dieser Zeit waren sie Wasser auf rechten Mühlen, um der Politikerin Sympathie mit Terrorverdächtigen zu unterstellen. Die perfide Wirkung dabei: Der echte Würzburg-Tweet steigerte die Wahrscheinlichkeit, dass User die böswillige Verdrehung für bare Münze nehmen würden. So tragen wirklich gefährliche Fake News eine Tarnkappe aus Plausibilität.

Auch Neil Postman dachte 1985 über solche Fragen nach, und zwar in seinem Buch *Wir amüsieren uns zu Tode* (10). Damals schrieb er bereits: »Wie können wir die Erziehung einsetzen, um das Fernsehen (oder den Computer [...]) zu kontrollieren?« Sein Buch sorgte für Aufsehen, weil er den Verfall menschlicher Urteilskraft durch Medienkonsum aufs Korn nahm. Postman schätzte es »nicht als bizarr« ein, »den jungen Menschen beizubringen, wie sie von den dominierenden Informationsformen ihrer Kultur Abstand gewinnen«. Er hoffte, dass wir diese Bildung des Bewusstseins »zum Mittelpunkt der Erziehungsanstrengungen machen«. Prophetische Worte!

Kein Wunder, dass Jörg Friedrich eine bemerkenswerte *Kritik der vernetzten Vernunft* verfasst hat (11). Er studierte Meteorologie, Physik und Philosophie und beschäftigt sich mit Fragen der praktischen Philosophie. Sein Anspruch: »In diesem Buch geht es um Vernunft und darum, was es heute heißt, vernünftig zu sein.« Daher lautet der Untertitel: *Philosophie für Netzbewohner.*

Vernunft im Internetzeitalter geht bei Friedrich mit der Frage los: »Warum glaube ich der App?«. Als Antwort spinnt er eine kleine Geschichte, die in einem Zugabteil spielt. Zwei Reisende unterhalten sich über die Lufttemperatur in Münster. Sie liege bei elf Grad Celsius, behauptet der eine, der andere stellt das infrage. Darauf zückt der erste Reisende sein Smartphone: »Schauen Sie selbst, 11 Grad Celsius in Münster!« Ende der Diskussion? Weit gefehlt. Der zweite Reisende fragt jetzt, woher die Daten kommen. Der erste Reisende hat keine Ahnung, die App war auf seinem Smartphone vorinstalliert.

Nächste Runde: Der erste Reisende verweist auf seine guten Erfahrungen, weil er sich gemäß der App-Angaben immer richtig gekleidet hat. Der zweite Reisende könnte nun zu der Einsicht kommen, seinem Gesprächspartner zu glauben, weil dieser der App glaubt. Doch wäre es auch möglich, dass im Abteil ein Physikprofessor sitzt, der nach vergleichenden Messreihen fragt. Zum Beispiel mit einem Gartenthermometer.

Oder er wirft gleich die Frage auf »Was bedeutet eigentlich die Aussage >Temperatur in Münster<?« Schließlich sei es möglich, die Temperatur in einem sonnenbeschienenen Café oder einem schatti-

gen Hinterhof zu messen. Also folgt ein Anruf bei einem Freund in dieser Stadt: Er sitzt gerade im Auto und schaut auf die Anzeige der Außentemperatur: 15 statt 11 Grad Celsius! Gleichzeitig kommt eine Meldung über Twitter: »Verdammt kalt in #Münster. Nur 6 Grad. Brauche Handschuhe auf dem Fahrrad.« Wem glaubt der erste Reisende? Dem Freund, der App oder Twitter? Vielleicht scheint ja die Sonne direkt auf die Karosserie des Autos ... Also glaubt er lieber der App!

Erstaunlich: In dieser Geschichte ist am Ende die App glaubwürdiger als der angerufene Freund. Obwohl nicht bekannt ist, wer die meteorologischen Daten ermittelt: »Es könnte sein, irgendwo in Amerika oder in China sitzen ein paar Hundert Leute, die nach Gutdünken oder Lust und Laune Zahlen in den Computer eingeben, die dann auf meinem Display als Temperatur von Münster erscheinen«, schreibt Friedrich.

Wer ähnlichen Fragen im Alltag nachgeht, beweist Kritikfähigkeit. Er lässt sich nicht mit weichgekochten Thesen abspeisen, die dem TINA-Prinzip folgen. Diese Auseinandersetzung mit der Welt will geübt sein – und ist fächerübergreifend in Schule und Hochschule zu trainieren. Ob es um Natur- oder Geisteswissenschaften geht, immer ist ein kritischer Verstand gefragt. »Studieren bedeutet, den Schritt vom rezeptiven Lernen zum aktiven Studieren zu machen«, sagt Dr. Rüdiger Rhein (Leibniz Universität Hannover). Ziel sei es, »nicht Antworten zu verstehen, sondern die zugrunde liegenden Fragen zu begreifen und selbst Fragen zu stellen«.

Vor diesem Hintergrund greifen wir mit unserer Forderung nach »Kritikfähigkeit« bewusst auf, was die Enquete-Kommission ebenfalls als Kompetenzen formuliert hat: kritisches Hinterfragen von Inhalten, kompetenter Umgang mit der Informationsflut sowie die Fähigkeit, Informationen zu bewerten und zu nutzen. Diese Fähigkeiten eignen sich aber keine Grundschüler an, die auf Tablets herumwischen. Und erst recht keine Kinder im Kindergarten.

## Was ist produktive Kompetenz?

Zwei weitere Punkte aus der Liste der Enquete-Kommission lauten: »Kreativität beim Umgang mit und dem Schaffen von Inhalten« sowie »Befähigung zum Erstellen eigener Inhalte«. Das wollen wir als *produktive Kompetenz* zusammenfassen, die besonders in der interaktiven Umgebung des Web 2.0 + x gefragt ist. Diese Kompetenz darf sich auf keinen Fall auf die technische Umsetzung beschränken, wie ein Blick ins SchulWiki Köln deutlich macht. Dort findet sich die Überschrift »Hoseldas Abendteuer« (!) über einer Geschichte, die mit dieser Formulierung abschließt: »Hoselda hat nur noch 12 Stunden zum Leben ihr geht es schlimmer als schlimm ihr geht es Todes schlimm.«

»Todes schlimm«? Klar, Kinder dürfen experimentieren und Fehler machen. Das ist pädagogischer Alltag, und diese Freiräume sollte es immer geben, damit sich Kreativität entwickeln kann. Fragwürdig ist aber, ob solche Versuche gleich den Weg ins Internet nehmen sollten, statt vom Lehrer freundlich im Schulheft korrigiert zu werden. Das SchulWiki Köln nimmt für sich in Anspruch, »Medienkompetenz aufzubauen«. Doch bei vielen Beiträgen drängt sich der Eindruck auf, dass die Form den Inhalt schlägt. Das ist sehr schade! Es kann noch keine produktive Kompetenz sein, mithilfe von Copy & Paste fehlerhafte Beiträge in ein Content-Management-System hochzuladen. Da landen wir wieder schnell bei der reinen Bedien- und Wischkompetenz, die keine Rücksicht auf passende Inhalte nimmt – und sich unter anderem nicht an einer korrekten Rechtschreibung orientiert.

Dagegen verstehen wir unter produktiver Kompetenz die Fähigkeit, Texte, Bilder und Videos in einer hohen Qualität zu produzieren, die keine »aben(d)teuerlichen« Eindrücke hinterlässt. Es geht um solides Handwerk bei der Medienproduktion! Wer in der Schule erzählen und argumentieren lernt, kann auch Texte schreiben, die ihre Leser überzeugen. Wer die Sprache von Bildern versteht, kann

Fotos machen oder Videos drehen, die sich auch auf einer Website sehen lassen können.

Nicht der Upload ins SchulWiki ist von Bedeutung: Der Prozess davor entscheidet, ob Schüler Medienkompetenz erwerben. Das geschieht in vielen Fächern, vor allem im Fach Deutsch, wie uns der Bildungsplan 2016 aus Baden-Württemberg vor Augen führt. Die technische Umsetzung ist der nächste Schritt und will auch gelernt sein. Keine Frage! Aber der Form eines Wikis zu huldigen, ohne Inhalte in entsprechender Qualität zu veröffentlichen – das scheint uns der falsche Weg im digitalen Zeitalter zu sein.

## Erst denken lernen – dann Medien sinnvoll nutzen

Fazit: Im Moment beginnt der Tanz um die goldene Medienkompetenz. Immer kreisen die Tänzer um die Frage »Wie werden unsere Kinder fit fürs digitale Zeitalter?«. Wir geben eine ganz altmodische Antwort: Schüler müssen erst das Denken lernen, um produktiv mit digitalen Medien umzugehen. Dazu gehören für uns Konzentrations- und Kritikfähigkeit sowie eine produktive Kompetenz, um Inhalte mediengerecht in Szene zu setzen. Nicht teure Hardware fördert diesen Lernprozess, sondern Lehrer, die engagiert mit ihren Schülern arbeiten.

## Der Lehrer bestimmt den Lernerfolg

Das hat die viel beachtete Studie von John Hattie klar bewiesen. Sein gewaltiges Werk *Visible Learning* aus dem Jahr 2009 zeichnet sich durch zwei Aspekte aus: Es hat ein breites Spektrum von 138 Faktoren ermittelt, die auf den Lernerfolg von Schülern Einfluss nehmen. Und: 50 000 Studien sind die Grundlage für diese Metastudie, die damit eine einzigartige Datenbasis hat. Wie bedeutsam die Rolle des Lehrers ist, zeigen Ulrich Steffens und Dieter Höfer, die über Hatties Forschung für die Publikation *Schulqualität Allgemeinbildung* (SQA) geschrieben haben (12):

»Für Hattie steht die Lehrperson im Mittelpunkt der Wirksamkeit von Unterricht. Strukturelle Maßnahmen, nach Hattie beliebte Handlungsfelder der Bildungspolitik und Bildungsplanung, nehmen in seiner Forschungssynopse demgegenüber nur einen untergeordneten Stellenwert ein, weil sie häufig gar nicht oder nur schwach wirksam sind. Er plädiert deshalb – teilweise in vehementer Weise – dafür, lehrerbezogene und nicht strukturbezogene Maßnahmen in den Mittelpunkt von Schulentwicklung zu rücken.«

Das heißt in unserem Kontext: Die Gesellschaft sollte vor allem in Köpfe investieren und nicht in Millionen Schüler-Tablets. Das fängt im Kindergarten an, in dem Erzieherinnen einen entscheidenden Beitrag leisten, um die Entwicklung von Kindern zu fördern. Und das für eine Bezahlung, zu der uns nur die Redensart »Appel und Ei« einfällt. Ein Skandal! Es geht weiter mit Grundschulpädagogen, die weniger als Gymnasiallehrer verdienen. Wie wichtig diese Basisarbeit für kognitive Fähigkeiten ist, haben wir ausführlich diskutiert (Kapitel 4, Denken lernen).

Das hat auch Hattie nachgewiesen: Lehrer sollen eine »sehr aktive Rolle spielen«, was aber nicht mit klassischem Frontalunterricht zu verwechseln ist. Das zeigen drei Faktoren guten Unterrichts, die Steffens und Höfer anführen, wobei sie sich am Bildungsforscher Dr. Eckhard Klieme orientieren:

➤ »Strukturierte, klare und störungspräventive Unterrichtsführung
➤ Unterstützendes, schülerorientiertes Sozialklima,
➤ Kognitive Aktivierung, zu der je nach fachlichem Kontext ( … ) herausfordernde, offene Aufgaben ( … ) und generell ein diskursiver Umgang mit Fehlern gehören kann«

Ein guter Lehrer soll seinen Schülern »vielfältige Lernstrategien« vermitteln. Eine »aktive und gezielte Intervention« sei notwendig, gerade wenn ein Kind etwas nicht begreift. Dieser Eingriff habe aber »fehlerfreundlich« zu erfolgen, denn ein Fehler ist immer Anlass, um Neues zu lernen. »Zugleich soll der Lehrer sich dann wieder zurückziehen«, so die Autoren, »und dem Schüler ein selbstgesteuertes Lernen ermöglichen, wenn das erkannte und bearbeitete Lernproblem behoben ist«.

Die »kognitive Aktivierung« passt also gut zum konstruktivistischen Lernkonzept, das wir in Kapitel 7 (Anfassen statt Angucken) geschildert haben: Jeder Schüler muss die Chance erhalten, selbstständig Wissen über sich und die Welt zu »konstruieren«. Dabei steht ein freundlicher Lehrer zur Seite, der solche Prozesse mit Geduld und Empathie begleitet. Diese Fähigkeiten sind in Menschen zu entwickeln, die Lehrer werden wollen. Außerdem ist Fort- und Weiterbildung angesagt. Dazu ist viel Geld notwendig – Geld, das in staatlichen Haushalten fehlt, wenn es einseitig in technische Infrastruktur fließt.

Daher lautet unsere These:

**Egal ob Tablet oder Kreidetafel – die Qualität des Unterrichts steht und fällt immer mit der Persönlichkeit des Lehrers.**

Die Rolle der Lehrer schätzt auch Max Bäumle hoch ein. Er hat 2014 Abitur gemacht – und studiert jetzt Wirtschaftsinformatik an der Technischen Universität Darmstadt. Der Student findet:

»Wir sollten Lehrern zeigen, welche Möglichkeiten digitale Medien in der Schule bieten. Die konkrete Gestaltung der Stunde ist ihre Sache, dann wird der Unterricht auch gut. Wenn sie keine Smartboards einsetzen wollen, sollten wir ihnen diesen Freiraum lassen. Lehrer können solche Situationen am besten einschätzen, sobald sie sich Feedback bei den Schülern holen. Auf diese Weise macht nicht jeder Lehrer methodisch denselben Unterricht – und die Schüler freuen sich über die Abwechslung.«

So weit die Einschätzung eines Digital Natives, der bereits während der Schulzeit begonnen hat, Apps zu entwickeln und erfolgreich zu verkaufen. Er ist ein gutes Beispiel für begabte junge Leute, die ihren Weg gehen – egal ob in allen deutschen Klassenzimmern Smartboards hängen oder nicht. Wer sich schon als Kind für Computer begeistert, schafft es leicht, die nötigen Kenntnisse zu erwerben und zu vertiefen – geleitet von einer starken intrinsischen Motivation. Solche Wege stehen in einem Land offen, in dem gerade der IT-Notstand ausgerufen wird. Da muss die Mehrheit nicht mit Tablets zwangsbeglückt werden, obwohl es im Durchschnitt ihrer kognitiven Entwicklung schadet.

Max Bäumle erzählt dazu eine kleine Geschichte aus seiner Grundschule: Da gab es für die Pause zwei Computer, auf denen Lernprogramme für Deutsch und Mathematik installiert waren – und ein paar Spiele, die eigentlich nicht leicht zugänglich sein sollten. »Wir haben natürlich die Lehrer ausgetrickst und herausgefunden, wie die Spiele zu starten sind«, so Bäumle. Begabung setzt sich eben durch.

# 10. Profit

## Digitale Bildung ist ein riesiger Markt – egal ob pädagogisch wertvoll oder nicht

Konzerne wittern Milliardenumsätze, wenn Bildung in Deutschland umfangreich privatisiert wird. So weit ist es noch nicht, aber schon jetzt schießen Lobbyisten öffentliche Universitäten und Schulen sturmreif – mit System! Ihre Munition: Studien, die regelmäßig den digitalen Rückstand im deutschen Bildungssystem beklagen (Bertelsmann Stiftung). Aber: Das ist nur einer von vielen Wegen, um die Privatisierung in einem zentralen Bereich der Gesellschaft voranzutreiben.

Hinzu kommen flächendeckend IT-Geschenke, um auf Schulen direkt Einfluss zu nehmen (Minicomputer Calliope). Flankiert wird das alles durch ein Geflecht persönlicher Beziehungen, das Lobbyisten einen schnellen Zugang zur Politik sichert (SAP-Connection). Klingt übertrieben? Nein, da schimmert leider nur die Spitze des Eisbergs im Licht unserer Taschenlampe ... Trotzdem lesen Sie in diesem Kapitel, was wir zu Bertelsmann, Calliope und die SAP-Connection zusammengetragen haben.

### Bertelsmann: Bilden AG und Stiftung eine Allianz?

»Der Bildungsmarkt hat weltweit ein Volumen von mehr als fünf Billionen US-Dollar. Knapp ein Fünftel davon entfällt auf private Anbieter, Tendenz steigend«, schreibt der Vorstandsvorsitzende der Bertelsmann AG, Thomas Rabe. »Global wächst die Nachfrage nach Bildung. Und durch Digitalisierung wird Bildung verfügbarer und bezahlbarer.« (1)

Daher will sein weltweites Unternehmen »das Bildungsgeschäft zur dritten Säule von Bertelsmann« aufbauen – neben Medien und Dienstleistungen. Das mittelfristige Umsatzziel: rund eine Milliarde Euro! Um das zu erreichen, nimmt der Vorstandsvorsitzende drei Segmente ins Visier: »E-Learning im Bereich der Fortbildung im Gesundheitswesen und im Technologiebereich, Hochschulen für Medizin und Humanwissenschaften und Dienstleistungen für den Bildungssektor.«

Die Sprache ist verräterisch: »Bildungsmarkt«, »Nachfrage nach Bildung« oder »Bildungsgeschäft« – die Ökonomisierung aller Lebensbereiche ergreift auch die Bildung, die Unternehmen zur profitablen Ware umgestalten. Ein Multi-Milliarden-Markt, in dem die Bertelsmann AG erste Claims in den Vereinigten Staaten absteckt. Ein kleiner Blick ins Jahr 2017: Im April übernimmt die Bertelsmann-Tochter Relias Learning das Unternehmen Advanced Practice Strategies (APS) – »ein bedeutender Schritt beim Ausbau unserer E-Learning-Aktivitäten«, wie es Kay Krafft ausdrückt, der CEO der Bertelsmann Education Group (2).

»Bertelsmann Education Group«? Sie fasst die weltweiten Aktivitäten zusammen, die der Gütersloher Konzern im Bildungsbereich begonnen hat – verbunden mit einem hohen Anspruch: »Mit digitalen Bildungs- und Dienstleistungsangeboten, die ihre Schwerpunkte in den Sektoren Gesundheit und Technologie haben, gestaltet die Gruppe das Lernen im 21. Jahrhundert.« So ist es auf der Website zu lesen. Das genannte Unternehmen Relias Learning gehört zu dieser Gruppe. Wichtig dabei: Die Bertelsmann AG konzentriert sich in den USA auf den Gesundheits- und Technologie-Sektor, wobei es auch um Universitäten mit medizinischem Hintergrund geht. Allgemeinbildende Schulen sind nicht Teil des Portfolios. So bietet APS »datenbasierte Onlinekurse« für Krankenhäuser an, wobei die Kenntnisse der Mitarbeiter gezielt getestet werden.

Im Juni 2017 wird bekannt: Die Bertelsmann-Tochter Relias Learning kauft auch das US-Unternehmen WhiteCloud Analytics, das auf Analysen und Datenverarbeitung im Gesundheitswesen spezialisiert ist. Interessant ist, wie CEO Krafft den positiven Effekt fürs eigene Unternehmen beschreibt: »Die Akquisition von WhiteCloud Analytics stärkt Relias weiter, indem die erstklassigen E-Learning-Angebote künftig verstärkt um vertiefende Datenanalyse-Tools ergänzt werden.« Denn: Damit E-Learning »individualisiert« funktioniert, ist ein Big-Data-Rückkanal erforderlich, wie wir ihn bereits charakterisiert haben (Kapitel 7, Anfassen statt Angucken). Da passt eine solche Investition ins Gesamtkonzept der digitalisierten Bildung (3).

Dann verkündet die Bertelsmann AG im September 2017 globale Wohltaten: Gemeinsam mit Google würde der deutsche Konzern »insgesamt 75 000 Stipendien für Kurse der digitalen Lern- und Weiterbildungsplattform Udacity finanzieren«. Auf den ersten Blick eine gewaltige Zahl ... doch ein solches Stipendium läuft lediglich drei Monate, es bietet einen kostenlosen Zugang »zu einem von vier Udacity-Kursen im Bereich Web- und Android-Entwicklung«. Die Teilnehmer müssen keine 200 Dollar pro Monat bezahlen ... Das macht Google 60 000 Stipendiaten möglich; die Bertelsmann AG fördert 15 000 Teilnehmer im Bereich Datenanalyse. Die 6 000 besten Stipendiaten werden weitere sechs Monate gefördert (4).

»Web- und Android-Entwicklung«? »Android« ist das Google-Betriebssystem für den Mobilfunk: Laut einer Meldung von Bloomberg (2016) erzielte der Internetriese damit einen Umsatz von 31 Milliarden Dollar – mit einem märchenhaften Gewinn von 22 Milliarden Dollar (5). Das alles seit dem Markteintritt 2008. Klar, dass Google ein Interesse an Entwicklern hat, die auf der Basis von Android Apps entwickeln. Ihnen wird der Internetriese gerne unter die Arme greifen. Aber: Sollte Bildung nicht ein öffentlicher Auftrag im Dienst der Allgemeinheit sein? Oder ist Google ein globaler Trendsetter – und es wird in einer privatisierten Bildungslandschaft vor allem Firmenstipendien im Firmeninteresse geben? Dann würde ökonomische Verwertbarkeit das zentrale Kriterium für (Aus-)Bil dungsinhalte, wobei das Ideal umfassender Bildung auf der Strecke bliebe.

Ein Trend, der sich auch bei Udacity abzeichnet (6): Mit großer Euphorie startete 2011 das private Bildungsunternehmen »Massive Open Online Courses, kurz MOOCs genannt (Kapitel 11, Murks mit MOOCs). Der Gründer Sebastian Thrun träumte von der »Demokratisierung des Wissens« und wollte weltweit Onlinekurse anbieten – auf universitärem Niveau. Denn: Der Name Udacity steht für »university« und »audacity« (Englisch für »Wagemut«). Aber die Blütenträume platzten, weniger als zehn Prozent der Teilnehmer hielten bis zum Ende durch, teilte Udacity öffentlich mit (es könnte auch nur ein Prozent gewesen sein ...).

Das führte zu einer Kurskorrektur: Das Unternehmen ging auf Abstand zur üblichen Hochschulausbildung, die auch andere Anbieter fürs Internet angepasst hatten. Thrun: »Wir wollten (...) unser Bildungsangebot gemeinsam mit der Wirtschaft aufbauen.« Klassische Universitätsabschlüsse kamen nicht mehr infrage. »Besser geeignet waren kleine, konzentrierte Einheiten«, so Thrun, »mit denen sich die Teilnehmer in der Regel nebenberuflich und sehr gezielt fortbilden konnten.« Ziel wurde es, alle Inhalte auf die Bedürfnisse der IT-Branche zuzuschneiden, damit das Silicon Valley seine Mitarbeiter bei Udacity anmeldet. Die Themen: Webprogrammierung, Big-Data-Analyse, Statistik oder künstliche Intelligenz etc. Nach sechs bis neun Monaten winkt ein eigens geschaffener Abschluss: der »Nanodegree«. Ein System mit Vorteilen auf allen Seiten – so gibt die Bertelsmann AG die Überlegungen von Thrun wieder:

> »Die Industrie wirkt mit an den Inhalten der Udacity-Kurse und bekommt dafür geeignete Fachleute. Udacity erhält Gebühren von der Industrie für die Entwicklung der geeigneten Kurse und von den Studenten, die gern für diese Art der praxisorientierten, passgenauen und anerkannten Ausbildung bezahlen – quasi mit Job- beziehungsweise Aufstiegsgarantie.«

Fort- und Weiterbildungen für IT-Experten – das passt nicht zu einer »Demokratisierung des Wissens«, wie sie Thrun bei den ersten MOOCs als Anspruch formulierte. Um »Bildung« kann es auch nicht gehen ... vielmehr steht die weitere Spezialisierung von Spezialisten auf dem Programm! Im Auftrag von Google und Co, die ihr Personal qualifiziert aufstocken wollen. Bildung reduziert sich plötzlich auf »Employability« (Beschäftigungsfähigkeit) – also die ökonomisch effiziente Verwertung menschlicher Arbeitskraft! Vor diesem Hintergrund erscheint auch in einem neuen Licht, wie sich Google in Sachen Stipendien engagiert ...

Zurück zur Bertelsmann AG: Warum freut sich der Konzern über die Erfolge von Udacity? Ganz einfach: Er hat schon 2014 in dieses Unternehmen investiert – und meldete 2015, er werde seine Beteiligung »signifikant« erhöhen. In der Pressemitteilung ist zu lesen: »Das Investment erfolgt im Rahmen einer Finanzierungsrunde über 105 Millionen US-Dollar und macht Bertelsmann zu einem der größten Anteilseigner.« Dabei betont Vorstandsvorsitzender Rabe wieder die strategische Perspektive: »Gleichzeitig ist unser Investment ein weiterer Schritt, den Bildungsbereich zur dritten Geschäftssäule von Bertelsmann neben Medien und Dienstleistungen auszubauen.«

Die »dritte Geschäftssäule« soll der Bildungsbereich werden. Konkret versteht die Bertelsmann AG darunter digitalisierte Bildung à la Udacity. Bevor dieser Markt Früchte trägt, will er aber beackert sein. Das geschieht in Deutschland unter anderem so, wie es Felix Kamella schildert (7):

> »Um den Zugang zu Schulen zu erleichtern, werden Mängel künstlich erzeugt oder bestehende Mängel in den Vordergrund gestellt. Diese Probleme und Mängel zu beseitigen, ist dann das erklärte Ziel, mit dem sich die Schultüren öffnen sollen. (...) In zahlreichen Studien werden Mängel des Bildungssystems betont, um so das Engagement

von Unternehmen und Verbänden an Schulen argumentativ zu untermauern. In der Öffentlichkeit werden diese Studien selten hinterfragt und meist unkritisch wiedergegeben.«

Auftritt Bertelsmann Stiftung! 2017 grub die Bertelsmann AG weiter den digitalen Bildungssektor in Nordamerika um; gleichzeitig schickte die Bertelsmann Stiftung in Deutschland neue Studien ins Rennen, um die Gesellschaft auf die Notwendigkeit digitaler Bildung einzustimmen.

Und hier drei Kostproben davon:

➤ »Digitalisierung an Schulen: Der Geist ist willig, das WLAN ist schwach«: Diese erste Studie untermauert (mal wieder) die These der »Alternativlosigkeit«. Die Stiftung schreibt: »Schulleiter halten den digitalen Wandel für unaufhaltsam.« Der Mangel wird genauso klar benannt: »Lehrer und Schulleiter begrüßen zwar grundsätzlich die neuen Technologien – für ihren pädagogisch sinnvollen Einsatz fehlt es jedoch noch immer an Konzepten, Weiterbildung und Infrastruktur.« (8)

➤ »IT-Ausstattung an Schulen: Finanzierung ist eine milliardenschwere Daueraufgabe«: Die zweite Studie wirkt wie ein Echo auf die erste Untersuchung. Tenor der Stiftung: »Pädagogische Konzepte, Fachpersonal, aber auch eine gute Ausstattung – all das brauchen Schulen, um ihre Schüler fit fürs digitale Zeitalter zu machen. Rund 2,8 Milliarden Euro müssten jährlich investiert werden, um all unsere Grundschulen und weiterführenden Schulen mit entsprechender Infrastruktur auszurüsten.« Heute würden die Kommunen einen Teil der Kosten übernehmen, »sollten künftig aber stärker und dauerhaft durch den Bund unterstützt werden«, so die Forderung der Stiftung (9).

➤ »**Digitales Lernen an Grundschulen: Computer verdrängt weder Spielzeug noch Bücher**«: Die dritte Studie ist ein Bonbon für kritische Geister! »Schon Grundschüler nutzen ein vielfältiges Angebot digitaler Medien zum Lernen«, behauptet die Stiftung, gestützt auf die qualitative Befragung von fast 100 Kindern. »Grundsätzlich geben die Kinder an, dass digitale Medien sie im Unterricht motivieren.« Verdrängungseffekte, wie wir sie in diesem Buch klar beschreiben? Nicht vorhanden ... (10)

Flankiert werden diese Studienergebnisse durch Zitate von Jörg Dräger, Vorstand der Bertelsmann Stiftung. Er fordert unter anderem: »Die Digitalisierung der Schulen braucht jetzt einen Kraftakt. Bund, Länder und Kommunen müssen sich in der neuen Legislaturperiode zügig darauf verständigen, Schulen beim Lernen mit digitalen Medien dauerhaft und auskömmlich zu unterstützen.«

Langsam wird deutlich: Die Bertelsmann Stiftung kennt beim Thema digitale Bildung nur eine Richtung! Zudem hat Dräger mit seinem Ko-Autoren Ralph Müller-Eiselt ein Buch veröffentlicht: *Die digitale Bildungsrevolution*. In der Werbung dazu heißt es (11):

»Ein Schüler erhält täglich einen auf ihn zugeschnittenen Lernplan, den ein New Yorker Rechenzentrum über Nacht erstellt. Eine Universität arbeitet mit Software, die für jeden Studenten die optimalen Fächer ermittelt, inklusive der voraussichtlichen Abschlussnoten. Ein Konzern lässt seine Bewerber in einem virtuellen Restaurant Sushi servieren, da das Computerspiel ihren Berufserfolg vorhersagt. **Die Bildungsexperten Jörg Dräger und Ralph Müller-Eiselt wissen: Das ist die digitale Zukunft des Lernens** (Hervorhebung durch Autoren).«

So viel Gewissheit, so viel Sicherheit bei einer Prognose! Bestehen da etwa Wechselwirkungen mit dem Ziel der Bertelsmann AG, mit privatisierter Bildung in Zukunft eine Milliarde Euro zu erwirtschaften?

Der Journalist Thomas Schuler hat das Buch *Bertelsmannrepublik Deutschland* geschrieben. Im Interview mit dem Onlinemagazin *Telepolis* sagte er (12): »Die Stiftung spricht gerne von Transparenz und Bürgerengagement und ihrem Einsatz für die Demokratie. Sie selbst ist in ihren Strukturen aber nicht demokratisch legitimiert.« Sie habe das Ziel, den Wettbewerb zu fördern und den Staat zurückzudrängen. Eine Gefahr bestehe darin, »dass sie den Managern unter dem Deckmantel der Gemeinnützigkeit fortlaufend Zugang zur Politik gewährt. Man kann das in vielen Fällen auch als Lobbyismus bezeichnen.«

Eigentlich wollte der verstorbene Chef von Bertelsmann, Reinhard Mohn, schlicht Erbschaftsteuer sparen – und die »Unternehmenskontinuität« sichern. Daher gründete er 1977 die Bertelsmann Stiftung. Doch der *Tagesspiegel* stellt fest: »Mohn verwandelte die steuerrechtlich als gemeinnützig deklarierte Bertelsmann Stiftung in ein strategisches Instrument, um politischen Einfluss zu gewinnen.« (13) In diesem Licht betrachtet, scheinen die genannten drei Studien Teil einer Strategie zu sein, die Privatisierung von Bildung in Deutschland voranzutreiben – unter ausschließlich digitalen Vorzeichen.

Neben ihren Studien greift die Bertelsmann Stiftung auch in den Geldbeutel, um Digital-Projekte direkt zu finanzieren, etwa im Landkreis Gütersloh seit September 2017 (14): »In den kommenden fünf Jahren werden die 122 Schulen und ihre Träger im Kreis Gütersloh dabei unterstützt, ihre Schulentwicklung im Bereich des digitalen Lernens voranzutreiben«, heißt es in einer Pressemitteilung. Das Projekt »Schule und digitale Bildung« unterstütze die Bertelsmann Stiftung mit 2,9 Millionen Euro. Was für eine Summe! Wie viele Theater- und Musikprojekte ließen sich damit anstoßen … Eine Frage, die auch die Wissenschaftlerin Prof. Paula Bleckmann aufwirft: Sie fordert schon seit langer Zeit, dass es bei solchen Projekten »Alternative Treatment Control Groups« geben solle. Das bedeutet: Ein wirklicher Bildungseffekt lässt sich nur erfassen, wenn analoge Bildungsansätze finanziell genauso gefördert werden –

und Wissenschaftler am Ende die digitale und analoge Vorgehensweise in ihrem Ergebnis vergleichen.

Fazit: Verblüffende Synchronizität! Die Bertelsmann AG will (digitale) Bildung global als dritte Geschäftssäule aufbauen – und die Bertelsmann Stiftung liefert ausschließlich Argumente für digitalisierte Schulen in Deutschland. Wir reiben uns verwundert die Augen … und fragen uns einfach: Werden in dieser Konstellation ökonomische Interessen verfolgt, wenn die Stiftung stets in das Horn der Digital-Bildung bläst? In den Worten von Vorstand Dräger: »Digitalisierung ist für junge Menschen längst Alltag. Auch Schule muss digitaler werden und die Kompetenzen vermitteln, die künftig für Teilhabe an der Gesellschaft und am Berufsleben notwendig sind.« Was er nicht erwähnt, sind die erhofften Milliardenumsätze im digitalen Bildungsmarkt … Nicht zu vergessen: Schon 2016 kam die Bertelsmann AG mit 116 000 Mitarbeitern auf einen Umsatz von 17 Milliarden Euro. Sie dreht das große Rad – und gibt sich nicht mit kleinen Brötchen zufrieden.

### Google und Co: Hebeln »edle Spender« demokratische Prozesse aus?

Wer spendet, hat ein gutes Herz. Gilt das auch für IT-Konzerne, die scheinbar selbstlos der Allgemeinheit dienen wollen? Wohl kaum, denn sie haben die Spendierhosen nur an, wenn es in ihre ökonomische Strategie passt. Genauer: Wenn die Spende selbst schon eine Strategie ist, um neue Märkte zu erobern. Dabei unterlaufen sie bewusst demokratische Prozesse und schaffen harte Fakten mit Hardware, bevor eine gesellschaftliche Diskussion beginnt. Starker Tobak? Nein, in Mecklenburg-Vorpommern lässt sich gerade besichtigen, wie diese Strategie funktioniert. Fabian Kaske (LobbyControl) hat aufgearbeitet, wie in diesem Bundesland der Minirechner »Calliope« Grundschulen erobern soll. Wir beziehen uns unter anderem auf seine Darstellung (15).

»Der Minicomputer ›Calliope‹ hat die Form eines Sheriffsterns und sieht aus wie das Innenleben eines Rechners«, heißt es in einer Pressemitteilung des Bildungsministeriums von Mecklenburg-Vorpommern (16). Sein Name geht auf eine Zeus-Tochter zurück, das Format beträgt gerade mal 7 mal 8 Zentimeter. »Calliope« macht einfache Experimente mit Licht und Sound möglich, bis zur Konstruktion eines kleinen Roboters. Sein Display hat 25 LEDs – und er verfügt über einen bluetoothfähigen Prozessor sowie einen integrierten Lautsprecher. 25 dieser Minicomputer bilden einen Klassensatz im Wert von 750 Euro. »Schülerinnen und Schüler lernen mit dem Computer, was beim Programmieren vor sich geht«, sagt Bildungsministerin Birgit Hesse. »Wenn die Lehrer den ›Calliope mini‹ im Unterricht einsetzen, tun sie genau das, was ich unter Medienbildung verstehe: Es ist mehr als eine reine Anwendung von Computerprogrammen oder das Herumwischen auf dem Tablet.« So viel zur offiziellen PR-Geschichte …

Wir wollen aber wissen: Wer steckt hinter »Calliope«? Auf den ersten Blick ist es die gemeinnützige Calliope gGmbH, die alle Kosten für 100 Klassensätze à 750 Euro übernimmt. Macht also 75 000 Euro für 2 500 Minicomputer in Mecklenburg-Vorpommern. So soll jede zweite Grundschule im Land von der Aktion profitieren. Der Haken: Die sechs Gesellschafter der gGmbH bringen als Grundkapital nur 25 002 Euro auf, das Geld muss aus anderen Quellen fließen. Dazu schreibt das gemeinnützige Unternehmen auf seiner Website: »Die Anschubfinanzierung wird durch Spenden von Unternehmen und Stiftungen erreicht werden – später soll das Angebot schrittweise in den normalen Betrieb des Bildungssystems integriert werden.« Ziel sei es, »flächendeckend alle Schüler*innen der 3. Klasse jedes Jahr mit einem mini auszustatten.«

Die Calliope gGmbH braucht also finanzstarke »Partner«, die sie auch nennt (17). Die Liste liest sich wie ein Who's who der IT-Branche in Deutschland: Google an erster Stelle, Microsoft und SAP sowie die Deutsche Telekom Stiftung – neben weiteren Akteuren aus der Industrie. Als Schulbuch-Verlag ist Cornelsen mit von der Partie …

Zu Google heißt es etwas nebulös: »Google wird den Einsatz des minis in weiteren Bundesländern unterstützen.« Microsoft würde den Calliope mini in sein Projekt »Code your Life« aufnehmen. SAP bekundet die Absicht, in Onlinekursen Lehrer »für den mini weiterzubilden«. Die Telekom Stiftung will »den mini in Kooperation mit dem Projekt »Digitales Lernen Grundschule« in Bremen einführen«. Außerdem unterstützte sie das Projekt »mit Fortbildungen für Lehrerinnen und Lehrer«. Und der Verlag? Da heißt es: »Der Cornelsen Verlag entwickelt Schulmaterialien für den Einsatz des Calliope mini im Unterricht.«

Ohne Zweifel: Die Wirtschaft will viel Geld in die Hand nehmen, um ein IT-Produkt in deutsche Schulen zu drücken – ohne demokratische Legitimation! Fabian Kaske: »Anstatt ihre Vorschläge in den demokratischen Prozess der Lehrplanentwicklung der Bundesländer einzubringen, hat sich Calliope anscheinend für einen anderen Weg der Einflussnahme entschieden: die Schenkung.« Eigentlich sammelt die Politik Ideen aus Gesellschaft und Wissenschaft, wie sich Lehrpläne (Curricula) an neue Gegebenheiten anpassen lassen. Dazu gibt es Anhörungen in Landesparlamenten, in denen sich Experten äußern. Der Landtag trifft darauf eine demokratisch legitimierte Entscheidung – und die neuen Inhalte fließen in die Schulpraxis vor Ort ein.

Aber: Programmieren ist bisher nicht Teil der Lehrpläne in Grundschulen. Es ist sehr umstritten, ob Drittklässler von einer Technologie wie »Calliope« überhaupt profitieren. Unsere wohlbegründete Forderung lautet ja: digitalfreie Oasen in Kindergärten und Grundschulen! Was aber macht die Calliope gGmbH? Sie schafft durch Schenkungen Fakten, denn in einigen Bundesländern werden die Geräte bereits eingesetzt. »Damit hebeln die ›Stifter‹ die politischen Entscheidungen des Landtags aus und platzieren neue, bislang im Lehrplan nicht vorgesehene Unterrichtsinhalte«, so das Resümee von Kaske. Es stelle sich die Frage: »Wenn Internetfirmen Schulen mit Computern und ihrer Software ausstatten dürfen, um Lehrpläne zu umgehen, sollen dann in Zukunft auch Fast-Food-Ketten Lebensmittel für den Ernährungsunterricht beisteuern?« Als gemeinsames Ziel der Lobbyisten ließe sich erkennen: »eine Themensetzung innerhalb des Unterrichts ( ... ), die der Lehrplan nicht vorsieht«.

Bemerkenswert sei auch das Engagement von Google, so Kaske:

> »Hinter dem (Projekt) stehen ausgerechnet Firmen wie der Internetgigant Google. Der macht zwar Milliardengewinne, zahlt in Deutschland aber so gut wie keine Steuern. Die Finanznot an Deutschlands Schulen, die Google vorgibt, durch seine Schenkung zu mildern, hat der Konzern also selbst mit befördert.«

So sehen die Aktivitäten zu Calliope aus der Vogelperspektive aus – und es wird noch spannender, wenn wir einen Blick in die Vereinigten Staaten werfen. Google macht sich dort für Schüler unentbehrlich: Die *New York Times* bezeichnet das Phänomen als »Googlification of the classroom«, »Googlefizierung des Klassenzimmers« (18): Heute würden mehr als 15 Millionen Kinder im Unterricht Google-Apps wie Gmail oder Docs nutzen – was etwa der Hälfte aller Schüler der Primär- und Sekundärstufe in den USA entspricht. Das gilt auch für Chromebook, den Laptop aus der Google-Produktion. Indem der Internetriese seine Dienstleistungen und Produkte kostenlos oder gegen Rabatt angeboten hat, habe Google die Konkurrenz aus Microsoft und Apple völlig »ausmanövriert«.

Es dauerte nur fünf Jahre, bis Google zum dominierenden Faktor in Amerikas Schulen wurde: »Google etablierte sich selbst als Faktum in den Schulen«, so zitiert die *New York Times* Hal Friedlander, der früher für das New York City Department of Education tätig war. Dieser Durchmarsch geschah oft an den zuständigen Behörden vorbei, was an die verschenkten Minirechner der Calliope gGmbH erinnert. Besonders Lehrer wurden direkt angesprochen, um sie in eigenen Communitys mit Hard- und Software vertraut zu machen (»Google Education Groups«). So breiteten sich Googles Produkte zur Digital-Bildung rasch aus – durch kostenlose, aber effiziente Mundpropaganda.

Die *New York Times* stellt fest: »Die Schulen werden Google mehr geben, als sie bekommen – nämlich Generationen künftiger Kunden.« Ihre Schüler werden früh an Google-Produkte gewöhnt, Grundlage einer lebenslangen Kundenbindung. So verlassen jedes Jahr Millionen Schüler die Highschool – und können leicht ihren Schul-Account von Google in einen persönlichen Gmail-Account umwandeln. Dabei lassen sich alle gespeicherten Dokumente »mitnehmen«. Manche Schulen ermutigten sogar dazu.

In den USA wie in Deutschland schwebt über diesen Entwicklungen eine entscheidende Frage: »Welchen Sinn haben öffentliche Schulen? Sollen sie kenntnisreiche Bürger hervorbringen oder gut ausgebildete Arbeitskräfte?«, so die *New York Times*. Denn: Google treibe eine Wende in der öffentlichen Bildungsphilosophie voran, indem das Unternehmen neue Prioritäten setze. Kinder sollen Kompetenzen in Teamarbeit und Problemlösung erwerben – der Unterricht traditioneller Inhalte trete in den Hintergrund, etwa das Rechnen mit mathematischen Formeln.

Fazit: Droht eine »Googlification« der Bildung auch in Deutschland? Noch lässt sich diese Frage nicht klar beantworten, Aufmerksamkeit ist gefragt! Was aber ins Auge sticht, ist die Strategie der »edlen Spende«, wie sie Google ebenfalls in Deutschland praktiziert – über den Umweg der Calliope gGmbH. Bildung muss aber eine öffentliche Aufgabe bleiben, eingebettet in demokratische Entscheidungsprozesse. »Employability« darf nicht zum einzigen Kriterium für gelungene Bildung werden, auch wenn IT-Konzerne zu Recht gut ausgebildete Fachkräfte suchen.

## SAP-Connection – Lobbyarbeit statt Beratung?

Wenn digitale Bildung im Mittelpunkt steht, springt das große Engagement der deutschen Wirtschaft ins Auge. Ein Beispiel ist das aktuelle Projekt »Schulcloud« (19). Auf Deutsch heißt »Cloud« Wolke, was in diesem Kontext bedeutet: Statt dezentral Daten und Programme auf einzelne Server abzulegen, landen diese Inhalte auf einem zentralen Server, also in der »Cloud«. Auf ihn lässt sich mit einfachen Endgeräten wie Tablets oder Smartphones zugreifen, etwa über Mobilfunknetze oder WLAN in den Klassenzimmern. Vorteil für die Schulen: Sie haben keinen administrativen Aufwand und müssen weniger in ihre digitale Infrastruktur investieren. Nachteile? Die gesteigerte Effizienz wird durch Standardisierung und Zentralisierung erreicht, was in der Industrie segensreich ist. Gilt das aber auch für Bildungsprozesse? Und: Wer hat Zugriff auf die Daten der Schüler, deren Lernprozess auf diese Weise umfangreich protokolliert wird?

Die »Schulcloud« entwickelt das Hasso-Plattner-Institut (HPI) in Potsdam, das der SAP-Mitgründer und Multimilliardär Hasso Plattner 1998 ins Leben rief. Die Arbeitsbereiche: Big Data, Cloud-Computing, Process Mining und E-Health. Ein Beispiel ist der »S-Bahn Analyzer«: Er wertet in Echtzeit Tweets der Berliner S-Bahn aus, erstellt Livestatistiken und Prognosen, um Kunden Tipps für eine störungsfreie Fahrt zu geben.

Das HPI ist eine private Hochschule, allein finanziert von ihrem Mäzen Plattner, der auch in der Lehre aktiv ist: »Enterprise Platform and Integration Concepts«, so heißt der Bereich. Der wissenschaftliche Direktor Christoph Meinel steht für das Thema Internettechnologien und -Systeme.

Der Onlinespezialist ist auch im Vorstand von »MINT-EC« – neben einer Reihe von Wirtschaftsvertretern, zum Beispiel Jörg Matern (Siemens AG) oder Dr. Arndt Schnöring (Stiftung der Deutschen Wirtschaft). »MINT-EC ist eine Initiative der Wirtschaft zur Förderung mathematisch-naturwissenschaftlicher Schulen«, ist auf der Website der Initiative zu lesen. Daher kooperiert das HPI mit MINT-EC, um die »Schulcloud« ins Laufen zu bringen. Das Bundesministerium für Bildung und Forschung ist auch mit im Boot. 250 Gymnasien mit MINT-Profil haben sich MINT-EC angeschlossen.

Meinel arbeitet auch in einem Gremium, das Bundesbildungsministerin Wanka berät, wenn digitale Bildung auf der Agenda steht. Die Plattform »Digitalisierung in Bildung und Wissenschaft« besteht seit 2015 – als Teil des »IT-Gipfels«, der seit diesem Jahr »Digital-Gipfel« heißt, um die gesellschaftliche Bedeutung der digitalen Transformation zu betonen. Meinel ist einer von elf Vertretern der Wissenschaft, hinzu kommen sechs Repräsentanten von Wirtschaftsverbänden, wobei der IT-Branchenverband Bitkom gleich mit zwei Personen vertreten ist. Hinzu kommen vier Teilnehmer aus der Wirtschaft (Volkswagen, Microsoft, Telekom, SAP). Und: Es gibt eine Vertreterin der Arbeitnehmer, Elke Hannack, stellvertretende Vorsitzende des Deutschen Gewerkschaftsbundes (DGB) (20).

Ein hoher digitaler Sachverstand zeichnet auch den Co-Vorsitzenden der Plattform aus: Prof. Dr. Dr. h. c. mult. August-Wilhelm Scheer. Er ist der Beiratsvorsitzende der Scheer Group GmbH, die auf ihrer Website schreibt: Ein Schwerpunkt bei Produkten und Dienstleistungen liege darin, »Unternehmen branchenbezogen bei der digitalen Transformation zu begleiten«. Weiter heißt es: »Für ihre Kunden ist die Scheer GmbH neue Partnerschaften, etwa mit SAP in den Bereichen Hybris und SAP S/4HANA, eingegangen.«

Damit schließt sich der Kreis: Alle Wege führen in den Rhein-Neckar-Raum, genauer nach Walldorf, dem Firmensitz von SAP. Deren Mitgründer Plattner finanziert das Forschungsinstitut, das die »Schulcloud« entwickelt. Das Projekt unterstützt eine MINT-Initiative der Wirtschaft, in der Plattners wissenschaftlicher Direktor (Christoph Meinel) im Vorstand sitzt (MINT-EC). Außerdem berät unter anderem Prof. Scheer die Bundesbildungsministerin Wanka –

im Rahmen der Plattform »Digitalisierung in Bildung und Wissenschaft«. Sein Unternehmen verdient Geld mit SAP-Produkten.

Und noch eine interessante Personalie: Jörg Dräger haben wir schon als Vorstandsmitglied der Bertelsmann Stiftung kennengelernt. Er ist auch Geschäftsführer des CHE – Centrum für Hochschulentwicklung, getragen durch die Stiftung zur Förderung der Hochschulrektorenkonferenz sowie unterstützt durch die Bertelsmann Stiftung – was langsam keine Überraschung mehr ist. Was macht das CHE? Es schreibt sich Anwendungsorientierte Lösungen für das Hochschul- und Wissenschaftssystem auf die Fahnen ... (21).

Dazu zählt auch das Engagement im Hochschulforum Digitalisierung, das Hochschulen hilft »bei der strategischen Verankerung der Digitalisierung sowie der Nutzung in der Lehre«. Es entwickle gemeinsam mit ihnen »zukunftsweisende Szenarien für Hochschulen im digitalen Zeitalter«. So heißt es auf der Website (22). Kurz: Über die personelle Verflechtung (Dräger, CHE) mischt die Bertelsmann Stiftung auch bei der Digitalisierung der Hochschulen mit – offensichtlich mit ähnlichem Gewicht wie öffentliche Einrichtungen.

Fazit: Wer einmal anfängt zu graben ... der fördert ein Geflecht persönlicher Beziehungen ans Tageslicht, wenn es um die Wechselwirkungen zwischen Politik und Digital-Wirtschaft geht. Allerdings kratzen wir nur an der Oberfläche – und sind schon jetzt überrascht, wer sich hier alles die Klinke in die Hand gibt. Erschreckend dabei: Der IT-Diskurs in diesen Kreisen verläuft seltsam stromlinienförmig, was sich auf Veranstaltungen beobachten lässt, etwa dem »Digital-Gipfel 2017 in Ludwigshafen. Zumal dieses Branchentreffen mit der Bundesregierung nicht für eine breite Öffentlichkeit zugänglich war. Überall lässt das TINA-Prinzip grüßen: »There Is No Alternative«. Es scheint eine hermetisch abgeriegelte Welt zu sein, in der sich alle nur gegenseitig bestätigen, wie alternativlos die Digitalisierung ist.

Aus diesen Beobachtungen leitet sich unsere These zu diesem Thema ab:

**Die Digitalisierung der Bildung erfolgt in erster Linie technologie- und ökonomiegetrieben – pädagogische Konzepte entstehen erst als Abfallprodukt.**

... was zu beweisen war.

# 11. Murks mit MOOCs

## Masse statt Klasse: Vorlesungen auf Video – oder wie es viel besser geht

Moks, Muks oder Muuuks? Das ist in Deutschland die Frage, wenn bei diesem Begriff die richtige Aussprache zur Debatte steht. Durchgesetzt hat sich die Variante mit dem kurzen »u«, wodurch die Abkürzung MOOCs leicht über die Lippen geht. Für was stehen die vier Buchstaben? Massiv Open Online Course, eben einfach ein MOOC – eine weitere Spielart der Onlinebildung, allerdings mit akademischem Anspruch.

Ein nicht ganz neuer Trend aus den Vereinigten Staaten: 2012 ließ die Universität Stanford Vorlesungen filmen und ins Netz stellen. Thema: künstliche Intelligenz. Auf dem Papier nahmen 160 000 Menschen an diesem ersten MOOC teil. So wird akademische Bildung global zugänglich, weil sie nicht mehr an Hörsäle und Seminarräume gefesselt ist – und das 24 Stunden an jedem Tag der Woche. Wunderbar, diese Aufhebung von Raum und Zeit! Scheinbar ein großer Vorteil für die Bildungshungrigen der Welt.

Und die Entwicklung ging weiter: Die Inhalte wurden in leicht verdauliche Häppchen aufgeteilt, Kontrollfragen eingebaut, und in Foren werden die Teilnehmer aufgefordert, ihre Lernerfahrungen zu teilen. »Interaktion statt Instruktion« lautet das Motto. Auf diese Weise soll die Quadratur des Kreises stattfinden: massenweise Ausbildung und individuelles Lernen. Die Anbieter heißen unter anderem Udacity, edX oder Coursera.

## Sind reale Vorlesungen Ressourcenverschwendung?

Ursprünglich stand das Wörtchen »open« für einen freien und kostenlosen Zugriff. Doch die Betreiber der MOOC-Plattformen wollen Geld verdienen – und basteln inzwischen an Geschäftsmodellen. Zum Beispiel nehmen sie Gebühren, wenn sich ein Student zur Prüfung anmeldet. Oder es kostet Geld, sich durch Tutoren betreuen zu lassen. Aber die Inhalte selbst sollten kostenfrei bleiben. Sollten! Denn wie wir bei Udacity gesehen haben, ist vom anfänglichen Idealismus nicht viel übrig geblieben. Die Kurse kosten rund 200 Dollar und sind als kurzfristige IT-Fortbildungen konzipiert – was mit akademischer Bildung wenig zu tun hat (Kapitel 10, Profit).

Die Welle ist inzwischen auch nach Deutschland geschwappt. Das Unternehmen iversity in Wiesbaden warb am Anfang mit den Worten: »Study Anywhere! Belege kostenlose Onlinekurse von inspirierenden Lehrenden!« Und weiter hieß es auf der Website: »Top Kurse (MOOCs) von angesehenen Professoren und Hochschulen, die für jeden zugänglich sind. Alles, was du brauchst: einen Internetanschluss!« Ein Weg, der endgültig zur Demokratisierung von Bildung führt? Nein, iversity führte dieser Weg 2016 erst in die Insolvenz, dann übernahm im November 2017 Springer Nature das junge Unternehmen: »Durch die Übernahme der Online-Lehrplattform kann Springer Nature für seine Autoren die Verbreitung ihrer Lehr- und Forschungsinhalte mit innovativen Lehrformaten weltweit ausbauen.« (1) Das läuft aber ähnlich wie bei Udacity auf ein Fortbildungsangebot für die Wirtschaft hinaus. Beispiel: »Visual Thinking im Job – Zeig, was du denkst!« – ein Kurs zu Visualisierungstechniken für 399,00 Euro.

Eigenlich sah der Ansatz von iversity ganz anders aus: »Es ist doch eine enorme Verschwendung von Ressourcen, wenn bundesweit jedes Semester Dutzende Einführungsvorlesungen in die Statistik angeboten werden«, sagte Hannes Klöpper der *ZEIT*. Der ehemalige Geschäftsführer von iversity war überzeugt: Eine gut gemachte Veranstaltung im Internet reiche aus, um alle Studierenden mit dem nötigen Wissen zu versorgen (2).

Da könnte mancher Finanzminister schwach werden ... Beispiel Bayern: Sechs Millionen Euro beträgt der jährliche Etat der Virtuellen Hochschule Bayern (vhb). Damit deckt sie gerade zwei Prozent des Lehrangebots ab. Wenn wir aber fantasievoll mit Zahlen jonglieren, kommen wir zu dem verführerischen Ergebnis: Mit 300 Millionen Euro ließen sich alle Universitäten im Freistaat dichtmachen – und die Lehre komplett ins Internet verlegen! Das ist natürlich eine Milchmädchenrechnung, die aber zeigt, wohin die Reise gehen kann.

Oder schon geht, wenn wir wieder in die USA schauen. Johann Grolle berichtet für den *Spiegel* über »Rebellen auf dem Campus« (3). Er lässt den Harvard-Germanisten Peter Burgard zu Wort kommen:

>»Zuerst ersetzen die kleineren Colleges und die ärmeren Universitäten ihre Kurse durch MOOCs, um so Dozentenstellen einzusparen. Das aber führt dazu, dass es die frisch Promovierten schwerer haben, eine akademische Stelle zu finden.«

Burgard befürchtet, dass der Arbeitsmarkt für Akademiker ausgehöhlt wird – und am Ende würden darunter auch die Eliteuniversitäten leiden. Und laut Grolle warnen Professoren der San José State University vor einer »akademischen Zweiklassengesellschaft«: »Privilegierte Studenten der reichen Colleges haben ihre eigenen, realen Professoren, während der Rest mit Videokonserven abgespeist wird.«

## Halten die MOOCs, was sie versprechen?

So viel zur ökonomischen Dimension, es gibt aber auch inhaltliche Kritik an MOOCs. Der Bildungsforscher Prof. Rolf Schulmeister war als »Undercover-Student« mit Kollegen in MOOCs unterwegs. Über seine Erfahrungen sprach er am Campus Innovation 2012 & X.

Konferenztag Studium und Lehre, der im Dezember 2012 in Hamburg stattgefunden hat. Von seinem Vortrag gibt es ein Video, wir fassen die wesentlichen Aussagen zusammen (4):

> Die Didaktik ist technikgetrieben, sie folgt keinem lerntheoretischen Ansatz.
> Die Abbrecherquote ist hoch (bis zu 90 Prozent).
> Keiner der MOOC-Mitarbeiter ist dafür verantwortlich, sich um das Erreichen von Lernfortschritten zu kümmern.
> Es erfolgt keine aktive Unterstützung des Lernprozesses (zum Beispiel bei Lernproblemen oder Verständnisfragen).
> Dozenten sind in Foren nicht aktiv.
> Es gibt keinen Kontakt zwischen Studenten und Lehrenden (anonyme Massenlehre).
> Es besteht keine Diversität, das heißt, es werden keine Unterschiede bei den Vorkenntnissen geklärt.

Ein besonders heikler Punkt ist der Datenschutz: Auf den Servern der Anbieter sammeln sich gewaltige Datensätze, die den Lernweg der Studierenden genau dokumentieren: Wie lange schauen sie sich ein Video an? Wie oft unterbrechen sie es, um einen Sachverhalt besser zu verstehen? Wie sieht die Kommunikation der Studierenden aus? Welche Tools nutzen sie zur Prüfungsvorbereitung? Das nennt sich vornehm »Learning Analytics«.

Doch laut Schulmeister wird der »gläserne Student« schnell zum Geschäftsmodell: Potenzielle Arbeitgeber können diese persönlichen Registrierungsdaten kaufen, um ihren Recruiting-Prozess effizienter zu organisieren. Rosinenpicken unter Absolventen!

Prof. Ralf Lankau bringt das in der *ZEIT* so auf den Punkt (5):

»Während analoges Lesen nicht protokolliert wird, werden beim Lesen und Lernen mit digitalen Medien sämtliche Aktivitäten gespeichert und daraus Nutzer- und Lernprofile erstellt.

Der Zugewinn für die Anbieter von Plattformen wie Coursera oder iversity, auf denen MOOCs zur Verfügung gestellt werden, sind automatisch generierte Lernprofile, die sie verkaufen können. Digital steht damit als Synonym für die zunehmende Transparenz der Nutzer, die durch ihre Daten und Profile selbst zur Ware werden.«

Seine Kritik spitzt der Medienexperte so zu: »Onlinekurse sind Unterrichtsmaschinen, die zu Kontrollapparaten, zur algorithmisch automatisierten Steuerung von Lernsklaven werden. Die NSA lässt grüßen.«

»Lernsklaven«? So drastische Worte würde Prof. Christian Spannagel nicht in den Mund nehmen. Er lehrt Mathematik und Mathematikdidaktik an der Pädagogischen Hochschule Heidelberg, außerdem hat er sich auf »computerunterstütztes Lernen und Lehren« spezialisiert. Daher sammelte er auch mit MOOCs Erfahrungen, in Kooperation mit dem Unternehmen iversity.

Der Mathematikprofessor hat einen MOOC zum *Thema Mathematisch denken* produziert, weil er neugierig war, »ob es möglich ist, eine große Masse draußen vor dem Bildschirm zu motivieren, mathematische Konzepte und Verfahren kennenzulernen«. Sein Resümee klingt aber ernüchternd:

> »MOOCs funktionieren nicht in der Form, wie wir uns das gewünscht und vorgestellt hatten. Unsere Studenten schauen sich die Materialien zwar an und bearbeiten die Aufgaben, das geschieht aber überhaupt nicht im Internet. Wir wollten ja, dass Diskussionen zu den Aufgaben online stattfinden. Unsere Studenten sollten sich online mit den Teilnehmern austauschen, die nicht vor Ort sind. Das passierte aber nicht.«

Die eigentliche Zielgruppe des MOOCs waren die externen Teilnehmer: »Da gab es einige, die online Fragen stellten und Beiträge lieferten, prozentual war das ein absolut kleiner Teil«, so Spannagel. Ein typisches Phänomen, das wir alle von Wikipedia oder ähnlichen Portalen kennen. »Wir hatten beim ersten Durchgang 6 000 Teilnehmer«, so der Bildungsexperte, »und am Ende waren von denen noch zehn aktiv.«

Der MOOC sollte schon Hochschulniveau haben und war für 15 Wochen konzipiert, mit zehn Unterrichtsstunden pro Woche. »Diese lange Zeit durchzuhalten, ist ein hoher Anspruch, der sich wahrscheinlich in diesem Kontext nicht erfüllen lässt«, so der Mathematikprofessor.

Seine eigenen Studenten sahen keinen Anlass, sich aktiv am MOOC zu beteiligen: »Sie haben ja die Präsenzveranstaltung, in der sie Fragen stellen können.« Die Studierenden hätten auch Übungsgruppen, wo sie sich mit ihren Tutoren austauschen. Außerdem gebe es lokale Arbeitsgruppen, wo Probleme gelöst werden. »Warum sich also die Mühe machen, das Ganze online zu stellen?«, fragt sich Spannagel. Zu Recht, wie wir denken. Denn: Lernen ist immer ein sozialer Prozess, der am besten face-to-face abläuft.

Eine Einsicht, die der Deutsche Hochschulverband bereits 2001 formuliert hat (6):

> »Multimedial unterstützte akademische Lehre kann die menschliche Begegnung zwischen Lehrendem und Studierendem sowie der Studierenden untereinander nicht ersetzen. Erkenntnis gewinnt man im Dialog und im unmittelbaren Austausch. Deswegen ist die physische Präsenz des Hochschullehrers für die Motivation der Studierenden und die Vermittlung fachlicher Kompetenz unersetzlich.«

Natürlich wollen wir jetzt keine rosarote Brille aufsetzen und die Kreidezeit der deutschen Universitäten verklären: Schlechte Didaktik gab es schon immer, egal ob Professoren stur aus ihrem Lehrbuch vorgelesen haben oder Assistenten am Overheadprojektor einen Folienmarathon veranstalteten. Trotzdem gilt heute wie 2001: »Virtualisierung darf nicht dazu führen, dass akademische Lehre zu einem Transport reinen Lehrbuchwissens wird. Der elementare und nicht ersetzbare Gesprächscharakter akademischer Lehre und akademischen Lernens muss auch in der ›virtuellen Universität‹ erhalten bleiben«, so der Deutsche Hochschulverband.

## Bulimie-Lernen

Wer Studierende zu ihren Lernstrategien befragt, wird schnell erfahren, dass der »Transport reinen Lehrbuchwissens« (Deutscher Hochschulverband) überwiegt. Der moderne Begriff lautet »Bulimie-Lernen«, im Sinne von: fressen, ausspucken und vergessen. Doch im Gespräch mit Studierenden einer Hochschule in Baden-Württemberg wird auch deutlich: Einige Dozenten liefern für diese Form des Lernmarathons perfekte Steilvorlagen. Hier ein paar Kommentare zum Thema Lernen an der Hochschule:

- »Ein bis zwei Wochen vor der Klausur schaue ich mir die Folien an und mache Zusammenfassungen. Sie bestehen aber nur aus Copy-&-Paste-Passagen der PowerPoint-Folien, kopiert in eine Word-Datei. Irgendwie kommen da auch ein paar eigene Notizen dazu. Dann habe ich alles ausgedruckt, Wichtiges gemarkert und immer wieder die Zusammenfassung vor dem Schlafen oder im Bus durchgelesen. Wir nennen das liebevoll ›Bulimie-Lernen‹.«

- »Man hämmert sich eben die Fülle des Stoffs rein. Das ist so, wie wenn man wirklich an den Kühlschrank geht, nur beim Lernen ist es der PC. Da lade ich mir das ganze Zeug ein und versuche es irgendwie zu behalten, um am Tag der Klausur zu liefern. Danach vergisst man wieder mindestens 90 Prozent. Ich muss aber sagen: Was mich wirklich interessiert, bleibt im Kopf erhalten. Vielleicht nicht in der gelernten Fülle, aber es geht längst nicht alles verloren.«

- »Zwei Wochen vor der Klausur fange ich an, den ganzen Stoff zusammenzufassen. Eine Woche vorher gehe ich jeden Tag in die Bibliothek und ziehe mir den Stoff rein. Dabei versuche ich wirklich, Karteikarten auswendig zu lernen. Es geht nicht um Verständnis, sondern in meinem Fall darum, alles nur auswendig zu lernen. Darum bleibt davon im Nachgang nichts hängen.«

- »Ich lese mir die Folien durch. Manche Inhalte verstehe ich überhaupt nicht, schreibe sie mir aber trotzdem auf. Das reicht für die Art von Klausur, die wir an unserer Hochschule schreiben. Es reicht, wenn man den Stoff auswendig kann. Meine aktuellen Klausuren habe ich gut bestanden, indem ich nur auswendig gelernt habe.«

- »Viele Prüfungen waren so, dass es gereicht hat, auswendig gelernten Stoff wiederzugeben. Es gab auch Transferaufgaben, doch oft ging es nur ums Auswendiglernen.«

- »Beim Eingrenzen des Stoffes wurde bei dem Dozenten klar: Okay – er will wirklich eins zu eins als Antwort die Aussagen auf seinen Folien. Auch die Beispielfragen wiesen darauf hin, dass man die Antworten am besten auswendig lernt. Dann lerne ich natürlich die Antworten eins zu eins, anstatt das Buch zu lesen, um wirklich etwas zu verstehen. Aber ich glaube, das war wirklich ein Einzelfall.«

Wichtig ist der »nicht ersetzbare Gesprächscharakter«. Er droht bereits durch den Bologna-Prozess verloren zu gehen, weil die universitäre Ausbildung immer mehr nach ökonomischen Effizienzkriterien gesteuert wird. Kommt der unreflektierte Einsatz von MOOCs dazu, könnten sich die bestehenden Probleme verschärfen. Diese Onlineangebote haben ein hohes Potenzial, Bildungsprozesse zu rationalisieren – auf Kosten der Bildungsqualität, die eigentlich vom intellektuellen Format abhängt, das Professoren und Dozenten in den Hörsaal mitbringen.

## Wie es funktioniert – der Flipped Classroom

Es geht aber auch ganz anders. Das beweist Spannagel, der ein weiteres digitales Lernformat an seiner Hochschule erprobt hat: den *Flipped Classroom*:

>»Ich halte keine Vorlesungen mehr, sondern die Studierenden schauen sich die Inhalte der Vorlesung auf Videos an. Sie kommen also vorbereitet in die Vorlesung, die nicht mehr so heißt, sondern ›Plenum‹ genannt wird. Dann klären sie mit mir Fragen, diskutieren vertieft bestimmte Aspekte oder wir üben gemeinsam das Lösen von Rechenaufgaben.«

Warum Videos? »Bei klassischen Mathe-Vorlesungen kann es leicht passieren, dass Studierende aussteigen und sich nicht trauen, Fragen zu stellen«, so Spannagel. Sie schreiben zwar fleißig mit, müssen aber dann zu Hause versuchen, die komplexen Gedanken nachzuvollziehen. Ein Video dagegen lässt sich stoppen. Die Studierenden setzen sich mit dem Stoff in ihrem eigenen Tempo auseinander. Sie sind auch besser in der Lage, Fragen zu notieren.

Das Plenum bekommt eine neue Bedeutung: »Es bietet einen wertvollen Raum für soziale Interaktion, Austausch und Diskussion«, erklärt der Mathematikprofessor. »Dieser Austausch macht aber nur Sinn, wenn die Studierenden sich vorbereitet haben.« Daher werde die reine »Wissensvermittlung« in die Vorbereitung verschoben – und nicht wie üblich in die Phase der Nachbereitung. Das erklärt auch den Namen des Konzepts: *Flipped Classroom* – auf Deutsch: »umgekehrtes Klassenzimmer«. Und: Laut Evaluation bereiten sich 80 Prozent der Studierenden jede Woche über die Videos vor.

Wie macht Spannagel die Studierenden mit dem neuen Ansatz vertraut? »Am Anfang des Semesters sage ich ihnen, dass sie heute die gesamte Vorlesung auf Video bekommen. Ebenfalls alle Aufgaben, komplett mit Lösungen und Lösungshinweisen.« Die Botschaft: Kein Studierender muss bis zur Prüfung in einer Veranstaltung auftauchen, zumal es keine Anwesenheitspflicht gibt. »Ich sage den Studierenden aber auch, dass sie von mir jede Menge Unterstützung bekommen«, erklärt Spannagel, »einmal pro Woche, Dienstag, 8:15 Uhr, treffen wir uns im Plenum, um gemeinsam Fragen zu klären.«

Wichtig ist der richtige Einstieg ins Plenum: »Auf keinen Fall darf ich fragen, wer das Video geschaut hat«, sagt der Mathematikprofessor. Dann würden ein paar Finger nach oben gehen – und eine unnötige Wiederholungsschleife wäre die Folge. Damit tötet man das Konzept.« Stattdessen fordert Spannagel die Studierenden auf, mit dem Nachbarn den Mitschrieb durchzugehen. Der nächste Schritt: Bis zu zehn Fragen werden an der Tafel gesammelt. Wenn bestimmte Fragen für viele Studierende interessant sind, rutschen sie auf der Agenda nach oben. »Wer unvorbereitet kommt, merkt ziemlich schnell, dass er keine Chance hat. Ihm bringen diese Sitzungen nichts«, so der Mathematikprofessor. »Auf diese Weise bringe ich die Studierenden dazu, selbstverantwortlich Materialien vorzubereiten.«

Eigentlich eine Grundqualifikation für jedes Studium, besonders an der Pädagogischen Hochschule: »Wir bilden künftige Lehrerinnen und Lehrer aus, und die sollen lernen, sich selbstständig in fremde Sachverhalte einzuarbeiten«, sagt Spannagel. »Wer das nicht schafft, soll auch kein Lehrer werden.«

Das sieht Prof. Thomas Fischer ähnlich, wenn er über den Unterricht an Hochschulen nachdenkt: »Das Anspruchsniveau soll ruhig hoch sein, wir müssen aber den Studierenden helfen, diesen Ansprüchen gerecht zu werden.« Für ein Erfolgserlebnis sollten Studierende schon »auf Knochen rumbeißen«, weil es ohne Aufwand keine echten Erfolge gibt. Da kommt jetzt auch das Internet ins Spiel, Stichwort »Fallstudie«: Wenn Daten und Fakten online zugänglich sind, sollten Hochschullehrer Aufgaben entwickeln, die nur durch eine intelligente Verknüpfung von Informationen zu lösen sind.

»Das geht zum Beispiel im Fach Rechnungswesen«, erklärt Fischer, »da finden sich alle Gesetze im Internet.« Aber: Seine Fallstudie zum Thema Buchhaltung ließ sich gerade nicht durch Copy & Paste lösen, sondern erforderte Kompetenzen, wie wir sie in Kapitel 9 (Fit für die Zukunft) entwickelt haben: Konzentrations- und Kritikfähigkeit sowie ein wirklich produktiver Umgang mit digitalen Medien.

So lässt sich eine alte Idee mit digitalen Ansätzen kombinieren: Fach- und Methodenwissen werden verknüpft, wie es schon 1908 die Harvard Business School vorgedacht hat. Sie hatte Fallstudien als Instrument entwickelt, damit Studierende reale Probleme aus dem ökonomischen Alltag lösen. Dazu nennen Susanne Lexa und ihre Kollegen von der Universität Rostock drei wesentliche Ziele (7):

1. »Die Studenten sollen über eine Situationsanalyse die eigentlichen Probleme des Falls erkennen; Problembewusstsein soll sich entwickeln.«
2. »Die Studenten sollen befähigt werden, sich in einer Informationsfülle zurechtzufinden.«
3. »Die Studenten sollen durch die Forderung nach und die Entwicklung von Lösungen zum kreativen Denken befähigt werden.«

Damit schließt sich ein weiterer Kreis: Für junge Erwachsene sind digitale Medien ein unverzichtbarer Teil ihrer Ausbildung. Sie eröffnen Möglichkeiten, von denen frühere Generationen nur träumen konnten. Das führt zu unserer letzten These:

**Junge Erwachsene sollten über umfangreiche Medienkompetenz verfügen, um anspruchsvolle Aufgaben in Ausbildung und Studium zu lösen. Diese Fähigkeiten erwerben sie, wenn sie kognitiv zu Abstraktion und Selbstreflexion in der Lage sind (ab 12 bis 14 Jahren).**

Medienkompetenz ist auch für junge Leute wichtig, die bei Prof. Jens Böcker BWL studieren, und zwar an der Hochschule Bonn-Rhein-Sieg. »Heute habe ich gerade mit meiner wissenschaftlichen Mitarbeiterin ›Adobe Connect‹ genutzt, um in einer Videokonferenz Charts für die Vorlesung zu besprechen«, erzählt Böcker. Multimedialität im Unterricht sei wichtig, aber genauso entscheidend wäre die Fähigkeit, mit *Collaborative Software* zu arbeiten.

Er denkt dabei an »virtuelle Teams«: In seinen Forschungsprojekten sitzen die Leute zuerst am Vormittag zusammen. Das sei auch sinnvoll, weil sonst Kreativität verloren geht, die sich in Gruppen nur face-to-face entwickelt. Will sich das Team am Nachmittag noch einmal »treffen«, geht das leicht virtuell über die Bühne. »Das ist eine enorme Chance, die beflügeln kann«, so Böcker. »Am Ende geht es immer darum, die Vorteile beider Situationen zu nutzen.« Solche professionellen Anwendungen sind auch in Unternehmen gefragt: »Da sollte es keinen großen Graben geben«, sagt Böcker, »es darf nicht passieren, dass Studierende nur fit in WhatsApp und Facebook sind.«

## Digitale Instrumente als Ergänzung der Realität

Fazit: Wenn digitale Medien Realität verdrängen, schadet das nicht nur kleinen Kindern. MOOCs sind ein weiteres Beispiel für solche Verdrängungsprozesse, in denen es zu einer Substitution realer Welterfahrung kommt. Nicht etwa, weil ein gutes didaktisches Konzept dahintersteckt. Vielmehr tritt eine Technologie auf den Plan, der ein didaktisches Mäntelchen übergezogen wird: Bildung für alle, global und jederzeit! Doch der Prozess ist in erster Linie technologiegetrieben, die passenden Bedürfnisse werden zusätzlich geweckt.

Außerdem locken gewaltige Einsparpotenziale: weniger Personalkosten an den Hochschulen. Wenn das Schule macht, wachsen die Investitionen in die IT-Infrastruktur – und zeitgleich investieren wir immer weniger in Menschen! Eine Tragödie in der sogenannten Wissens- und Informationsgesellschaft. Sie braucht gerade helle Köpfe, um die Komplexität des digitalen Zeitalters zu bewältigen. Wenn digitale Medien Realität ergänzen, schadet das keinem Menschen. Im Gegenteil: Unsere Beispiele zeigen, wie sich Digitalität sinnvoll im Bildungsprozess einbinden lässt. Im *Flipped Classroom* findet echte Begegnung statt, Lernen wird als sozialer Prozess verstanden und ernst genommen. Spannagels Videos dienen der Vorbereitung, um später die Inhalte durch Diskurs zu vertiefen. Stellt sich nur die Frage: Würde das nicht auch klappen, wenn Studenten vorher die Nase in Bücher steckten? Da lässt sich auch vor- und zurückblättern, und das Lesen regt das Denken an. Aber: Gut gemachte Videos sind sicher attraktiv in einer Welt, die sich fest im Griff der Multimedialität befindet.

Wer die Realität ergänzen will, kann das ebenfalls mit Fallstudien machen. Die Fakten zur Lösung sind zu suchen – in den unendlichen Weiten des Internets. Die eigentliche Lösung findet aber im Kopf statt: als kognitive Leistung, die kein Studierender per Copy & Paste ins Gehirn herunterladen kann. Daran dachte wohl auch diese Studentin, als sie das Bulimie-Lernen ins Visier nahm:

>»Dieses reine Auswendiglernen bringt nichts. Wenn ich einfach nur hinschreibe, was der Cashflow ist, heißt das noch lange nicht: Ich habe den Begriff verstanden, ich kann ihn interpretieren und in der Praxis anwenden. Zum Auswendiglernen sind aber alle in der Lage. Eine solche Definition runterzuleiern, bringt leider nichts fürs Leben. Scheinbar einfach, um für Klausuren zu lernen – aber im Endeffekt sinnlos.«

Genau dieser Mangel an Transferaufgaben untergräbt die akademische Bildung. Digitale Fallstudien sind dagegen ein guter Weg, unsere geforderten Kompetenzen zu entwickeln: Konzentrations- und Kritikfähigkeit sowie ein produktiver Umgang mit digitalen Medien. Dazu gehört sicher auch der professionelle Einsatz von *Collaborati-*

*ve Software,* wie ihn Prof. Böcker beschreibt. Sie ergänzt die Realität mit virtuellen Werkzeugen, die eine vertiefte Zusammenarbeit möglich machen.

*Flipped Classroom,* Fallstudien und *Collaborative Software* – in allen drei Fällen geht es um Komplementarität, das heißt, digitale Instrumente sind eine Ergänzung, sie verbessern reale Lebenssituationen, die zahlreich in Beruf und Ausbildung anzutreffen sind. Das ist ein Gewinn für Wirtschaft und Gesellschaft! Denn: Erwachsene verfügen über die nötigen kognitiven Fähigkeiten, um digitale Medien fruchtbar zu nutzen.

Wir haben unser Buch mit der These begonnen:

**Eine Kindheit ohne Computer ist der beste Start ins digitale Zeitalter.**

An dieser Aussage rütteln wir nicht, denn Computer sollten vor dem zwölften Lebensjahr keine kognitiven Prozesse stören, die später in ausgereifter Form im *Flipped Classroom* gefordert sind.

Aber: Wir sind keine Maschinenstürmer und wollen die »Kreidezeit« nicht verklären! Daher haben wir uns intensiv in den Kapiteln 8 und 9 mit dem Begriff der Medienkompetenz auseinandergesetzt. Sie wächst und gedeiht, wenn Kinder dafür das intellektuelle Rüstzeug erworben haben. Dann sollten sie auch in der Schule Tablets nutzen, Wikis pflegen, im Internet recherchieren – mit andern Worten: sich alle Möglichkeiten digitaler Vernetzung erobern.

Ganz klar: Es geht nicht um die Frage, *ob* wir digitale Medien in der Bildung nutzen. Vielmehr ist zu diskutieren, *wann und wie* Computer zum Einsatz kommen. Nicht im Kindergarten, nicht in der Grundschule! Und auf keinen Fall bei Kleinkindern. Das ist unsere Position – wir freuen uns auf Widerspruch und eine lebendige Diskussion.

Wer anderer Meinung ist, sollte aber auf den roten Faden achten, den wir in unserem Buch entrollen: Wir orientieren uns an der kognitiven Entwicklung der Kinder. Sie war für uns die entscheidende

Messlatte, um die Wirkung digitaler Medien einzuschätzen. Dabei fällt unsere Antwort nicht schwarz-weiß aus, denn wir kommen zu dem Schluss: Was in der einen Phase des Lebens gilt, verliert in einer anderen an Bedeutung. Wer Kleinkinder vor Computern schützt, schafft eine kognitive Basis, damit sie in Schule und Studium kompetent mit Digitalität umgehen. Der Grund: Später werden junge Erwachsene nicht so einfach zum Opfer digitaler Überflutung, wie es leicht bei Kleinkindern passiert.

Unsere Hoffnung für die digitale Zukunft: Der ökonomisch getriebene Hype um Tablets in der Schule verebbt, stattdessen beginnt eine rationale Diskussion um Medienpädagogik. Dann dürfte auch der Ruf »Jeder Schüler muss ein Tablet haben!« verstummen. Viel wichtiger sollte es sein, unsere Bildungseinrichtungen maßvoll mit IT-Infrastruktur auszustatten. Auf keinen Fall sind die Menschen zu vergessen, die dort unmittelbar mit Kindern und Jugendlichen arbeiten. Weniger Geld für Computer bedeutet mehr Geld für Erzieher und Grundschullehrer. Sie sind es, die für unsere Gesellschaft Großes leisten, wenn es um die gesunde Entwicklung ihrer Schützlinge geht.

»Kinder und Uhren dürfen nicht beständig aufgezogen werden. Man muss sie auch gehen lassen«, hat Jean Paul (1763–1825) geschrieben. Eine Mahnung, die bis heute aktuell ist. Denn: Wir brauchen für die Zukunft kreative und kritische Köpfe, die selbst gehen lernen – und keine digitalen Uhrwerke, die einfach programmiert werden.

# Wenn alles schiefgeht ...

## Zukunftsszenario einer schönen neuen, digitalen Welt

Es ist sein großer Tag im Jahr 2050: Markus ist auf dem Weg zur Kathedrale der »Self-Productivity AG«. Marmor, Glas und Stahl erheben sich 120 Meter in den grauen Himmel von Berlin. Markus hat es geschafft. DAS PROGRAMM nimmt ihn heute auf, weil er das Studium abgeschlossen hat. Sein neuer akademischer Titel: »Master of MostPopKnowledge« (MoMPK). Damit stehen ihm alle Tore offen – in einer Welt, die das Unternehmen »EverEvery-Learn S.E.« (EEL) total revolutioniert hat.

Die kalifornische Firmenzentrale von EEL hat die UNO ersetzt. Denn weltweit hatten Politiker erkannt: Das Wohl ihrer Völker liegt am besten in der Hand eines einzigen globalen Konzerns. Keine staatliche Bildungsbürokratie mehr – und vor allem in Deutschland: keine borniere Kleinstaaterei mehr, weil Landesfürsten ihre Egoismen pflegen.

Stattdessen führte der Bildungskonzern EEL weltweite Lernstandards ein und konzentrierte Lehrpläne und Curricula auf wesentliche Inhalte, zum Beispiel: »Lean Management«, »Lean Software«, »Lean Economics« oder »Lean People«. Alles zum Heil der Wirtschaft, der wahren Säule menschlicher Existenz! So blieb Markus in der Schule von unproduktiven Fächern verschont, wie etwa Musik, Kunst oder Philosophie. Dazu heißt es in der Präambel des »Programms zur perfekten Ausbildung«, kurz: DAS PROGRAMM:

»Höchstes Ziel ist es, eine lebenslange Verwertbarkeit menschlicher Arbeitskraft herzustellen. ›Employability‹ lautet unser Credo: Alle Absolventen stellen sich rückgratlos der Wirtschaft zur Verfügung, um das Wohl der gesamten Gesellschaft zu fördern.«

Und die »Self-Productivity AG« wurde dazu auserwählt, dieses globale Prinzip in Deutschland zu verwirklichen. Daher steht Markus jetzt vor der Kathedrale – mit Hunderten von Absolventen, die dem größten Moment ihres Lebens entgegenfiebern: Aus Kalifornien ist Steve Learns gekommen, der Gründer von EEL. Er wird Markus selbst seinen Segen erteilen …

Doch das dauert noch eine Weile, die Pforten der Kathedrale sind noch nicht geöffnet. Markus zückt sein Smartphone, um sich zu erinnern: Er hatte Videos seiner Eltern gemacht, die ihm aus seiner Kindheit berichten. So konnte er seine neuronale Festplatte für ökonomisch sinnvolle Inhalte reservieren. »Learns sei Dank«, sagt gerade seine Mutter über die implantierten Kopfhörer, die über Bluetooth Signale empfangen. »EEL hat uns schon in der Schwangerschaft einen Chip für dein Köpfchen geschenkt.« Damit fing alles an, das Prinzip »Learning forever« feierte erste Erfolge im Mutterleib. Chinesisch-Vokabeln, Potenzregeln, Grundlagen der deutschen Grammatik – das alles wurde vor der Geburt in das System von Markus eingepflegt.

Genial auch die Technologie von EEL, um Kinder vor Gefahren zu bewahren. So sitzen sie immer zu Hause vor dem Rechner, um die Welt keimfrei durch E-Learning zu begreifen. Keinerlei Unfallgefahr mehr! Markus bekam dafür eine örtliche Betäubung, sodass Ärzte in der Lage waren, einen Peilsender schmerzfrei mit dem Bauchnabel zu verschweißen. Das geschah drei Stunden nach seiner Geburt. Der Name des Produkts: »ChildrenSignal«. Steht die LED-Anzeige des Empfangsgeräts auf Grün, müssen sich Eltern keine Sorgen machen. Ihr Kind ist im normalen Lernmodus.

Gelb signalisiert gefährliche Momente der Ablenkung, etwa wenn das Kind nach einem Teddybär greift, den Großeltern in seltenen Fällen einschleppen. Nur, weil sie keine Ahnung von virtuellen Lernumgebungen haben. Die Warnstufe Rot wird kaum erreicht, dazu müsste sich das Kind alleine auf der Straße bewegen. Kein Grund zur Sorge, denn voll automatisierte Drohnen greifen aus der Luft den Flüchtling auf und bringen ihn zurück in seine gewohnte Lernumgebung.

Diese Technik ist weit mehr als ein Sicherheitssystem: So lernen die Kinder schnell, Objekte eines Überwachungs- und Steuerungsnetzwerkes zu sein, das ausschließlich ihr Wohl im Sinn hat. Sie begreifen intuitiv, mit Netzwerken und Endgeräten umzugehen, weil sie sich früh in einer wohligen WLAN-Wolke bewegen. Davon träumten vor 50 Jahren Medienpädagogen, wenn sie für Kinder eine möglichst »frühe Medienkompetenz« forderten. So droht kein gefährlicher Individualismus mehr, das rationale Kollektiv triumphiert – und der lebenslangen Verwertbarkeit menschlicher Arbeitskraft liegen keine Steine mehr im Weg. Genau das fordert DAS PROGRAMM.

Was für eine wunderbare Welt: Menschen lernen lebenslang, selbstmotiviert und zielgerichtet. Ganz einfach, weil sie von Geburt an Teil einer Lerngemeinschaft sind, eingebettet in die globalen Strukturen des Konzerns EEL. Die ständige Frage »Schaffe ich das?« existiert nicht mehr in den Köpfen, die Prediger von EEL geben eine eindeutige Antwort: »Yes – we learn!«

Wer die neuesten Lerntechnologien nutzt, kommt weiter. Niemand fällt mehr durch, jeder wird mitgenommen. Demokratisierte Bildung in Reinkultur! So lässt EEL seinen Jüngern stets die neueste Mikro-Hardware implantieren. Markus war gestern wieder beim Neurochirurgen, um sich einen verbesserten Internet-Chip einpflanzen zu lassen. Einfach kurz in der Mittagspause, im Jahr 2050 so selbstverständlich, wie es ein Friseurbesuch im 20. Jahrhundert war.

Da öffnen sich die Pforten der Kathedrale: Der Strom der Gläubigen ergießt sich in die Haupthalle, strahlend weiß gestrichen, glatt und ohne jeden Makel. Wo früher ein Kruzifix hing, thront heute das Symbol ewigen Lernens: der goldene Trichter. Markus schaut voll Ehrfurcht hinauf, denn holografische Zahlenbänder umschweben das Kunstwerk – 001010, 1001101, 0011101 … so sieht auch das Firmenlogo des Konzerns EEL aus.

Was garantierte den globalen Aufstieg von EEL? Die totale Transparenz im Lernprozess! Der Peilsender am Bauchnabel von Markus ist der Schlüssel zum Erfolg: Durch raffinierte Updates gelingt es EEL, das System »ChildrenSignal« zum perfekten Lernsensor hochzurüsten. Er greift Gehirnwellen ab, registriert alle Bewegungen im Lernnetz – und bringt so das E-Portfolio von Markus auf den neuesten Stand. Alles in Echtzeitprozessen!

Das Lernnetz basiert auf der Technologie »Human-Transparency-Network« (HTN). Sie vernetzt weltweit alle Ausbildungsstätten, egal ob Kindergarten, Universität, Highschool, Gymnasium oder Berufsschule. Die Daten laufen zentral in Coppertino zusammen, dem Firmensitz von EEL. Eltern ist es sogar erlaubt, ihre Kleinkinder für das revolutionäre System freizuschalten. So registriert EEL alle Fortschritte, sobald das Baby am Netz hängt. Dazu hat das Unternehmen gewaltige Server-Farmen aufgebaut, die gigantische Datenströme erfassen, analysieren und interpretieren. Diese Bits und Bytes repräsentieren das gesamte Lernen der Welt!

Zum Segen der Menschen, wie Markus selbst erlebt hat: Im weltweiten Begabungsranking kam er mit vier Jahren unter die beste Million, was seinen Weg durch die Bildungsinstitutionen vorgezeichnet hat. Sein Tastaturanschlag war mir sechs Jahren weit überdurchschnittlich, die kognitive Verarbeitung von Lernvideos hervorragend. Das zeigten seine Hirnströme, dauernd ausgewertet von den komplexen Algorithmen in Coppertino.

*Matching* heißt in diesem System das Zauberwort: Alle Stockungen und Sprünge im Lernprozess wurden im E-Portfolio von Markus festgehalten. So kristallisierten sich schnell seine Stärken und Schwächen heraus – und EEL konnte bald die richtigen Weichen stellen, um Markus in die perfekt passende Ausbildung zu lenken. Das war das Studium des »MostPopKnowledge«, für das er die höchste Zahl an Matching-Punkten mitbrachte.

Sein Arbeitgeber stand auch schon fest: Die »Self-Productivity AG« würde einfach sein E-Portofolio als elektronische Personalakte übernehmen. Sie ist die Grundlage für eine lebenslange Fortbildung – Lernen total, bis sich das fleißige Leben vollendet, immer im Zeichen des goldenen Trichters! Dazu liefert das detaillierte Kompetenzprofil von Markus die nötigen Daten, die automatisch in jede Zielvereinbarung einfließen.

Ambitionierten Mitarbeitern bietet die »Self-Productivity AG« an, nicht nur in der Freizeit E-Learning zu betreiben. Nein, sie haben die Möglichkeit, sich auch in der unproduktiven Schlafphase an Lerncomputer anschließen zu lassen. Elektromagnetische Wellen transportieren das Wissen ins Gehirn, das nachts mit Kompetenzalgorithmen synchronisiert wird. Markus hat für diese Innovation genug Matching-Punkte gesammelt, er will auf jeden Fall einen Antrag stellen ...

Markus zückt wieder sein Smartphone. Er steht vor der Bühne, die Linse seiner Kamera erfasst seinen Helden, den Meister, das unerreichbare Vorbild: Steve Learns. Der Gründer von EEL nähert sich gerade dem Höhepunkt seiner Drei-Minuten-Predigt. Denn die E-Learning-Forschung hat ergeben: Solche Zeithäppchen übertragen Informationen optimal, sie bannen die Aufmerksamkeit der Zuhörer und lassen keine abirrenden Gedanken zu.

Entsprechend entzückt sind die Gläubigen in der Kathedrale, die an den Lippen ihres Meisters hängen. Mit jedem weiteren Satz geraten sie mehr in Ekstase. »Lernen überall und jederzeit, 24 Stunden am Tag, 365 Tage im Jahr«, ruft Learns den Absolventen zu, »mit unserem PROGRAMM kommt ihr direkt ins Paradies!« Da hält es schon niemanden mehr auf den Sitzen, Begeisterung brandet durch die Reihen ... bis Learns die entscheidende Frage stellt: »Wollt ihr das totale Lernen?« – und aus allen Kehlen ertönt ein vielstimmiges

»JAAA!«, weltweit per Webcam übertragen, bis in die letzten Winkel, wo Gläubige vor ihren Tablets sitzen, beseelt vom totalen Lernwillen.

Anmerkung: Der Leser fragt sich sicher die ganze Zeit, welche Wissenschaft sich hinter dem Begriff »MostPopKnowledge« verbirgt. Antwort: Es ist völlig egal! In der Welt von EEL hätte Markus auch »LowBoredSecrets«, »SpamFileMadness« oder »LollyFrog-Science« studieren können. Hauptsache, er wurde so ausgebildet, dass er gut geölt als Rädchen hohe Drehzahlen erreicht. »Um das Wohl der gesamten Gesellschaft zu fördern«, wie es im PROGRAMM geschrieben steht – und Steve Learns in vielen Videobotschaften verkündet.

# Zu Risiken und Chancen fragen Sie das Gehirn

## Erkenntnisse der Neurobiologie zum Lernen mit digitalen Medien

*Von Prof. Dr. Gertraud Teuchert-Noodt, ehemalige Leiterin des Bereichs Neuroanatomie/Humanbiologie an der Universität Bielefeld, Fakultät für Biologie*

> »Reichtum und Schnelligkeit ist, was die Welt bewundert und wonach jeder strebt. Eisenbahnen, Schnellposten, Dampfschiffe und alle möglichen Fazilitäten der Kommunikation sind es, worauf die gebildete Welt ausgeht, sich zu überbieten, zu überbilden und dadurch in der Mittelmäßigkeit zu verharren.«
>
> *Johann Wolfgang von Goethe, Brief an Carl Friedrich Zelter, 6. Juni 1825*

## Drei zentrale Erkenntnisse

Über Risiken und Chancen digitaler Medien entscheidet nicht der Konsument und seine Kaufkraft, sondern das Gehirn selbst. Nämlich das Gehirn des Kindes, des Jugendlichen und besonders das Stirnhirn des Erwachsenen, der zu Reflexion und Verantwortung begabt ist. Der große Erkenntnisgewinn in der Hirnforschung stammt aus dem vergangenen halben Jahrhundert. Ganze Bataillone junger Forscherinnen und Forscher waren daran beteiligt, neurochemische, -anatomische, -physiologische, -molekulare und genetische Details zusammenzutragen. Es ging um die zentrale Frage, wie dieses »Haus« in unserem Kopf entsteht. Schließlich wollen wir uns für ein ganzes Leben darin einrichten und wohlfühlen. Als Mitgift erhält das Gehirn 100 Milliarden »dumme« Nervenzellen, die in ca. 70 Millionen Modulen untergebracht werden, von denen jedes maximal 120 bis 180 Nervenzellen enthält. Jede Zelle kann im Schnitt 10 000 bis 40 000 Kontakte knüpfen, die uns zur Intelligenz verhelfen. Das sind galaktische Dimensionen, in die es nicht so einfach war, Ordnung und Sinn zu bringen. Und für den gesamten Kosmos des Gehirns ist das überhaupt noch nicht gelungen.

Zunächst ist ein Rückblick in die Vorgeschichte nötig, bis in die Zeit der Vor- und Frühzeitmenschen. Sie haben über Gene den Grundsockel und den Gerüstbau für das Haus geliefert. Daran gibt es kein Vorbei, auch nicht, wenn digitale Medien als Revolution ausgerufen werden. Diese bestimmenden Grundelemente sind später im Verlauf des Hausbaus nur sichtbar, wenn wir genau hinsehen. Ob es eine solide und praktisch gebaute wunderschöne Villa, eine einsturzgefährdete Baracke oder ein digitales Luftschloss wird – das hängt nicht von den Genen ab. Aber wovon sonst? Auf diese Frage wollen wir eine Antwort finden.

Die theoretischen Konzepte für den Ausbau des Hauses stammen von den Psychologen und Neurowissenschaftlern Donald O. Hebb, Jean Piaget und Joachim R. Wolff. Ohne ihre Denkarbeit wäre aus dem Riesenhaufen neurobiologischer Daten nur ein »Monte Scherbelino« entstanden. Werfen wir als Erstes einen Blick auf die Konzepte der drei Forscher.

Donald O. Hebb (1) formulierte die Idee einer »Lernsynapse«: Die wiederholte Aktivierung von Nervenzellen in einem frühkindlich labilen Nervennetz ( … ) führe zu erhöhter Effizienz und Stabilisierung des Kontaktspektrums. Damit ist gemeint, dass sich bleibende Kontakte (= Synapsen) zwischen Nervenzellen nur durch Aktivierung aufbauen lassen. So bildet sich die Lernleistung des Gehirns aus. Daher heißt das Hebb'sche Bauelement Aktivität. Sein

Nervennetz wurde in der zweiten Hälfte des 20. Jahrhunderts als Funktionsmodul identifiziert. Ebenso fanden Forscher heraus, dass die Lernsynapse ein hochkomplexes Rezeptorsystem darstellt. Es macht gerade in höheren Hirnregionen die nötige Aktivität verfügbar, damit Lernen und Gedächtnisbildung stattfinden können.

Aktivität nehmen wir über die Sinne aus der Umwelt auf. Zusätzlich ist Aktivität in unserem Gehirn verankert. Diese endogene Aktivität steuert uns wie von unsichtbarer Hand. Es handelt sich um die »endogenen Rhythmen«, die das Gehirn selbst erzeugt. Sie reagieren wie der Herzrhythmus hochsensibel auf Umweltreize. Die Kernfragen lauten also: Wie verhalten sich die sinnesbezogene und die hirneigene Aktivität zueinander? Wie beeinflussen sie gemeinsam die Hirnreifung? Diese Fragen sind von zentraler Bedeutung, wenn wir die Wirkung elektronischer Medien auf das kindliche Gehirn betrachten.

Der Schweizer Jean Piaget (2) war es, der für unser Haus mit seinem Konzept die Stufen der Entwicklung geliefert hat. Sein entscheidendes Bauelement heißt Dynamik. Es geht um die dynamische Entwicklung des Kindes – vom Baby über das Schulkind bis zum jungen Erwachsenen. In Kapitel 4 (Denken lernen) wurde ausführlich gezeigt, wie Kinder diese Stufen biologisch bedingt bewältigen müssen. Piaget blieb aber verschlossen, welche Instanz – außer den Genen – diese Stufen der Hirnreifung steuert und ihre Übergänge fließend gestaltet. Außerdem konnte er noch nicht erkennen, wie diese Instanz der Umwelt einen großen Einfluss einräumt, sobald die kognitiven Prozesse in Gang kommen. Die Zeit war für die Hirnforschung noch nicht reif, solche Früchte der Erkenntnis zu ernten. Aber bald wurde ein neuer Durchbruch erzielt.

Die Philosophen und Neurobiologen Humberto R. Maturana und Francisco Varela (3) verbreiteten Ende der 1970er-Jahre die aufregende Botschaft: Das Gehirn ist ein sich selbst organisierendes System, etwa wie ein eigenständiges Ökosystem. An dieser Erkenntnis entzündete sich die Frage, wie die Bauelemente Aktivität und Dynamik eine flexible Statik erhalten. Wissenschaftler fragten sich zum ersten Mal konkret, wie im Gehirn Struktur und Funktion miteinander verkoppelt sind. Diese Frage lässt sich auch auf ein Auto übertragen: Seine Technik stellt die Struktur dar. Seine Funktion ist es, auf einer Straße gefahren zu werden. Dabei stellt sich für die Konstrukteure immer die Frage: Wie sollten die technischen Eigenschaften des Autos (Struktur) aussehen, damit es sich gut fahren lässt (Funktion)? Ähnlich lässt sich über die sogenannte Struktur-Funktions-Koppelung im Gehirn nachdenken.

Eine Antwort wurde in den 1980er-Jahren gefunden: In dieser Zeit »entwichen« die wachstumsfördernden »Morphogene« aus den Laboratorien, viele Wissenschaftler erforschten diese faszinierenden Substanzen: Hormone und Neurotransmitter wie Serotonin oder Dopamin. Träufelt man ein paar Tropfen dieser Transmitter auf junge Nervenzellen, beginnen diese Zellen Ausläufer zu bilden und Synapsen sprießen zu lassen. Daher der Name Morphogene, denn sie lösen genau diese »Morphogenese« aus, was sich aus dem Griechischen mit »Entstehung der Form« übersetzen lässt. Dieser Vorgang macht es erst möglich, dass sich Aktivität und Dynamik in Szene setzen.

Joachim R. Wolff (4) verpackte diese Erkenntnisse in seiner »Kompensationstheorie«. Für den Hausbau lieferte er die Morphogene, an deren Erforschung er an vorderster Front beteiligt war. Vor dem Hintergrund der Selbstorganisation erklärt seine Theorie, wie unser Haus Stufe für Stufe entsteht, und zwar mithilfe der Morphogene als Mörtel. Das war ein großer Schritt: Zum ersten Mal wurde geklärt, unter welchen physiologischen Voraussetzungen sich das Gehirn zuverlässig sinnbezogen und flexibel entwickelt. Gene sorgen dafür, dass einzelne Transmitter und Hormone im richtigen Moment und in den richtigen Hirnfeldern reifen. Dadurch veranlassen sie Nervennetze, zu einer neuen Entwicklungsstufe aufzusteigen. Dieser Prozess heißt Kompensation (oder Reorganisation). Oftmals ist einfach auch von *remodeling* die Rede.

Dieser Mechanismus der Kompensation stellt den genialen Wurf der Evolution dar, Gene und Umwelt zuverlässig miteinander zu verkoppeln und in eine dynamische Entwicklung einzubinden. Piaget nannte diese Vorgänge Assimilation und Akkommodation, die Wissens- und Handlungsmuster an neue Situationen anpassen (siehe Kapitel 4, Denken lernen). Wolffs Verdienst ist es, diese Abläufe physiologisch konkretisiert zu haben. Er beschreibt, wie das Gehirn ständig versucht, einen gleichgewichtigen Dialog zwischen erregenden und hemmenden synaptischen Kontakten herzustellen. Dazu hatte auch Piaget einen empirischen Zugang gefunden: Er nannte dasselbe Phänomen Äquilibration, also die Suche nach einem Gleichgewicht in kognitiven Konflikten. Dank Wolff wurde es nun möglich, Piagets Entwicklungsstufen mit reifenden Transmittern in einen direkten Zusammenhang zu stellen. Damit lassen sich erstmals »kritische Phasen« der Entwicklung über physiologische Parameter präzise definieren.

Das hat Konsequenzen: Der Hirnreifung im Kindes- und Jugendalter ist unterschiedlich viel, manchmal sehr viel Zeit einzuräumen, weil diese neuronalen Stoffwechselprozesse sehr individuell verlaufen. Sie brauchen viel mehr Zeit als ein Lernprozess selbst. Daher wäre es sinnvoll, Unterrichtsstunden in der Schule für Erholungsphasen zu reduzieren. Schließlich finden die energetisch aufwendigsten Stoffwechselprozesse nicht im Magen oder in der Leber statt, sondern im Gehirn, wenn die Produktion von Hormonen und Transmittern auf Hochtouren läuft. Dafür ist deutlich mehr Zeit nötig, als wenn wir am Sonntag einen Gänsebraten zu verdauen haben.

Unumstößlich gilt die Regel: Solange der Mörtel nicht hart geworden ist, kann der Hausbau nicht weitergehen! Wenn das geschehen ist, können weitere Funktionseinheiten an die Reihe kommen, so wie es das Piaget'sche Entwicklungsmodell beschreibt. Unter diesen Umständen wächst den »dummen« Nervenzellen bereits frühkindlich eine erste »Klugheit« zu, und zwar unter dem Einfluss von Sinneseinflüssen (= Aktivitäten) aus der Umwelt. Von Anfang an gilt das Motto: Reifung und Lernen gehen Hand in Hand!

## Der Dreiklang aus Aktivität, Dynamik und Kompensation

Vor dem Hintergrund der bisherigen Erkenntnisse stellt sich die Preisfrage »Wie kann sich der moderne Mensch auf intelligente Weise im digitalen Zeitalter einrichten?«. Die Ambivalenz unserer Zeit haben bereits Gerald Lembke und Ingo Leipner in ihrem Buch *Zum Frühstück gibt's Apps* (5) herausgestellt. Diese Ambivalenz liegt auch in den Mechanismen des menschlichen Gehirns verborgen. Einerseits profitieren Erwachsene auf geniale Weise von den Möglichkeiten der digitalen Medien. Andererseits beeinträchtigt Digitalität Babys, Klein- und Schulkinder fatal in der Hirnentwicklung.

Denn elektronische Medien nehmen im Gehirn des Kindes genau diejenigen Areale unter Beschuss, die für Lernen, Denken und Handeln im ganzen Leben verantwortlich sind. Heranwachsende müssen auf dem Weg zur Intelligenz über mehrere neuronale Hürden springen, die ihnen niemand ersparen kann. Warum erschweren oder verhindern das digitale Medien? Um das zu verstehen, schauen wir uns diese Hürden genauer an.

### Hürde 1: Körperbewegung

Die Bewegungen von Körper und Gliedmaßen bestimmen, in welcher Weise bei Kleinkindern in einer frühen Phase Funktionsmodule des Klein- und Großhirns reifen. Wir bewegen uns im Leben in drei Dimensionen – und die entsprechenden Raumkoordinaten werden buchstäblich in die reifenden Module der Hirnrinde einprogrammiert. Sie heißt Kortex (lateinisch *cortex*) und ist die äußere

Schicht des Groß- und Kleinhirns, die jeweils sehr reich an Nerven-zellen ist. Die rund 70 Millionen Funktionsmodule der Großhirn-rinde quasseln nahezu pausenlos miteinander und aneinander vor-bei, und zwar über flächige Fasersysteme, die vertikal und horizontal ausgerichtet sind. Diese Verschaltungen schaffen gewaltige Kommu-nikations- und Speicherkapazitäten.

Die Areale der Bewegungsrinde starten ab dem Babyalter damit, gezielte Verbindungen anzubahnen. Fingerspiele sind Vorübun-gen für das allgemeine Greifen. Das Greifen nach Bauklötzchen und mehr ist wiederum die Vorübung des präzisen Ergreifens der Schreibfeder. Nur der Mensch erwirbt diese Fähigkeit zum Präzisi-onsgriff. Auf den Punkt gebracht: Nur so konnte ein Kölner Dom gebaut werden. Spätestens das Schulkind sollte in der Lage sein, den Präzisionsgriff zum Schreiben einzusetzen.

Besonders fällt die räumliche Organisation der Module im Kor-tex des Kleinhirns auf, das dem Großhirn unmittelbar vorgeschal-tet ist. Die drei Schaltebenen dieser Module entsprechen in ihrer Anordnung exakt den drei Bogengängen des Gleichgewichtsor-gans, die im Innenohr senkrecht aufeinanderstehen. 15 Millionen Purkinjezellen liegen dicht gepackt und senkrecht zu den gefalte-ten Blättern der Rinde, die dünn wie Folien sind. Jede Zelle hat die Möglichkeit, etwa 180 000 Kontakte mit T-Fasern zu bilden, die aus der Tiefe aufsteigen und parallel zu den Rindenfolien verlau-fen. So können sie eine maximale Zahl von Bäumen aus Purkinje-zellen durchqueren. Außerdem empfangen diese T-Fasern in der Tiefe Signale von den Sinnesorganen. Die Aufschlüsselung der Sin-nesreize am Eingang in die Rinde des Kleinhirns liegt noch um vie-le Potenzen höher als die der T-Fasern. Wozu diese komplexen Ver-schaltungen?

Kurz gesagt: Es geht um Gleichgewichtsspiele, die gleichzeitig Kleinhirnspiele sind. Kinder und Jugendliche brauchen vielfältige körperliche Aktivitäten, damit das Gehirn gesund reifen kann. Nur so lassen sich seine Module ebenso vielfältig strukturieren. Kinder greifen, malen, basteln, purzeln, klettern und tollen herum – genau in der kritischen Phase, in der sich zeitgleich (!) modulare Groß- und Kleinhirnfelder funktional organisieren.

Was passiert, wenn digitale Medien ins Spiel kommen? Sie schränken automatisch das Bewegungsverhalten der Kinder ein, was diese hochgradig aktive und dynamische Phase der Hirnreifung beeinträchtigt. Die Folge ist ein enormer Stress für den Stoffwechsel. Wie uns Forschungen an einem Tiermodell gezeigt haben, reagieren gewisse Funktionsmodule in höchsten Rindenfeldern, indem sie eine Fehlanpassung vornehmen. Im Wolff'schen Sinne bedeutet das eine Dekompensation (6–8), das heißt, es kommt zu einer Fehlschaltung (Kapitel 1, Brillante Babys). Der Aufbau kognitiver Fähigkeiten wird gestört.

## Hürde 2: Verankerung kognitiver Funktionen

Wenn motorische Regelkreise reifen, verankern sich auch kognitive Funktionen im Gehirn. Denn das Kleinhirn und die motorische Großhirnrinde regen über vielfältige Bewegungen Denkleistungen an. Das wird bei einem Spaziergang auch Erwachsenen bewusst, wenn sie an der frischen Luft auf »gute« Gedanken kommen. Die logische Folge lautet, dass für Schulkinder der Pausenhof ein wichtiger Lernort ist. Das Kleinhirn registriert alle Aktivitäten, die ihm Spannungs- und Dehnungsrezeptoren des Bewegungsapparats melden. An diesem Informationsfluss ist speziell der Gleichgewichtssinn beteiligt. So bildet die frühkindliche Reifung von Kleinhirn und Bewegungsschaltkreisen das Fundament, damit sich über sensomotorische Rindenfelder hinaus assoziative Felder des Großhirns entwickeln können.

Daher erwächst aus dem kindlichen »Greifen« das »Begreifen« im Jugendalter, wie es in Kapitel 4 (Denken lernen) dargestellt worden ist. Daniel Ansari (9) hat 2003 herausgefunden, dass sich ein räumliches Verständnis der Welt (»be-greifen«) unmittelbar in mathematische Fähigkeiten umsetzt: Wir ordnen zum Beispiel Zahlen auf einem Zahlenstrahl an oder sprechen in der Geometrie von Würfeln und Quadern.

Ein weiterer Aspekt kommt dazu, den jeder in Lehrbüchern der medizinischen Neurobiologie schwarz auf weiß nachlesen kann: Koordinierte Bewegungen lösen nach der Geburt Gleichgewichtsreflexe ab, wozu hin- und herschaltende Bahnsysteme nötig sind, die das Kleinhirn mit dem motorischen Großhirn verbinden. Das Großhirn steuert nämlich die willkürlichen Bewegungen, die uns bewusst zur Verfügung stehen. Dabei haben zahllose rückgekoppelte Regelkreise die Aufgabe, die Koordination und Glättung von Bewegungssequenzen einzuüben.

Es entstehen Bahnungen, durch die sich Bewegungsabläufe verselbstständigen. Motorische Aktivitäten wie Balancieren, Springen oder Klettern fördern diesen frühkindlichen Prozess. Diese wichtigen Bahnungen lassen sich im Kindes- und Jugendalter in geistige Zusammenhänge überführen. Kinder lernen leicht schreiben, rechnen und denken, wenn sie diese sensomotorische Phase (Piaget) gesund durchlaufen haben.

Wieder wird deutlich: Drei Bauelemente sind notwendig, damit Nervennetze gut reifen. Dieser jahrelange Vorgang erfordert Hebbs *Aktivität* und Piagets getimte *Dynamik*, damit die Hirnreifung in der richtigen Reihenfolge abläuft. Hinzu kommt in den kritischen Reifephasen Wolffs *Kompensation*, um Ereignisse aus der Umwelt plastisch zu integrieren. Erst diese Bauelemente zusammen führen zu Lernerfolgen. Wenn aber die Kindheits- und Jugendjahre verpasst werden, bleibt die Entwicklung elementarer Funktionen auf der Strecke. Das passiert dann, wenn Kinder die dazu notwendige Zeit vertrödeln, etwa durch stundenlanges Sitzen vor Fernseher und Computer. »Wer zu spät kommt, den bestraft das Leben«, hat Michail Gorbatschow gesagt. Und mancher Erwachsene kann diesen Satz bestätigen, sollte er sich mit 40 Jahren zum ersten Mal mit Skiern auf eine Piste gewagt haben.

## Hürde 3: Neuroplastizität

Nervenzellen, Synapsen und ganze Hirnareale sind in der Lage, sich flexibel neuen Bedingungen anzupassen. Das heißt in der Fachsprache Neuroplastizität. Sie ist in der frühen Kindheit enorm hoch, besonders in der sensomotorischen und assoziativen Großhirnrinde. Dieses Potenzial will genutzt werden!

Körperliche Aktivitäten schlagen sich eins zu eins in den Rindenfeldern des Großhirns nieder, wobei sie die Struktur und Ausdehnung der neuronalen Netze beeinflussen. Soll das gut gelingen, müssen kleine Kinder differenzierte körperliche Aktivitäten entwickeln. Sie sollten ihre Hände verwenden, um Bilder zu malen, Knetfiguren zu formen oder Bastelarbeiten zu machen. Dadurch werden Vernetzungen in den sensomotorischen und assoziativen Rindenfeldern angelegt, die zeitgleich mit dem Kleinhirn reifen. Gerade präzise Handlungssequenzen der Feinmotorik lassen Synapsen aussprossen, wodurch differenzierte Verschaltungen entstehen. Dann fällt es Kindern später leicht, schreiben und lesen zu lernen.

Der Umkehrschluss lautet: Wischen, tippen und klicken Kinder auf Tablets, schadet das ihrer Gehirnentwicklung. Die flüchtigen Digi-Händchen führen keine differenzierten feinmotorischen Bewegungen aus, was zu einer geringer ausgeprägten Vernetzung führt. Das betrifft die Module der sensomotorischen Hirnrinde und die feinmotorischen Schaltkreise des benachbarten Assoziationskortex. Spätere Auswirkungen? Abwarten ... Es dauert vermutlich nicht lange, bis diese Kinder als schuluntauglich eingestuft werden. Denn schon heute fallen immer mehr Kinder beim Test auf Schultauglichkeit durch.

Diese Überlegungen lassen sich durch einen der größten Arzneimittelskandale in Deutschland stützen. Es geht um die Opfer des Beruhigungsmittels Contergan, das in den 1950er-Jahren Schwangeren verschrieben wurde. Weltweit kamen 5 000 bis 10 000 geschädigte Kinder zur Welt, die unter fehlenden oder missgebildeten Gliedmaßen zu leiden hatten. Neurobiologisch betrachtet erhielten sie aber eine kleine »Entschädigung«: Auch wenn sie nur Stummelhändchen hatten, mussten in der Gehirnrinde bestimmte Zielfelder nicht schrumpfen, die eigentlich den fehlgebildeten oder nicht ausgebildeten Extremitäten zugeordnet waren! Mit anderen Worten: Contergan-Geschädigte waren in der Lage, eine gesunde kognitive Entwicklung zu durchlaufen.

Warum? Die Betroffenen lernten von früher Kindheit an, beispielsweise mit den Füßen zu malen, zu basteln oder zu schreiben. Später erwarben sie zum Teil auch die Fähigkeit, mit ihren Füßen eine Schreibmaschine zu bedienen. So floss Aktivität aus benachbarten Regionen den Zielfeldern ihrer Gehirnrinde zu, die geistige Entwicklung nahm einen normalen Verlauf. Klug war die Reihenfolge: Wer Malen, Basteln und Schreiben beherrscht, dem stehen entsprechende Module auch für weniger anspruchsvolle motorische Abläufe zur Verfügung, wie etwa das Tippen auf einer Schreibmaschine. Daher ist es heute unsinnig, Kinder zum Schreiben vor eine Tastatur zu setzen, statt ihnen einen Stift in die Hand zu drücken.

Mehr noch: Die Erfahrungen mit den Opfern des Contergan-Skandals dokumentierten, dass körperliche Aktivitäten nicht in der motorischen Verarbeitung hängen blieben, sondern sich nah und fern gelegenen Modulen beider Gehirnhälften mitteilten. Diese Aktivitäten bereiten die Fähigkeit zum Denken vor – daher konnten auch Contergan-Geschädigte höhere Berufslaufbahnen einschlagen.

Aus der Aktivierung sensomotorischer Rindenfelder erwächst die Hemisphärendominanz. Dieser Fachbegriff steht für die Zuordnung der Gehirnhälften zu spezifischen Funktionen: Auf der einen Seite geht es um analytisches, auf der anderen Seite um ganzheitliches Denken, das im Kindesalter einzuüben ist. So lassen sich beide kognitiven Qualitäten im ganzen Leben nutzen. Wenn das Kind schreiben lernt, übernimmt in der linken Gehirnhälfte eine seriell geschaltete Bahnung die Führung – von den sensorischen zu den motorischen Feldern. Das ganzheitliche Denken kann in der rechten

Gehirnhälfte nur über Parallelschaltungen reifen, wenn es zu beidhändigen Aktivitäten wie Ballspielen oder Jonglieren, zum Musizieren oder Singen kommt. Das sollten Angebote sein, die ständig die Grundschulzeit begleiten. Auf diese Weise gelingt es, analytisches und ganzheitliches Denken zu kombinieren und im ganzen Leben zu einem intelligenten Einsatz zu bringen. Es fällt nicht schwer, an dieser Stelle wieder querzudenken: Der differenzierte Netzausbau dieser speziellen Bahnungen wird »Digi-Kindern« verwehrt – und das bereits im Vor- und Grundschulalter! Später ist das kaum noch nachzuholen, die Karawane ist längst weitergezogen.

## Hürde 4: Motivational-emotionale Zuwendung

Diese Zuwendung ist für die kindliche Reifung des Hippocampus und des Stirnhirns absolut notwendig. Der Hippocampus und das Belohnungssystem unter seiner Führung beherrschen die frühkindliche Entwicklung. Er sendet niedrig schwingende Theta-Wellen aus und sorgt dadurch für ein hohes Maß an allgemeiner Wachheit und Neugierde. Das Kurzzeitgedächtnis und die Emotionalität hängen ebenfalls von seiner Aktivität ab. Auf diese Weise wird ab dem frühesten Kindesalter die Grundlage geschaffen, um ein Gedächtnis auszubilden. Der großen Bedeutung des Hippocampus ist sich wohl auch die Medienindustrie bewusst, denn sie hat als Zielgruppe kleine Kinder im Visier – als spätere potenzielle Konsumenten (Kapitel 2, Im Kreuzfeuer der Werbung).

Warum fliegen Kinder auf digitale Medien, als ob sie aus Schokolade wären? Warum merken sie nicht, dass es sich in Wirklichkeit um Bitterschokochips handelt, wenn Erwachsene den Zugang verbieten?

Warum wischen Kinder mit ihren kleinen Händchen leidenschaftlich über die Tablets, obwohl sie von den Inhalten nichts verstehen? Macht sie die digital beschleunigte Welt süchtig? Fragen über Fragen ...

Antworten gibt der Hippocampus mit seinen systemischen Eigenschaften: Er ist lebenslang ausgestattet mit einer neuronalen und synaptischen Plastizität (10), die buchstäblich unverwüstlich ist, wie wir zum ersten Mal am Tiermodell erarbeiten konnten. Der Hippocampus ist so in der Lage, extrem flexibel auf soziale Isolation, Psychopharmaka oder verschiedene Stressfaktoren zu reagieren (11–13). Anders ausgedrückt: Der Hippocampus ist extremsten Belastungen gewachsen. Das zeigt sich gerade im Umgang mit elektronischen Medien. Doch die Schwachstelle liegt in einer anderen Region des Gehirns: Wer nicht mitspielt, sind die höheren Rindenfelder des Stirnhirns, die vom Hippocampus abhängig sind. Wie sie durch digitale Medien gefährdet sind, wird weiter unten geschildert.

Zunächst beschäftigen wir uns weiter mit dem Hippocampus, der den Kleinhirnrechner auf besondere Weise ergänzt. Über ihn wird nämlich »berechnet«, wo sich welche Objekte im Raum befinden. Dafür gibt es einen neuronalen Mechanismus, den John M. O'Keefe bereits vor über 30 Jahren analysiert hat. Für diese Leistung erhielt er 2014 den Nobelpreis.

Der Wissenschaftler fand heraus, dass sich zwei Bahnen ständig aus der Sehrinde aktualisieren, die auf die sogenannten Platzneuronen im Hippocampus zulaufen (14). Die »Was-Bahn« erkennt Objekte, die »Wo-Bahn« verortet sie im Raum. Dieses System springt schon im Babyalter an, und zwar beim Wiedererkennen der Mutter. Das ist der früheste Lernerfolg des Babys, wenn es die Mutter an Nase, Augen und Mund (»Was-Bahn«) im Gesicht (»Wo-Bahn«) erkennt. Dabei schaltet sich unmittelbar das Belohnungssystem ein, das dem Hippocampus unterstellt ist. Es wird über Opiate und Dopamin angefeuert. Außerdem verstärkt die »Hebb'sche Lernsynapse« diese Reize, denn sie befindet sich an der Eintrittspforte der »Was- und Wo-Bahn«.

Dieser Mechanismus weckt im Baby ein positives Gefühl der Vertrautheit, sobald es im Arm der Mutter liegt (Belohnung!). Später erweitert das Kind seine räumliche Innenwelt, indem es zum Beispiel Teddys aus dem Bettchen immer wieder herausholt und zurücklegt. Das ist ganz ähnlich wie bei einem Hund, der einen geworfenen Stock wieder und wieder herbeischleppt. Der entscheidende Unterschied ist aber, dass der Hund sein ganzes Leben auf diesem Level der Selbstbefriedigung verharrt. Für das Kind ist es lediglich ein Durchgangsstadium, das jedoch absolut wichtig ist. So entfaltet es auf kognitiver Ebene eine frühe Raumerfahrung und bahnt die Reifung des Stirnhirns an.

Digitale Medien schlagen nun voll auf dieser Ebene der kognitiven Entwicklung zu, denken wir nur an Piaget und Wolff: Die Kinder werden quasi gezwungen, sich in Tablets und Co. zu vernarren. Das digitale Feuerwerk schneller Videos und bunter Animationen löst ein Reizbombardement aus, das auf den Hippocampus niedergeht. Sein Belohnungssystem überdreht; es werden unaufhaltsam pathologisch veränderte Frequenzen abgefeuert, die das Stirnhirn massiv überfordern. Bestimmte Module reifen vermutlich zu schnell und unzulänglich (Notreife!). Das alles geschieht in einem Alter, in dem das Stirnhirn nicht im Ansatz in der Lage ist, die notwendige Kontrolle über kognitive Konflikte auszuüben. Wie ein traumatisches Erlebnis wird sich dieser Vollrausch auf das Stirnhirn auswirken, wenn weitere Negativfaktoren dazukommen. Ein Super-GAU bei der Gehirnentwicklung.

Der Hintergrund für diesen Super-GAU: Das Stirnhirn ist die Instanz, in die sich menschlicher Raum und menschliche Zeit einschreiben. Daher ist es die übergeordnete Drehscheibe für alle Teilleistungen, die aus vielen Bereichen des Gehirns und des übrigen Körpers einlaufen, zum Beispiel aus den Sinnesorganen. Da geht es zu wie in einem Bürgermeisteramt: Dort treffen alle Teilinformationen ein, werden geprüft und an die Langzeitspeicher im Großhirn weitergereicht (Assoziationskortex). Auf diese Weise entsteht das menschliche Arbeitsgedächtnis.

Es ist völlig logisch, dass ein Baumeister den Dachstuhl seines Hauses zuletzt baut. So geschieht es auch mit dem Stirnhirn. Es entsteht als Letztes unter allen Funktionssystemen, wofür es zwei Gründe gibt: Der gesamte Bau des Gehirns folgt einem klar festgelegten Zeit-Konzept, und alle Hirnfunktionen unterliegen einer hierarchischen Gliederung. Schließlich trägt das Stirnhirn auch die höchste Verantwortung dafür, dass alle anderen Bereiche koordiniert reifen. Es mag nicht so existenziell sein, mit einer körperlichen Behinderung durchs Leben zu gehen. In früher Kindheit aber ein Stirnhirnsyndrom zu erleiden, bedeutet großes Leid: Es stellen sich gravierende Kontrollverluste ein; Angstzustände und psychische Beeinträchtigungen können die Folge sein. Wenn wir dieses bedeutsamste aller Hirnsysteme genauer betrachten, wird schnell klar, welche Probleme uns künftig digitale Medien bescheren werden – und heute bereits bescheren!

Denn bereits eine teilweise gestörte Reifung des Stirnhirns kann bewirken, dass es höheren Anforderungen nicht mehr gewachsen ist; Konzentrations- und Denkfähigkeiten versagen. Das könnte bereits bei Studierenden der Fall sein, die mit digitalen Medien groß geworden sind. Dafür sind die immer noch hohen Abbrecherzahlen an den Universitäten ein Hinweis, genauso wie die stark wachsende Zahl von Burn-out-Fällen in der Gesellschaft.

Um diese fatalen Entwicklungen besser zu verstehen, sind weitere Aspekte der Stirnhirnentwicklung zu klären: Seine Allmacht zeigt sich besonders in der ausgeprägten Kontrollfunktion, die alle anderen Bereiche des Gehirns beherrscht: Im dritten Kapitel (Impulskontrolle) ist schon allgemein von der Impulskontrolle die Rede gewesen. Hirnphysiologisch lassen sich sehr konkrete Teilleistungen diesen Kontrollleistungen zuordnen: Eine spezielle Instanz zur Konfliktbewältigung kontrolliert das Belohnungssystem. Versagt diese Instanz, heißt die Antwort: Sucht. Eine weitere Instanz zur Angstbewältigung überwacht den Gehirnbereich der Amygdala. Wenn sie den Geist aufgibt, heißt die Antwort: Angstsyndrom. Und eine dritte Instanz passt auf die assoziativen Rindenfelder auf. Deren Aufgabe besteht darin, Wahrnehmungen in eine sinnvolle Beziehung zu setzen und als Informationen zu speichern. Versagt diese Instanz, heißt die Antwort: Kontrollverlust über die Körperbewegungen sowie Konzentrations-, Merk- und Denkschwäche.

Wenn wir die exekutiven Funktionen des Stirnhirns so beschreiben, lässt sich das zentrale Problem digitaler Medien an der Wurzel packen. Sobald die Ortsverrechnung im Hippocampus und das Belohnungssystem bei Kindern übermäßig strapaziert werden, können sich Teilleistungen des Stirnhirns nicht voll entfalten, und zwar in kritischen Phasen der Reifung. Die frühkindliche Notreifung der Kommunikation von Stirnhirn und Hippocampus führt zu schweren Funktionsstörungen im kognitiven Bereich (17, 18). Die Folgen können sein: Hyperaktivität bei Kindern und Burn-out bei Erwachsenen.

Werden bereits hyperaktive Kinder an elektronische Medien gewöhnt, ist zu erwarten, dass ihre Stirnhirnreifung umso schwerer gestört wird. Die neuerliche Zunahme des Asperger-Syndroms bei Schulkindern gibt darauf erste Hinweise. Dieses Syndrom ist eine Form des Autismus, die mit einem Mangel an Empathiefähigkeit verbunden ist (Kapitel 5: Digital schnell entwurzelt). Diese Phänomene werden auch in Kapitel 6 (Lernen verlernen) aufgegriffen, wenn es um die Korrumpierung intrinsischer Motivation geht, was durch ein Übermaß an extrinsischer Motivation geschieht. Dazu verstehen wir jetzt auch die Prozesse im Gehirn: Externe Reize überfordern das kindliche Belohnungssystem.

Der Grundstein für den Bau des Stirnhirns wird bereits im ersten Lebensjahr gelegt. Der Rohbau ist aber erst im Alter von 18 bis 20 Jahren fertig. Genetisch sind Babys und Kleinkinder auf den Umgang mit einer natürlichen Umwelt programmiert (»Urwald-Raum-Zeit«). Daher sollten wir sie völlig von elektronischen Medien fernhalten. Denn die moderne Hirnforschung belegt vollständig die Positionen, die in diesem Buch aus psychologischer und pädagogischer Sicht herausgearbeitet wurden (Kapitel 1, Brillante Babys). Das gilt auch für Vorschulkinder, die sich im Visier crossmedialer Werbung befinden (Kapitel 2, Im Kreuzfeuer der Werbung). Für sie bleibt das reifende Stirnhirn die eigentlich kritische Größe. Dafür ist das Morphogen Dopamin verantwortlich, wie die Forschung herausgefunden hat.

Dopamin wird im Hirnstamm produziert und bildet zum Stirnhirn eine Einbahnstraße, über die sich sämtliche Hirnaktivitäten (einschließlich der aus dem Belohnungssystem) auf das Stirnhirn entladen. Diese Straße heißt daher auch »Stressbahn«. In der ganzen Kindheit und Jugend reifen Dopaminfasern stetig in das Stirnhirn hinein. Sie beträufeln die Nervennetze mit Dopamin, etwa so, wie ein Nieselregen im Frühjahr das Wachstum der Pflanzen anregt (15). Immer wieder werden Verbindungen zwischen den Modulen des Stirnhirns geknüpft, sie werden plastisch angepasst und weiter ausgebaut. Umweltbezogene Anpassungen vollziehen sich automatisch (16, 17).

Das ist der richtige Moment, um einmal die Luft anzuhalten: Wie raffiniert hat doch die Evolution diesen trickreichen Mechanismus angelegt! Langsam entwickeln sich die Verschaltungen in den Modulen des Stirnhirns, verbunden mit einer anhaltend langsamen Dopaminreifung. Die kompensatorische Anpassung aller vom Stirnhirn abhängigen Teilleistungen (= Kontrollfunktionen) verlaufen entsprechend langsam. So entwickelt sich das Baby allmählich zu einem selbstverantwortlichen Erwachsenen, der auch in der Gesellschaft Verantwortung übernimmt.

Was passiert aber mit dem digitalisierten Kind, wenn die Dynamik im Hippocampus vorzeitig auf volle Umdrehungszahl gebracht wird? Wenn die Raum-Zeit-Verrechnung im Stirnhirn außer Kontrolle gerät? Und die Dopaminreifung stressbedingt überlastet ist, weshalb sich die Module des Stirnhirns nur mittelmäßig bis schlecht verschalten lassen (Notreifung)?

Selbst auf der halben Strecke der Dopaminreifung sind die Module des Stirnhirns darauf angewiesen, motivational-emotional gut bedient zu werden. Das ist etwa im Alter von elf Jahren der Fall. Diese Prozesse werden aber behindert, wenn es zu nicht altersgemäßen Anforderungen an das Wahrnehmungs- und Verarbeitungssystem kommt. Der Grund: Elektronische Medien diktieren eine Beschleunigung und Überreizung, unter der das kindliche Gehirn leidet. Die Diagnose kann lauten: »mindere Begabungskapazität« oder »psychische Labilität«.

## Hürde 5: Schlafhygiene

Gesunder Schlaf ist das Tor zu einer soliden Gedächtnisbildung. Herzrhythmusstörungen kennt jeder, denn sie sind in der modernen Welt weitverbreitet. Aber Hirnrhythmusstörungen kennen nur wenige Spezialisten, obwohl diese Störungen dabei sind, zu einer regelrechten Volkskrankheit zu werden. Besonders anfällig sind Kinder: Sie reagieren mit Überaktivität, Kopfschmerzen, Konzentrationsschwäche und Schlafstörungen. Bei Erwachsenen kommt es zusätzlich zu einem Burn-out-Syndrom.

Die Physiologie des Schlafes ist noch nicht völlig geklärt. Aber eine Botschaft steht fest, passend zu unserem Thema: Die Hirnrhythmen werden durch elektronische Medien stark beeinflusst. Eigentlich tragen sie Tag und Nacht dazu bei, dass sich Hirnfelder durch die Wolff'sche Kompensation höher entwickeln. Daher ist es eine wichtige Aufgabe für Erwachsene, das lebenswichtige Gut Schlaf für sich und ihre Kinder zu verteidigen, wenn mediale Einflüsse zu stark werden.

Alle Hirnströme lassen sich genau messen. Den Hirnstamm dominieren ganz langsame Frequenzen, die Ruhe signalisieren. Sie wollen das Gehirn zu Tagträumen veranlassen, was gerade für Schulkinder ab und zu sehr gut ist. Den vordersten Hirnstamm und Hippocampus beherrschen ebenfalls langsame Wellen. Sie stehen unter anderem für eine allgemeine Wachheit, die beruhigend wirkt und sich im Unbewussten abspielt. Frequenzen im mittleren Wellenbereich durchströmen die Felder der Gehirnrinde und sorgen unter anderem für konzentrierte Aufmerksamkeit. Noch höher schwingende Frequenzen des Stirnhirns führen zu einer Synchronisation vieler Hirnfelder. Wenn diese Rhythmen gut aufeinander abgestimmt sind, lassen sich Gedächtnisspuren vorbahnen. Angesichts dieser Sachlage sind die negativen Auswirkungen elektronischer Medien zu bedenken: Sie bringen diese wichtigen Rhythmen durcheinander, weil eine unnatürliche Beschleunigung und Überreizung ihre zentralen Eigenschaften sind.

Und dann ist da noch der Schlaf! Das sprichwörtliche Vokabelheft unterm Kopfkissen wirkt tatsächlich. Aus dem Hirnstamm machen sich am Abend bestimmte langsame Wellen auf den Weg, um das Stirnhirn zu erreichen. Dort leiten sie den Tiefschlaf ein, ab und zu unterbrochen durch rhythmische Impulse aus dem Hippocampus. Das ist gut für die Gedächtnisbildung, denn diese gewitterartigen Störungen verstärken die Gedächtnisspuren. Das gelingt ihnen, indem sie die am Tag vorgebahnten synaptischen Spektren aufmischen. Das ist ein Akt der Konsolidierung dieser Gedächtnisspuren, die im Wachzustand bereits angelegt worden sind. Auch an dieser Stelle bestätigt die Hirnforschung Aussagen zum Schlaf, die bereits in Kapitel 5 (Digital schnell entwurzelt) getroffen wurden.

Vor diesem Hintergrund kann es Schülern helfen, vor dem Einschlafen kurz Vokabeln zu wiederholen oder ein gutes Buch zu lesen. Abendliches Fernsehen und Computerspiele bewirken das krasse Gegenteil. Dann werden nutzlose Inhalte gespeichert, die positive Lerninhalte aus der Schule überlagern. Was lernenswert wäre, kann der nächtlichen Konsolidierung nicht unterzogen werden. So kann die kompensatorische Reorganisation im Gehirn entweder segensreich sein – oder aber den süchtigen Computerspieler erst recht in seiner virtuellen Welt einsperren.

## Ausblick

Das Gehirn ist ein Ökosystem, eingebettet in vorgegebene Strukturen, die seine Hardware für die menschliche Raum- und Zeitverrechnung sind. Die Software für diese Strukturen wird im Kindes-

und Jugendalter einprogrammiert, wozu diverse Schaltungen des Groß- und Kleinhirns notwendig sind. Die gestaltenden Kräfte heißen Aktivität, Dynamik und Kompensation durch Reorganisation. Digitale Medien sagen diesen elementaren Funktionsträgern regelrecht den Kampf an. Überhöhte Aktivität und beschleunigte Dynamik wirken schädlich auf die frühe Hirnreifung. Die Antwort darauf ist eine nachweislich geringere Reifung des Stirnhirns. Das gilt ohne Einschränkungen für das nachgeburtliche und frühkindliche Reifungsgeschehen, aber auch bedingt für das Kindesalter. Dramatische Folgen dürften ausbleiben, wenn es ab dem 12. bis 14. Lebensjahr zu einer gemäßigten ersten Nutzung digitaler Medien kommt. Vorausgesetzt, die Jugendlichen haben bis dahin ihren kognitiven Rucksack gut gefüllt – mit reichen Erfahrungen aus unserer realen Umwelt.

# Unsere Thesen

**These 1:**
Eine Kindheit ohne Computer ist der beste Start ins digitale Zeitalter.

**These 2:**
Je jünger die Kinder sind, desto sinnvoller ist es, sie überhaupt nicht dem Einfluss elektronischer Medien auszusetzen.

**These 3:**
Ob Werbung oder nicht – bereits die verführerischen Klick-Optionen im Internet überfordern unsere Kinder, weil sie noch nicht über eine ausreichende Impulskontrolle verfügen.

**These 4:**
Kinder erleben in unserer Welt genug Digitalität. Da ist es kontraproduktiv, den Umgang mit Computern in Kindergarten und Schule zu forcieren.

**These 5:**
Wer bei einem Lernprozess die Wahl zwischen realen und virtuellen Hilfsmitteln hat, sollte sich für die Realität entscheiden – und auf E-Learning so oft wie möglich verzichten.

**These 6:**
Kinder müssen eine bestimmte kognitive Entwicklung durchlaufen haben, bevor sie sinnvoll mit Computern arbeiten. Das dürfte ab einem Alter von etwa 12 bis 14 Jahren der Fall sein. Vorher kann die Konfrontation mit digitalen Medien mehr schaden als nutzen.

**These 7:**
Wir brauchen mindestens in Kindergarten und Grundschule digital-freie Zonen, damit Kinder vor allem Lernerfahrungen machen, die zu ihrer kognitiven Entwicklung passen.

**These 8:**
Egal ob Tablet oder Kreidetafel – die Qualität des Unterrichts steht und fällt immer mit der Persönlichkeit des Lehrers.

**These 9:**
Die Digitalisierung der Bildung erfolgt in erster Linie technologie- und ökonomiegetrieben – pädagogische Konzepte entstehen erst als Abfallprodukt.

**These 10:**
Junge Erwachsene sollten über umfangreiche Medienkompetenz verfügen, um anspruchsvolle Aufgaben in Ausbildung und Studium zu lösen. Diese Fähigkeiten erwerben sie, wenn sie kognitiv zu Abstraktion und Selbstreflexion in der Lage sind (ab 12 bis 14 Jahren).

# Danksagung

Unser Dank gilt den vielen Menschen, mit denen wir unsere Thesen diskutiert haben. Besonders hilfreich waren die intensiven Gespräche mit Experten, denen wir viele wesentliche Hinweise verdanken: Jochen Robes – Max Bäumle – Monika Brunsting – Jens Böcker – Ralf Lankau – Ernst Schuberth – Christian Spannagel – Thomas Fischer.

Ein großer Gewinn war die Zusammenarbeit mit Gertraud Teuchert-Noodt, die in ihrem Gastbeitrag das Gehirn in seiner Großartigkeit und Verletzlichkeit vorgestellt hat. Auch der Dualen Hochschule Baden-Württemberg (DHBW) sei gedankt, da sie unser Projekt aus eigenen Ressourcen unterstützte. Und, nicht zu vergessen: unsere Lebenspartnerinnen Michaela Lembke und Claudia Nicolai. Sie haben uns auf dem Weg zu diesem Buch begleitet – mit freundlicher Kritik und vielen Tipps, wie der Text noch besser werden kann.

Gerald Lembke & Ingo Leipner

# Die Autoren

**Prof. Dr. Gerald Lembke** leitet den Studiengang Digitale Medien, Medienmanagement und Kommunikation an der Dualen Hochschule Baden-Württemberg (DHBW) in Mannheim. Er ist eine der gefragtesten Anlaufstellen zur digitalen Transformation, kritischer Interviewpartner und einer der Top-100-Keynote-Speaker (Gerald-Lembke.de). Als Präsident des Bundesverbandes Medien und Marketing setzt er sich engagiert und kritisch für eine nachhaltige digitale Entwicklung in Bildung, Wirtschaft und Gesellschaft ein (BVMM.org).

**Dipl.-Volksw. Ingo Leipner** ist Wirtschaftsjournalist. Er hat Lehraufträge an der Dualen Hochschule Baden-Württemberg (DHBW) in den Bereichen Makroökonomie sowie Geld und Währung. Auch in der Wirtschaft ist er als freiberuflicher Dozent tätig: Er gibt interaktive Workshops und Seminare zum journalistischen Schreiben. Seine publizistischen Themen: Unternehmenskultur, Ökonomie/ Ökologie oder erneuerbare Energien sowie die digitale Transformation der Gesellschaft (unter anderem »forum Nachhaltig Wirtschaften«, Wirtschaftsmagazin *econo*). Seine Textagentur heißt EcoWords (www.ecowords.de).

# Literaturhinweise

## Kapitel 1: Brillante Babys

(1) Die Drogenbeauftragte der Bundesregierung (2017): Factsheet
zur BLIKK-Studie, in: http://www.drogenbeauftragte.de/
fileadmin/dateien-dba/Drogenbeauftragte/4_Presse/1_Pressemit-
teilungen/2017/2017_II_Quartal/Factsheet_BLIKK.pdf vom 16.09.2017

(2) Theunert, Helga/Demmler, Kathrin (2007): »(Interaktive) Medien
im Leben Null- bis Sechsjähriger, Realitäten und Handlungsnotwen-
digkeiten«, in: Herzig, Bardo/Grafe, Silke (Hrsg.): Digitale Medien in
der Schule. Standortbestimmung und Handlungsempfehlungen für die
Zukunft. Studie zur Nutzung digitaler Medien in allgemein bildendenden
Schulen in Deutschland. Deutsche Telekom, Bonn

(3) American Academy of Pediatrics, AAP (2011): »Policy Statement: Media
Use by Children Younger Than 2 Years«, in: http://pediatrics.aappubli-
cations.org/content/early/2011/10/12/peds.2011-1753 vom 31.08.2014

(4) Schmidt, Marie Evans u. a. (2008): »The Effects of Background Television
on the Toy Play Behavior of Very Young Children«, in: http://online-
library.wiley.com/doi/10.1111/j.1467-8624.2008.01180.x/abstract vom
01.09.2014

(5) Rauh, Hellgard (2008): Vorgeburtliche Entwicklung und frühe Kindheit,
in: Oerter, Rolf/Montada, Leo (Hrsg.): Entwicklungspsychologie, 6. Aufl.,
Beltz, Weinheim

(6) Bundeszentrale für politische Bildung, BpB (2005): »Teletubbies.
Fernsehen schon für Wickelkinder?«, in: http://www.bpb.de/lernen/
unterrichten/medienpaedagogik/71035/teletubbies vom 04.09.2014

(7) Mietzel, Gerd (1998): Pädagogische Psychologie des Lernens und Lehrens,
Göttingen u. a.

(8) Renz-Polster, Herbert/Hüther, Gerald (2013): Wie Kinder heute
aufwachsen. Natur als Entwicklungsraum, Beltz, Weinheim

(9) o. V. (2000): Sensomotorische Integration, Lexikon der Neurowissenschaft, in: http://www.spektrum.de/lexikon/neurowissenschaft/
sensomotorische-integration/11714 vom 08.03.2017

(10) Churchland, P. S./Sejnowski, T. J. (1997): Grundlagen zur Neuro-
informatik und Neurobiologie, Springer, Heidelberg

(11) Podiumsdiskussion auf der didacta in Köln: »Die digitale Kita – Kinder
qualifiziert vorbereiten auf die digitale Welt«, 17.02.2016

(12) Westphal, K. (2014): »Phänomenologie als Forschungsstil und seine
Bedeutung für die kulturelle und ästhetische Bildung«, in: https://www.
kubi-online.de/artikel/phaenomenologie-forschungsstil-seine-bedeutung-
kulturelle-aesthetische-bildung vom 18.05.2017

(13) Schäfers, Andrea/Teuchert-Noodt, Gertraud (2008): Heterogenität des
Aufwachsens: Welche Erkenntnisse der Gehirnforschung sind für die
qualitative Gestaltung der kindlichen Förderung von Vorteil? In: Jürgens E,
Standop J (Hrsg.) Taschenbuch Grundschule 2, Das Grundschulkind,
Schneider Verlag Hohengehren, Baltmannsweiler: 29–40.

## Kapitel 2: Im Kreuzfeuer der Werbung

(1) Theunert, Helga/Demmler, Kathrin (2007): »(Interaktive) Medien
im Leben Null- bis Sechsjähriger, Realitäten und Handlungsnotwen-
digkeiten«, in: Herzig, Bardo/Grafe, Silke (Hrsg.): Digitale Medien in
der Schule. Standortbestimmung und Handlungsempfehlungen für die
Zukunft. Studie zur Nutzung digitaler Medien in allgemein bildendenden
Schulen in Deutschland. Deutsche Telekom, Bonn

(2) Largo, Remo H./Beglinger, Martin (2010): Schülerjahre. Wie Kinder
besser lernen, Piper, München, Zürich

(3) Bundeszentrale für politische Bildung, BpB (2012): »Kinderfernsehen
und Werbung«, in: http://www.bpb.de/gesellschaft/medien/deutsche-
fernsehgeschichten-ost-und-west/143059/kinderfernsehen-und-werbung
vom 16.09.2014

(4) o. V. (2016): »SUPER RTL: Kindersender erzielt Rekordumsatz«,
in: http://www.handelsblatt.com/unternehmen/it-medien/super-rtl-
kindersender-erzielt-rekordumsatz/14850814.html vom 30.01.2017

(5) Kommission für Jugendmedienschutz der Landesmedienanstalten, kjm
(o. J.): »Staatsvertrag über den Schutz der Menschenwürde und den
Jugendschutz in Rundfunk und Telemedien (Jugendmedienschutz-Staatsvertrag – JMStV)«, in: http://www.die-medienanstalten.de/fileadmin/
Download/Rechtsgrundlagen/Gesetze_aktuell/JMStV_Stand_13.RStV_
deutsch.pdf#page=3&zoom=auto,-202,825 vom 22.09.2014

(6) Landesmedienanstalten (2012): »Gemeinsame Richtlinien der Landesmedienanstalten zur Gewährleistung des Schutzes der Menschenwürde
und des Jugendschutzes (Jugendschutzrichtlinien – JuSchRiL)« vom
08./09.03.2005, in: http://www.die-medienanstalten.de/fileadmin/
Download/Rechtsgrundlagen/Richtlinien/JuSchRiL2005.pdf vom
17.09.2014

(7) Landesmedienanstalten (2012): »Gemeinsame Richtlinien der Landesmedienanstalten für die Werbung, die Produktplatzierung, das Sponsoring
und das Teleshopping im Fernsehen, WerbeRL / FERNSEHEN« (i. d. F.
vom 18. September 2012), in: http://www.die-medienanstalten.de/
fileadmin/Download/Rechtsgrundlagen/Richtlinien/2012-09-18_
Werberichtlinien_Fernsehen_Flie%C3%9Ftext.pdf vom 17.09.2014

(8) Egmont Ehapa Verlag (2012): »Der Egmont Ehapa Verlag bringt mit ›Die
Oktonauten‹ eine neue Kinderzeitschrift im Vorschulsegment auf den
Markt« (Pressemitteilung), in: http://www.egmont-mediasolutions.de/
news/pdf/Launch%20Oktonauten.pdf vom 20.09.2014

(9) Mattscheck, Markus (o. J.): »Definition Content-Marketing«, in:
http://www.onlinemarketing-praxis.de/glossar/content-marketing vom
22.09.2014

(10) Busche A./Polascheck, D./ Lesting, J./Neddens, J./Teuchert-Noodt,
Gertraud (2004): »Developmentally induced imbalance of dopaminergic
fibre densities in limbic brain regions of gerbils (Meriones unguiculatus)«,
in: Journal of Neural Transmission, 111 (4), S. 451–463

## Kapitel 3: Impulskontrolle

(1) Herrmann, Manfred (2008): Neuronale Grundlagen disinhibitorischen
Verhaltens, in: http://www.erev.de/auto/Downloads/Skripte_2008/
Fuenf_Tage/2008_Folien_Herrmann.pdf vom 15.10.2014

(2) Mohn, Carel C. (2013): Kinder, Werbung und Konsum: Wie die jüngsten
Verbraucher verführt werden (IFP), in: http://www.familienhandbuch.
de/haushaltfinanzen/verbraucherschutz/kinder-und-jugendliche-als-
verbraucher vom 27.09.2014

(3) Medina, John (2013): Brain Rules für Ihr Baby, Hans Huber, Bern

(4) Röthlisberger, Marianne u. a. (2010): »Exekutive Funktionen: Zugrun-
deliegende kognitive Prozesse und deren Korrelate bei Kindern im späten
Vorschulalter«, in: Zeitschrift für Entwicklungspsychologie und Pädagogische
Psychologie (Sonderdruck), 42 (2), S. 99–110, Hogrefe, Göttingen

(5)  Winterfeld, K.-T./Teuchert-Noodt, G./Dawirs, R. R. (1998): »Social environment alters both ontogeny of dopamine innervation of the medial prefrontal cortex and maturation of working memory in gerbils (Meriones unguiculatus)«, in: Journal of Neurosience, Res. 52, S. 201–209

(6)  Witte, A. V./Brummelte, S./Teuchert-Noodt, G. (2007): »Developmental pattern changes of prefrontal efferents in the juvenile gerbil (Meriones unguiculatus)«, in: Journal of Neural Tranmission 114 (11), S. 1377–1393

## Kapitel 4: Denken lernen

(1)  Sodian, Beate (2008): »Entwicklung des Denkens«, in: Oerter, Rolf/ Montada, Leo (Hrsg.): Entwicklungspsychologie, 6. Aufl., Beltz, Weinheim

(2)  Zimbardo, Philip G./Gerrig, Richard J. (1999): Psychologie, 7. Aufl., Springer, Berlin

(3)  Mietzel, Gerd (1998): Pädagogische Psychologie des Lernens und Lehrens, Hogrefe, Göttingen

(4)  Schulmeister, Rolf (1996): Grundlagen hypermedialer Lernsysteme, Oldenbourg, München

(5)  Girmes, Renate (2008/9): Vorlesung Differenzielle Lern- und Bildungs-settings, Otto-von-Guericke-Universität Magdeburg

(6)  o. V. (2014): »Gabriel fordert Schulfach Programmieren«, in: http:// digitalleben.spd.de/blog/2014/09/computersprache-sollte-schulfach-werden vom 24.10.2014

## Kapitel 5: Digital schnell entwurzelt

(1)  Bialecki, Daniel (2014): »Elternratgeber Lernen im Internet«, in: https:// www-de.scoyo.com/dam/ratgeber-downloads/ratgeber-lernen-im-internet/ratgeber-lernen-im-internet.pdf vom 12.11.2014

(2)  Medienpädagogischer Forschungsverbund Südwest, mpfs (2015): »miniKim 2014, Kleinkinder und Medien«, in: https://www.mpfs.de/ fileadmin/files/Studien/miniKIM/2014/Studie/miniKIM_Studie_2014. pdf

(3)  Medienpädagogischer Forschungsverbund Südwest, mpfs (2016): »Kim-Studie 2016. Kinder + Medien, Computer + Internet«, in: https:// www.mpfs.de/studien/kim-studie/2016/ vom 07.12.2017

(4) Robert Koch-Institut (2013): »KIGGS. Die Gesundheit von Kindern und Jugendlichen in Deutschland 2013«, in: http://www.kiggs-studie. de/fileadmin/ KiGGS-Dokumente/kiggs_tn_broschuere_web.pdf vom 27.10.2014

(5) Brunsting, Monika (2014): Träumer oder ADS?, Verlag am Weiher, Oberuzwil

(6) Podbregar, Nadja (2014): Die Übermüdung beginnt mit elf, in: http://www.wissenschaft.de/kultur-gesellschaft/ gesellschaft/-/journal_content/56/12054/4912734/ Die-%C3%9Cberm%C3%BCdung-beginnt-mit-elf/ vom 14.11.2014

(7) Uhls, Yalda T. u. a. (2014): »Five days at outdoor education camp without screens improves preteen skills with nonverbal emotion cues«, in: Computers in Human Behavior, 39 (2014), S. 387–392

(8) Six, Ulrike (2008): »Medien und Entwicklung«, in: Oerter, Rolf/ Montada, Leo (Hrsg.): Entwicklungspsychologie, 6. Aufl., Beltz, Weinheim

(9) o. V.: »Forum Leben und Lernen – Smartphone-Verbot auf Klassenfahrt«, in: http://www.spiegel.de/forum/lebenundlernen/ smartphone-verbot-auf-klassenfahrt-12000-nachrichten-auf-meinem handy-voellig-ver-thread-374151-11.html vom 07.12.2017

(10) Bleckmann, P./Mößle, T. (2014): »Position zu Problemdimensionen und Präventionsstrategien der Bildschirmnutzung«, in: 237/SUCHT 60 (4), Verlag Hans Huber, Hogrefe AG, Bern

(11) Pfeiffer, C./Mößle T./Kleimann und M./Rehbein F. (2007): »Die PISA-Verlierer – Opfer ihres Medienkonsums. Eine Analyse auf der Basis verschiedener empirischer Untersuchungen«, in: Dittler U. und Hoyer M. (Hrsg.): Aufwachsen in virtuellen Medienwelten. Chancen und Gefahren digitaler Medien aus medienpsychologischer und medienpädagogischer Perspektive. Kopaed, München

(12) Hume, David (1740): A Treaties of Human Nature, Band 2

(13) Thies, C. (2004): »Kompaktkurs Praktische Philosophie 1: Der Sein-Sollens-Fehlschluss«, in: http://www.phil.uni-passau.de/fileadmin/ dokumente/lehrstuehle/thies/online-Sein-Sollens-Fehlschluss.pdf vom 07.03.2017

(14) Leipner, Ingo (2018): »Digital Mindset – Hybris des digitalen Zeitalters«, in: Disruption und Transformation Management (Hrsg. Keuper, F. u. a.), Springer, Heidelberg

(15)  o. V. (2017): »Qualität der Kinderbetreuung variiert bundesweit stark«,
      in: http://www.zeit.de/gesellschaft/schule/2017-08/studie-kitas-
      deutschland-mehr-personal-benoetigt vom 08.12.2017

(16)  Renz-Polster, Herbert/Hüther, Gerald (2013): Wie Kinder heute wachsen.
      Natur als Entwicklungsraum, Beltz, Weinheim

## Kapitel 6: Lernen verlernen

(1)  Kimpeler, Simone/Georgieff, Peter/Revermann, Christoph (2007):
     »Zielgruppenorientiertes eLearning für Kinder und ältere Menschen.
     Sachstandsbericht zum Monitoring ›eLearning‹«, in: https://www.
     tab-beim-bundestag.de/de/pdf/publikationen/berichte/TAB-Arbeits-
     bericht-ab115.pdf vom 02.10.2014

(2)  Bialecki, Daniel (2014): Lernen im und mit dem Internet, in: http://www.
     lehrer-online.de/lernen-im-internet.php vom 05.11.2014

(3)  Hreha, Jason (2014): »Instant Gratification is Good For You: Lessons for
     Education«, in: http://bigthink.com/wikimind/instant-gratification-is-
     good-for-youlessons-for-education vom 05.11.2014

(4)  Flindt, Nicole (2005): eLearning. Theoriekonzepte und Praxiswirklichkeit,
     Diss., Ruprecht-Karls-Universität Heidelberg

(5)  Lankau, Ralf (2013): »MOOC & Co. oder: Das Lernen verlernen«,
     in: http://bildung-wissen.eu/fachbeitraege/mooc-co-oder-das-lernen-
     verlernen.html vom 05.11.2014

(6)  Leipner, Ingo (2012): »Feuer entfachen!«, in: http://www.fr-online.de/
     karriere/motivationsforschung-feuer-entfachen,1473056,21139562.html
     vom 08.11.2014

(7)  Rudolph, Udo (2003): Motivationspsychologie, Beltz PVU, Weinheim

(8)  Eggers, Dave (2014): Der Circle, Kiepenheuer & Witsch, Köln

(9)  Lepper, Mark R./Green, David/Nisbett, Richard E. (1973):
     »Undermining children's intrinsic interest with extrinsic reward: A test
     oft the overjustification hypothesis«, in: https://www.zotero.org/
     matthewbarr/items/7E625PEH vom 09.11.2014

(10) o. V. (2012): Mit Spaß in den Urlaub – iPad-Apps für Kinder, in: http://
     www.gravis.de/blog/mit-spass-in-den-urlaub-ipad-apps-fuer-kinder/ vom
     09.11.2014

(11) OECD (2015): »Students, Computers, and Learning: Making the Connection«, in: http://www.keepeek.com/Digital-Asset-Management/ oecd/education/students-computers-and-learning_9789264239555-en#. WjjyOSOX924 vom 19.12.2017

## Kapitel 7: Anfassen statt angucken

(1) Bialecki, Daniel (2014): »Lernen im und mit dem Internet«, in: http:// www.lehrer-online.de/lernen-im-internet.php vom 05.11.2014

(2) Dräger, Jörg/Müller-Eiselt, Ralph (2015): »Die digitale Bildungsrevolution: Der radikale Wandel des Lernens und wie wir ihn gestalten können«, Deutsche Verlagsanstalt (DVA), München

(3) Lankau, Ralf (2017): Kein Mensch lernt digital, Beltz, Weinhheim

(4) Celko, Max (2008): Hyperlocality: Die Neuschöpfung der Wirklichkeit. GDI IMPULS 2

(5) Kant, Immanuel (1784): Beantwortung der Frage: Was ist Aufklärung? Berlinische Monatsschrift 2, S. 481–494

(6) Gudjons, Herbert (2008): Handlungsorientiert lehren und lernen. Klinkhardt, Bad Heilbrunn

(7) Gerber, Sonja (2012): »Einführung in die WebQuest-Methode«, in: http://www.webquests.de/eilige.html vom 07.11.2014

(8) Göwecke, Ingolf (2009): »E-Learning in der Schule. Beispiele für schülerzentrierten, kompetenzorientierten Unterricht« (Niedersächsisches Landesamt für Lehrerbildung und Schulentwicklung (NILS), in: http:// nibis.de/~goewecke/medientag/

(9) Brühlmeier, Arthur (2013): »Erziehung/Bildung: Die Aufgabe – Erweckung von sittlichem Leben«, in: http://www.heinrich-pestalozzi. de/?id=276 vom 27.03.2014

(10) Fromme, Bärbel (o. J.): »Einführung in den Sachunterricht, Praktikum Physik«, in: http://www.physik.uni-bielefeld.de/didaktik/Lehrerinnen/ PraktikumsanleitungFarben.pdf vom 25.11.2017

(11) Glasersfeld, Ernst (1996): Radikaler Konstruktivismus: Ideen, Ergebnisse, Probleme, Suhrkamp, Frankfurt am Main

## Kapitel 8: Medienkompetenz

(1) Jarzombek, Thomas u. a. (2011): Zweiter Zwischenbericht der Enquete-Kommission »Internet und digitale Gesellschaft«, Medienkompetenz, in: http://dipbt.bundestag.de/dip21/btd/17/072/1707286.pdf vom 29.11.2014

(2) Enquete-Kommission Internet und digitale Gesellschaft (2013): Schlussbericht, in: http://dipbt.bundestag.de/dip21/btd/17/125/1712550.pdf vom 03.12.2014

(3) IEA (2014): »ICILS 2013 auf einen Blick«, in: http://ifs-dortmund.de/assets/files/icils2013/ICILS_2013_Presseinformation.pdf vom 04.12.2014

(4) Medienpädagogischer Forschungsverbund Südwest, mpfs (2013): »KIM-Studie 2012. Kinder + Medien, Computer + Internet«, in: https://www.mpfs.de/studien/kim-studie/2016/http://www.mpfs.de/fileadmin/KIM-pdf12/KIM_2012.pdf vom 07.12.2017

(5) Barlow, J. Perry (1996): »A Cyberspace Independence Declaration«, in: https://w2.eff.org/Censorship/Internet_censorship_bills/barlow_0296.declaration vom 27.11.2014

(6) Bundesministerium für Forschung und Bildung (2014): »Internationale Bildungsstudie ICILS misst Computerkompetenzen«, in: http://www.pressrelations.de/new/standard/result_main.cfm?r=581739&aktion=jour_pm&quelle=1 vom 27.11.2014

(7) Ministerium für Bildung, Wissenschaft, Weiterbildung und Kultur (2014): »Medienkompetenz hat in rheinland-pfälzischen Schulen hohen Stellenwert«, in: http://mbwwk.rlp.de/einzelansicht/archive/2014/november/article/medienkompetenz-hat-in-rheinland-pfaelzischen-schulen-hohen-stellenwert/ vom 27.11.2014

(8) Bitkom (2014): »Digitale Agenda für die Schule«, in: http://www.bitkom.org/de/presse/8477_79291.aspx vom 05.12.2014

(9) Lorenz, Meike (2013): »Warum das Tablet in den Kindergarten gehört«, in: http://www.wiwo.de/technologie/digitale-welt/digitale-bildung-warum-das-tablet-in-den-kindergarten-gehoert/7807178.html vom 28.11.2014

(10) Deutscher Lehrerverband, DL (2014): Ich warne vor der totalen Computerisierung des Klassenzimmers, in: http://www.lehrerverband.de/aktuell_Computerisierung-des-Klassenzimmers-Bild-24-11-14.html vom 28.11.2014

(11) Enzensberger, Hans Magnus (2014): »Wehrt Euch!«, in: http://www.faz. net/aktuell/feuilleton/debatten/enzensbergers-regeln-fuer-die-digitale-welt-wehrteuch-12826195.html vom 24.02.2014

(12) Szarek, Danuta (2012): »Wie die Kita-Mitarbeiter ausgebeutet werden«, in: http://www.focus.de/finanzen/news/arbeitsmarkt/tid-25265/ miese-bezahlung-kaum-anerkennung-warum-die-kita-mitarbeiter-auf-die-strasse-gehen-_aid_723692.html vom 14.12.2017

(13) Infoportal für den öffentlichen Dienst (2017): »SuE Entgelttabelle gültig ab 1. Februar 2017«, in: http://www.oeffentlichen-dienst.de/entgelt-tabelle/tvoed-sue.html vom 14.12.2017

## Kapitel 9: Fit für die Zukunft

(1) Knauß, Ferdinand (2013): »Auf dem Weg in die Unwissensgesellschaft«, in: http://www.wiwo.de/erfolg/campus-mba/bildung-auf-dem-weg-in-die-unwissensgesellschaft/11009200.html vom 29.11.2014

(2) Bildungspläne Baden-Württemberg (2016): »Gymnasium – Deutsch«, in: http://www.bildungsplaene-bw.de/,Lde/LS/BP2016BW/ALLG/ GYM/D/IK vom 19.12.2017

(3) Enquete-Kommission Internet und digitale Gesellschaft (2013): Schluss-bericht, in: http://dipbt.bundestag.de/dip21/btd/17/125/1712550.pdf vom 02.12.2014

(4) National Forum on Information Literacy (2005): »The Alexandria Proclamation on Information Literacy and Lifelong Learning«, in: http:// archive.ifla.org/III/wsis/BeaconInfSoc.html vom 06.12.2014

(5) Müller-Jung, Joachim (2010): »Multitasking ist ungesund«, in: http:// www.faz.net/aktuell/feuilleton/debatten/digitales-denken/resultat-der-hirnforschungmultitasking-ist-ungesund-1967880.html vom 12.11.2014

(6) Hạnh, Thích Nhât (2006): Das Wunder der Achtsamkeit. Einführung in die Meditation, Theseus, Bielefeld

(7) Lingnau, Volker (1995): Kritischer Rationalismus und Betriebswirt-schaftslehrer, in: Wirtschaftswissenschaftliches Studium, 24. Jahrgang (1995), Nr. 3, S. 124–129

(8) Hume, David (1967): Eine Untersuchung über den menschlichen Verstand, Philipp Reclam jun., Stuttgart

(9) Locke, John (1690): Versuch über den menschlichen Verstand, übersetzt von C. Winckler, Leipzig 1911

(10)  Postman, Neil (2008): Wir amüsieren uns zu Tode, Fischer, Frankfurt am Main

(11)  Friedrich, Jörg (2012): Kritik der vernetzten Vernunft, Heise, Hannover

(12)  Steffens, Ulrich/Höfer, Dieter (2011): »Was ist das Wichtigste beim Lernen? Die pädagogisch-konzeptionellen Grundlinien der Hattieschen Forschungsbilanz aus über 50 000 Studien«, in: http://www.visiblelearning.de/wp-content/uploads/2013/07/Hattie_Veroeff_Erg_4a_Grundl_2011-09-11.pdf vom 27.02.2015

## Kapitel 10: Profit

(1)  Rabe, Thomas (2015): »Bildung – die dritte Säule von Bertelsmann«, Vorwort, in: https://www.bertelsmann.de/media/strategie/education/finale-dateien/education-bertelsmann-whats-your-story-de.pdf vom 11.12.2017

(2)  Bertelsmann AG (2017): »Bertelsmann baut Bildungsaktivitäten durch Übernahme in den USA aus«, Pressemitteilung, in: https://www.bertelsmann.de/news-und-media/nachrichten/bertelsmann-baut-bildungsaktivitaeten-durch-uebernahme-in-den-usa-aus.jsp vom 11.12.2017

(3)  Bertelsmann AG (2017): »Bertelsmann übernimmt US-Unternehmen WhiteCloud Analytics«, Pressemitteilung, in: https://www.bertelsmann.de/news-und-media/nachrichten/bertelsmann-uebernimmt-us-unternehmen-whitecloud-analytics.jsp vom 11.12.2017

(4)  Bertelsmann AG (2017): »Google und Bertelsmann finanzieren über Udacity 75 000 neue IT-Stipendien in Europa«, in: https://www.bertelsmann.de/news-und-media/nachrichten/google-und-bertelsmann-finanzieren-75.000-neue-udacity-stipendien-in-europa.jsp vom 11.12.2017

(5)  Rosenblatt, Joel/Clark, Jack (2016): »Google's Android Generates $31 Billion Revenue, Oracle Says«, in: https://www.bloomberg.com/news/articles/2016-01-21/google-s-android-generates-31-billion-revenue-oracle-says-ijor8hvt vom 11.12.2017

(6)  o. V. (2015): »Lebenslanges Lernen – Die Udacity-Story«, in: https://www.bertelsmann.de/media/strategie/education/finale-dateien/education-bertelsmann-whats-your-story-de.pdf vom 11.12.2017

(7)  Kamella, Felix (2013): »Lobbyismus an Schulen. Ein Diskussionspapier über Einflussnahme auf den Unterricht und was man dagegen tun kann«, in: https://www.lobbycontrol.de/wp-content/uploads/Lobbyismus_an_Schulen.pdf vom 16.12.2014

(8) Bertelsmann Stiftung (2017): »Digitalisierung an Schulen: Der Geist ist willig, das WLAN ist schwach«, in: https://www.bertelsmann-stiftung. de/de/themen/aktuelle-meldungen/2017/september/digitalisierung-an-schulen-der-geist-ist-willig-das-wlan-ist-schwach/8 vom 13.12.2017

(9) Bertelsmann Stiftung (2017): »IT-Ausstattung an Schulen: Finanzierung ist eine milliardenschwere Daueraufgabe«, in: https://www.bertelsmann-stiftung.de/de/themen/aktuelle-meldungen/2017/november/ it-ausstattung-an-schulen-finanzierung-ist-eine-milliardenschwere-daueraufgabe/ vom 13.12.2017

(10) Bertelsmann Stiftung (2017): »Digitales Lernen an Grundschulen: Computer verdrängt weder Spielzeug noch Bücher«, in: https://www. bertelsmann-stiftung.de/de/themen/aktuelle-meldungen/2017/ november/it-ausstattung-an-schulen-finanzierung-ist-eine-milliarden-schwere-daueraufgabe/ vom 13.12.2017

(11) o. V. (2015): »Die digitale Bildungsrevolution: Der radikale Wandel des Lernens und wie wir ihn gestalten können«, in: https://www.amazon.de/ Die-digitale-Bildungsrevolution-radikale-gestalten/dp/342104709X vom 13.12.2017

(12) Güvercin, Eren (2010): »>Bertelsmannrepublik Deutschland<: Ein Gespräch mit Thomas Schuler«, in: https://www.heise.de/tp/features/ Unter-dem-Deckmantel-der-Gemeinnuetzigkeit-3386711.html vom 12.12.2017

(13) Schumann, Harald (2010): »Politik aus Gütersloh«, in: http:// www.tagesspiegel.de/politik/bertelsmann-stiftung-politik-aus-guetersloh/1931940.html vom 13.12.2017

(14) Stadt Gütersloh (2017): »Schulen und Kommunen im Kreis Gütersloh werden bei der Schulentwicklung im Bereich des digitalen Lernens unterstützt«, Pressemitteilung, in: http://digitale-schule-gt.de/assets/ files/PM_Schule_digitale_Bildung_170920.pdf vom 13.12.2017

(15) Kaske, Fabian (2017): »Edle Spender oder subtile Manipu-latoren? Lobbyismus an Schulen und der Fall des Kleincomputers Calliope Mini«, in: https://www.lobbycontrol.de/2017/11/ edle-spender-oder-subtile-manipulatoren-lobbyismus-an-schulen-und-der-fall-des-mini-computers-calliope-mini/ vom 10.12.2017

(16) Bildungsministerium Mecklenburg-Vorpommern (2017): »Pilotprojekt >Minicomputer in der Grundschule< gestartet«, in: https://www. bildung-mv.de/aktuell/2017/Pilotprojekt-Minicomputer-in-der-Grundschule-gestartet-/ vom 13.12.2017

(17) Calliope gGmbH (2017): »Partner«, in: http://calliope.cc/partner vom 13.12.2017

(18) Singer, Natasha (2017): »How Google Took Over the Classroom«, in: https://www.nytimes.com/2017/05/13/technology/google-education-chromebooks-schools.html vom 10.12.2017

(19) Leipner, Ingo (2017): »Unterrichtsstoff aus der Datenwolke«, in: Wirtschaftsmagazin econo, Ausgabe 03/2017, S. 36 ff.

(20) Bundesministerium für Bildung und Forschung (2016): »Digitale Chancen nutzen. Die Zukunft gestalten.« Zwischenbericht der Plattform »Digitalisierung in Bildung und Wissenschaft«, in: https://www.bildung-forschung.digital/files/BMBF_Digitale_Bildung_Zwischenbericht_A4_webRZ.pdf vom 14.12.2017

(21) o. V. (2017): CHE/»Über uns«, in: https://www.che.de/cms/?getObject=237&getLang= vom 13.12.2017

(22) o. V. (2017): »Das Hochschulforum«, in: https://hochschulforumdigitalisierung.de/de/wir/das-hochschulforum-0 vom 13.12.2017

## Kapitel 11: Murks mit MOOCs

(1) Springer Nature (2017): »Springer Nature übernimmt e-Learning-Anbieter iversity«, in: https://group.springernature.com/fr/group/media/pressemitteilungen/springer-nature-uebernimmt-e-learning-anbieter-iversity/15222598 vom 20.12.2017

(2) Schmidt, Marion (2013): »Digitale Vorlesungshäppchen revolutionieren die Bildung«, in: http://www.zeit.de/studium/uni-leben/2013-06/mooc-deutschlandiversity-vorlesungen-internet vom 09.12.2014

(3) Grolle, Johann (2014): »Rebellen auf dem Campus«, in: Der Spiegel, Nr. 42/2014

(4) Schulmeister, Rolf (2012): »As undercover Students in Moocs« (Video), in: http://www.podcampus.de/channels/dooLd vom 04.02.2015

(5) Lankau, Ralf (2014): »Ohne Dozenten geht es nicht«, in: http://www.zeit.de/2014/03/online-kurse-anti-mooc vom 04.02.2015

(6) Deutscher Hochschulverband (2001): »Resolution des 51. Hochschulverbandstages«, in: https://www.hochschulverband.de/cms1/505.html vom 12.12.2014

(7) Lexa, Susanne u. a. (2007): Einsteigerhandbuch Hochschullehre, Wissenschaftliche Buchgesellschaft, Darmstadt

## Zu Risiken und Chancen fragen Sie das Gehirn

(1) Hebb, D. O. (1949): The Organization of Behaviour: a neuropsychological approach. New York: Wiley

(2) Piaget, Jean/Inhelder Bärbel (1972): Die Psychologie des Kindes. Olten: Walter

(3) Maturana, Humberto Rumesin/Varela Francisco J. (1987): Der Baum der Erkenntnis. Die biologischen Wurzeln menschlichen Erkennens. Frankfurt: Fischer, S. 280

(4) Wolff, J. R./Wagner, G. P. (1983): »Self-Organization in synaptogenesis: interaction between the formation of excitatory and inhibitory synapses«, in: Synergetics of the brain (Basar, E., Flohr, H., Haken, H., Mandell, A. J., eds), Berlin; Heidelberg; New York; Tokyo: Springer, S. 50–59

(5) Lembke, Gerald/Leipner, Ingo (2014): Zum Frühstück gibt's Apps. Der tägliche Kampf mit der Digitalen Ambivalenz. Springer Spektrum, S. 310

(6) Teuchert-Noodt, Gertraud (2000): »Neuronal degeneration and reorganization: a mutual principle in pathological and in healthy interactions of limbic and prefrontal circuits«, in: Rev. Journal of Neural Transmission, Suppl., S. 315–333

(7) Dawirs R.R./Teuchert-Nood, G. (2001): »A novel pharmacological concept in an animal model of psychosis«, in: Acta Psychiatrica Scandinavica, 104 (Suppl. 408) S. 10–17

(8) Teuchert-Noodt, Gertraud (2003): »Multisystemische Fehlanpassung von Schaltkreisen im Gehirn und die Frage nach der Entstehung psychokognitiver und degenerativer Erkrankungen«, in: ZNS & Schmerz, 4/03, S. 10–17

(9) Ansari, D. (2003): »What makes counting count? Verbal and visuo-spatial contributions to typical and atypical number development«, in: Journal of Experimental Child Psychology, 85, S. 50–62

(10) Dawirs R. R./Teuchert-Nood, G./Hildebrandt, K./Fei, F. (2000): »Granule cell proliferation and axon terminal degradation in the dentate gyrus of gerbils during maturation, adulthood, and aging«, in: Journal of Neural Transmission, 107, S. 639–647

(11) Dawirs, R. R./Hildebrandt, K./Teuchert-Noodt, G. (1998): »Adult treatment with haloperidol increases dentate granule cell proliferation in the gerbil hippocampus«, in: Journal of Neural Transmission, 105, S. 317–327

(12) Teuchert-Noodt, G./Dawirs, R.R./Hildebrandt, K. (2000): »Adult treatment with methamphetamine transiently decreases dentate granule cell proliferation in the gerbil hippocampus« in: Journal of Neural Transmission, 107 (2), S. 133–143

(13) Keller, A./Bagorda, F./Hildebrandt, K./Teuchert-Noodt, G. (2000): »Effects of enriched and of restricted rearing on both neurogenesis and synaptogenesis in the hippocampal dentate gyrus of adult gerbils (Meriones unguiculatus)«, in: Neurology, Psychiatry and Brain Research, 8, S. 101–108

(14) O'Keefe, J./Burgess, N. (1996): »Geometric determinants of the place fields of hippocampal neurons«, in: Nature 381, S. 425–428

(15) Dawirs, R. R./Teuchert-Noodt, G. /Czaniera, R. (1993): »Maturation of the dopamine innervation during postnatal development of the prefrontal cortex in gerbils (M. unguiculatus). A quantitative immunocytochemical study«, in: Journal für Hirnforschung, 34, S. 281–291

(16) Winterfeld, K. T./Teuchert-Noodt, G./Dawirs, R. R. (1998): »Social environment alters both ontogeny of dopamine innervation of the medial prefrontal cortex and maturation of working memory in gerbils (M. unguiculatus)«, in: Journal of Neuroscience Research, 52, S. 201–209

(17) Busche, A./Polascheck, D./Lesting, J./Neddens, J./Teuchert-Noodt, G. (2004): »Developmentally induced imbalance of dopaminergic fibre densities in limbic brain regions of gerbils (Meriones unguiculatus)« in: Journal of Neural Transmission, 111 (4), S. 451–463

(18) Teuchert-Noodt, G./Schlotmann, A. (2012): Lust an der Überforderung und dann Burnout – Wie das Gehirn entscheidet, ob Überforderung Lust oder Unlust erzeugt. Supperverlag Hirschberg/Bergstraße, S. 52

# Stichwortverzeichnis